신교수의
신학이야기

신 문 철

엠-애드

믿음의 동역자이며
고귀한 친구인 사랑하는 아내 이미경과
두 딸 지혜와 지은에게 이 책을 헌정합니다.

머리말

　이 책은 삼위일체 하나님에 관한 이야기를 담고 있다. 삼위일체 하나님에 대한 이해는 기독교 신앙의 핵심이다. 기독교 신앙은 하나님을 어떻게 이해하느냐에 따라서 신학의 방향이 결정된다. 이처럼 중요한 삼위일체 교리는 그동안 신론의 한 분야로만 이해되었지 신학의 핵심적인 것으로 이해되지 못하였다. 결과적으로 대부분의 성도들이 삼위일체 하나님에 대한 이해를 군주신론적 양태론으로 오해하기도 하였다. 좀더 다원화되고 세속화되는 현대사회에 우리의 신앙을 확고히 할 수 있는 방법은 하나님에 대한 확실한 이해를 하는 것이라 생각한다. 그래서 저자는 삼위일체 하나님에 대한 분명한 이해를 돕고자 이 글을 썼다.

　이 책은 저자가 영국에서 박사학위를 마치고 귀국한 1998년부터 2003년말까지 만5년의 기간 동안 쓰고 여러 곳에서 발표했던 신학 논문들과 기사들 중 일부를 엮어 만든 것이다. 이 책에 실린 글들은 다양하여 어떤 글은 좀더 읽기 쉽고, 또 어떤 글들은 좀더 어려울 것이다. 그러나 이 책에 실린 모든 신학적 작업은 전통신학의 사유와 순복음 신학의 사유를 서로 대화하도록 하여, 이 땅에 진정한 그리스도인과 교회가 많이 나타나도록 하려는 목적을 지닌 것이다.

　이 책에서 삼위일체 하나님을 가능하면 쉽게, 그러면서도 학문적인 깊이와 넓이를 체험해 볼 수 있도록 서술하고자 노력하였다. 그러나 어느 정도 성공했는지 저자로서는 쉽게 판단할 수가 없다. 하지만 박사학위 논문을 쓰는 과정에서 그리고 신학대학원에서 학생들을 가르치면서 나름대로 얻은 깨달음을 옮겨 놓았다.

　이 글들이 쓰여진 기간 동안 저자에게서 신학을 배운 학생들은 이 글들을 읽으면서 저자의 강의 시간의 그 목소리를 다시 들을 수 있을 것이다. 그런 목소리의 울림을 통해서 좀더 깊은 교제가 이루어지기를 기원한다. 저자는 그 모든 분들과의 신학적 대화를 귀하게 여기며 그에 대해서 감사드린다. 이제 새로운 교육의 장에서도 저자는 그동안 강조해 왔던 순복음 신학에 충실한 사역자들의 인격과 사고를 형성시키는 일을 하려고 한다. 이와 같은 순복음 신학적 사유를 더 개발하며, 같이 대화하기를 원하는 모든 이들을 이 책을 통해서 저자가 섬기는 한세대학교 신학부와 영산신학대학원을 통한 신학적 대화에로 초청한다. 그리고 이런 대화가 깊어짐으로 말미암아 우리의 신학적 사유가 더욱 성장하고 깊이 있어지며 하나님 나라의 현재성에 충실한 모습을 잘 드러낼 수 있기를 원한다.

2003년 12월

한세대학교 연구실에서
신 문 철

차 례

머리말 · 3

1부 삼위일체 교리의 기원

제1장 삼위일체론의 중요성과 형성과정 · 11
1. 삼위일체론의 중요성 · 12
2. 초대교회의 반삼위일체론 · 14
3. 아리우스주의와 니케아 종교회의 · 20
4. 갑파도기아 교부들의 삼위일체론 · 25
5. 아우구스티누스의 삼위일체론 · 31

제2장 사도신경과 삼위일체론 · 37
1. 사도신경의 형성 및 수용과정 · 38
2. 사도신경의 내용과 구조 · 40
3. 사도신경과 삼위일체론 · 42
4. 사도신경과 기독교 강해 · 44
5. 나오는말 · 45

2부 삼위일체적 신학

제3장 삼위일체적 영성신학 · 49
1. 삼위일체 교리의 발전 · 51
2. 현대 삼위일체 논쟁의 주제 · 59
3. 삼위일체적 영성신학 · 69
4. 기독교 영성과 삼위일체 교리 · 75

제4장 휠리오크베 논쟁과 삼위일체적 성령론 ·83
　1. 휠리오크베 논쟁의 역사적 배경 ·85
　2. 휠리오크베 논쟁의 신학적 배경 ·91
　3. 휠리오크베 논쟁의 주제들 ·101
　4. 휠리오크베 논쟁에 대한 삼위일체적 전망 ·104

제5장 삼위일체적 기독론 ·111
　1. 케노틱 기독론 ·114
　2. 성령기독론 ·119
　3. 삼위일체적 기독론 ·128

제6장 삼위일체적 교회론 ·144
　1. 교회의 본질 ·146
　2. 현대 삼위일체의 중심주제 ·148
　3. 삼위일체적 교회론 ·156
　4. 마무리 글 ·164

3부 순복음신학과 삼위일체론

제7장 영산 조용기 목사와 삼위일체론 ·169
　1. 영산과 고전적 삼위일체 교리 ·170
　2. 영산의 삼위일체적 신학 ·180
　3. 영산과 순복음 신학 ·191
　4. 마무리 글 ·199

제8장 영산 조용기 목사의 삼위일체적 성령론 ·201
　1. 고전적 삼위일체론과 성령론 ·202
　2. 영산의 삼위일체론 ·204
　3. 영산의 삼위일체적 성령론 ·208
　4. 마무리 글 ·216

제9장 영산의 삼위일체적 구원론 ·218
　1. 이원론적 구원관 ·219
　2. 전인구원의 신학적 배경 ·221
　3. 영산의 전인구원론 ·229
　4. 마무리 글 ·234

제10장 순복음 신앙과 신학이 한국교회와 신학에 끼친 영향 ·235
　1. 순복음 신학과 삼위일체 교리 ·236
　2. 순복음 신학의 "삼중축복" ·244
　3. 순복음 신학과 한국교회 ·252
　4. 마무리 글 ·264

4부 순복음 신학의 미래

제11장 순복음 신학이란? ·269
　1. 순복음 신학의 성경론 ·272
　2. 순복음 신학의 신론 ·275
　3. 순복음 신학의 인간론 ·278
　4. 순복음 신학의 기독론 ·280
　5. 순복음 신학의 성령론 ·283
　6. 순복음 신학의 구원론 Ⅰ ·287

7. 순복음 신학의 구원론 II ·289
8. 순복음 신학의 성령세례론 ·292
9. 순복음 신학의 교회론 ·294
10. 순복음 신학의 종말론 ·296

제12장 순복음 신학의 미래 ·300

참고문헌
1. 국내서적 ·303
2. 번역서적 ·304
3. 해외서적 ·304
4. 기　　타 ·309

1부 삼위일체 교리의 기원

새 우리말 큰사전

제 1 장
삼위일체론의 중요성과 형성과정1)

　　삼위일체론은 기독교와 타종교를 구분 짓는 결정적인 신학적 명제인 동시에, 모든 신학의 기초가 되는 중요한 신학적 주제이다. 이처럼 중요한 기독교의 핵심적 교리인 삼위일체론은 그 동안 신론의 한 분야로만 취급되면서 우리의 신앙고백 속에서만 존재할 뿐 신학의 핵심적인 교리로 이해되지 못한 것이 사실이다. 오늘날 우리가 삼위일체론을 심각하게 다루어야 할 이유는 우선 그것이 오순절 교회의 전통 속에서 근본 교리로 이해되었고(적어도 하나님의 성회 교단에 있어서 삼위일체론은 중요하다), 이 교리는 여전히 오늘날 교회와 신학에 강한 영향을 끼치고 있기 때문이다. 이러한 이유로 많은 신학자들은 삼위일체론을 교리신학의 핵심적 교리로 부활시키면서 전통적인 교의신학을 삼위일체적 관점으로 재해석하고 있다.2)

---

1) 이 글은 한세대학교 논문집인 『성령과 신학』 제18호(2002): 203-30에 발표되었던 논문이다.
2) 현대 삼위일체론자들은 전통적 교의신학이 기독교의 핵심적 교리인 삼위일체론을 신론의 한 분야로 취급함으로써, 기독교의 본질을 왜곡시켰다고 주장한다. 삼위일체론은 현대 신학자들에 의해 교의신학의 핵심적 교리로 부활된 후 지속적인 발전을 거듭해왔다. 주목할 것은 20세기의 삼위일체론은 동방과 서방 신학자들의 신학적 대화 가운데 재형성되고 있음을 강조하고 싶다. 동방교회와 서방교회는 그들의 신학적 대화(Theological Dialogue)를 통해서 합의된 삼위일체 성명서(Agreed Statement on the Holy Trinity)를 발표했다. 다음 문헌들을 참

1. 삼위일체론의 중요성

   1) 삼위일체 신학의 현대적 부활

   니케아-콘스탄티노플 회의(381년)를 거쳐 형성된 삼위일체론은 신학적 논의 대상이기 보다는 예배의 대상으로서 신비적 유산 같이 보존되어 왔다. 종교개혁 시대에 세르베투스(Servetus)와 소시니안주의자(Socinianism)들이 삼위일체를 부인하는 주장을 폈지만 신학적 흐름의 주제가 되지 못하였다.3) 그러다가 18-19세기 계몽주의 시대에는 전통적인 삼위일체론이 거절 당하기 시작하였다. 특히 자유주의 아버지라고 불리 우는 슐라이에르마허는 그의 교의학 맨 마지막 부분에서 삼위일체론을 다루면서 삼위일체론은 현실의 삶에 아무런 의미가 없고, 신앙인의 절대 자기 의식에 대한 직접적 진술이 아니라 하나의 신학적 사변으로 간주하였다. 결국 슐라이에르마허의 전통적 삼위일체에 대한 부인은 그리스도의 신성과 성령의 위격성을 부인하는 19세기 자유주의의 태동을 불러왔고 20세기의 현대주의도 그리스도의 하나님되심과 성령의 위격성을 부인하기에 이르렀다.4) 그리스도의 신성이 위협 받고 성령의 위격성이 부인되고 있는 현대적 상황에서 가장 전통적이고 신학적으로 그리스도의 신성과 성령의 위격성을 변호할 수 있는 것은 삼위일체 뿐이다. 마치 4세기 아타나시우스가 그리스도의 신성을 부인하는 이단자 아리우스와의 논쟁에서 성부와 성자는 동일본질(homoousion)이라는 삼위일체론을 전개하면서 아리우스를 정죄하고 삼위일체 교리를 완성하였듯이, 또한 동방의 캅파도기아 교부들이 성령 훼방자들에 대항하여 성령

조하라: T.F. Torrance(ed.), *Theological Dialogue between Orthodox and Reformed Churches*, vol 1 and 2, (Edinburgh: Scottish Academic Press, 1985 and 1993).
3) 이종성, 『삼위일체론』 (서울: 대한기독교출판사, 1995), 409-15.
4) *Ibid.*, 557-59.

의 위격성을 그들의 삼위일체론을 통해서 증명했듯이, 20세기의 복음주의 신학자들과 오순절주의 신학자들은 자유주의자들과의 논쟁에서 그들의 신학적 바탕을 삼위일체 하나님께 의존하였다.

2) 종교다원주의 세계 속에서의 삼위일체 하나님

오늘날 한국 신학과 교회는 포스트모던적 상황에서 기독교 진리에 대한 새로운 변증적(neo-apologetics) 시도 없이는 기독교의 존재의 위기까지 경험하게 될지도 모르는 어려움을 겪을 수 있는 단계에 이르고 있다. 19세기 자유주의 신학이 그리스도의 신성을 부인하면서 기독교의 본질을 왜곡시켰다면, 20세기 후반부터 나타나기 시작한 종교다원주의는 그리스도의 유일성과 삼위일체 하나님을 부인하면서 새로운 신개념을 정립하고자 한다. 종교 다원주의는 그들의 신 개념인 초경험적 실재(trans-empirical reality) 혹은 궁극적 실재(ultimate reality)가 어떻게 이 세상에서 다원성을 이루고 있는 가를 설명하려 하고 있다.5)

종교다원주의를 추종하는 자들은 전통적인 기독교가 너무 배타적으로 예수 그리스도만을 강조하기 때문에 타종교와 갈등 구조를 이루고, 이것이 곧 기독교를 고립시키는 하나의 중요한 요소로 인식하고 있다. 그래서 그들은 예수 그리스도 중심에서 하나님 중심으로 나아갈 것을 강조하고 있다. 존 힉은 다른 종교를 판단하는 규범과 모든 종교의 중심을 그리스도에서 하나님으로 전환하는 신학의 코페르니쿠스적 혁명을 주장했다.6) 그는 성육신과 그리스도의 신성을 신화로 이해하고 하나님은 오직 예수 안에서만 만날 수 있는 것이 아니라 모든 종교의 신개념에서 만날 수 있다는 것이다. 포스트모던 사상의 도전은 지구촌의 교회 성장에 치명적인 장애를 가져올 수 있는 것이며, 이 심각한 문제에 대

---

5) 폴 F. 니터, 『오직 예수이름으로만?』 변선환역 (서울: 한국신학연구소, 2001), 237-323.
6) 존힉, 『성육신의 새로운 이해』, 변선환역 (서울: 이화여자대학교출판부, 1997)

한 진지한 변증학적 신학이 절실히 요구된다. 이러한 모습은 한국에서도 나타나기 시작했고, 비상사태를 선언하고 실제적이고 적극적인 기독교 변증학이 없이는 교회의 지속적인 성장을 기대하기는 어려울 것이다. 필자는 이러한 포스트모더니즘과 종교다원주의 도전에 대하여 위기에 처한 기독교의 본질과 교리를 변증하기 위해서 꼭 필요한 신학적 작업이 바로 하나님에 대한 삼위일체적 인식이라고 말하고 싶다.

21세기 오순절주의 변증학에서 가장 중요한 작업은 신론에 대한 재인식이며, 신론에 대한 재인식은 바로 하나님을 **삼위일체 하나님**으로 믿고 이해하는 것이다.7) 왜냐하면 하나님을 삼위일체적으로 믿고 고백하는 것은 예수 그리스도의 유일성을 강조하는 전통적인 기독론(예수 그리스도는 하나님이시다)을 확고히 하는 유일한 신학적 대안이기 때문이다. 그러므로 종교다원주의가 판을 치는 후현대주의 세계 속에서 기독교의 유일성을 변증할 수 있는 유일한 방안은 전통적인 삼위일체론의 중요성을 재인식하는 것이다.

2. 초대교회의 반삼위일체론

삼위일체 교리는 터툴리안(Tertullian)이 다음과 같은 표현을 사용함으로써 시작되었다: 하나님은 하나의 실체(una substantia)를 갖고 계시며, 삼위의 위격체(tres personae)로 존재하신다.8) 성부와 성자와 성령의 세 위격체는 분리될 수 없는 하나의 신적 본질 속에서 존재하신다는 것이다. 이러한 터툴리안의 삼위일체적 표현은 니케아-콘스탄티노플 회의(A.D. 381)에서 완성되었는데, 여기서 정통 교회는 삼위일체론의 대표적 이단자 아리우스(Arius)를 정죄하고9) 성부와 성자와 성령은

---

7) 신문철, 『기독교영성운동 21세기를 조명한다: 교의신학적 관점, 기독교영성운동』 (서울: 영성, 1999), 91-137.
8) Tertullian, *Aganinst Praxeas, in The Ante-Nicene Fathers*, (Grand Rapids, Michigan: WM. B. Eerdmans Publishing Company, 1989), 598.

동일본질(homoousios)이심을 강조하고 있다. 니케아 신경(Nicene Creed)은 독생하시고 아버지와 동일본질(homoousios)이신 아들에 대해 다음과 같이 기록하고 있다: "독생자… 그 아버지의 독생하신 아들… 참 하나님의 참 하나님이 되시므로, 낳으심을 입었고, 창조되지 않았으며 아버지와 한 본체(homoousios)를 이루신 분이로다."

하지만 니케아-콘스탄티노플 신조서가 완성되기까지 초대 교회는 삼위일체론을 정립하는데 많은 어려움을 겪은 것이 사실이다. 초대 교회는 성자 예수 그리스도를 주로 고백할 때, 하나님의 단일성(이스라엘아 들으라 우리 하나님 여호와는 오직 하나인 여호와시니)과 세 위격(그러므로 너희는 가서 모든 족속으로 제자를 삼아 아버지와 아들과 성령의 이름으로 세례를 주고)의 관계, 특히 성부(니케아 회의 이전의 교부들은 하나님의 단일성과 성부를 동일시하였음)와 성자의 관계가 논의의 중심에 있었다. 결국 초대 교회의 군주론자들은 하나님의 단일성을 유지하려고 성자의 신성을 성부에게 종속시키거나 아니면 성부의 외현 혹은 양태로 이해하였다. 이러한 군주신론의 출현 배경에는 초대 교회가 너무 경륜적 삼위일체에 치우쳐 있음을 의미하고 있다. 필자는 먼저 니케아 회의 이전의 교부들의 삼위일체론이 경륜적 삼위일체에 치우쳐 있음을 지적하고, 초대 교회의 대표적 반삼위일체론인 양태적 군주신론과 종속론을 언급하고자 한다.

---

9) 아리우스의 신학은 절대적 단일신론(monotheism)부터 출발한다. 절대적 단일신론에서 하나님은 한 분이시고 나뉘어질 수 없으며 자신의 신적 본질을 누구에게도 나누어 줄 수 없다고 믿었다. 아리우스는 진정한 의미에서 그리스도는 하나님일 수 없으며, 필시 피조물의 일부분 일 것이라고 강조했다. 결과적으로 아리우스(Arius)는 그리스도를 하나님보다는 열등하나, 인간보다는 뛰어난 하나의 중간자(middle being)로 간주하였다. 아리우스는 또한 그리스도가 특정의 시간 속에서 혹은 그 이전에 창조된 피조물이라고 했다. 그러므로 그는 영원 전부터 아들이 선재하였다는 사실을 부인하는 동시에, 아들은 아버지와 같은 신적 속성을 가지고 있지 않다는 것이다.

1) 니케아 회의 이전의 삼위일체 - 경륜적 삼위일체(Economic Trinity)

초대 교회의 삼위일체론을 이해하는데 있어서 경륜적 삼위일체(Economic Trinity)와 내재적 삼위일체(Immanent Trinity)의 관계성에 대한 이해는 필수적이라 하겠다.10) 비록 내재적 삼위일체와 경륜적 삼위일체의 관계에 대한 분명한 연구가 현대 삼위일체 논쟁에서 비로소 도출되었지만, 초대 교회의 삼위일체 논의 속에서 이미 내재적 삼위일체와 경륜적 삼위일체에 대한 논의는 시작되었다고 볼 수 있다. 경륜적 삼위일체와 내재적 삼위일체의 관계에 대한 구분은 역사 속에서 계시를 통하여 하나님이 자신의 삼위일체성을 나타내시는 방법(경륜적 삼위일체)과 하나님의 이 세상에 대한 경륜 이전에 계시는 하나님의 영원한 삼위일체적 존재 방법(내재적 삼위일체)의 차이로 이루어진다.

니케아 회의 이전에 삼위일체에 대한 논의는 경륜적 혹은 기능적 측면에 관심이 집중되었다.11) 경륜적 삼위일체는 2세기 말 리용의 감독 이레네우스(Irenaus)의 신론에서 찾아볼 수 있다. 이레네우스는 구속사에 있어서 하나님의 삼위일체성을 논하면서 아버지와 아들과 성령을 기능적으로 구별하였다. 터툴리안도 경세(oikonomia)를 근거로 세 위격을

---

10) 내재적 삼위일체와 경륜적 삼위일체의 관계에 관한 연구로 다음 문헌들을 참조하라. K. Rahner, *The Trinity* (trans. Joseph Donceel, London: Burns & Oates, 1970); E. Jungel, The Relationship between Economic and Immanent Trinity, *Theology Digest* 1976(24), 179-84; G.D. Badcock, The Doctrine of the Holy Spirit in Contemporary Trinitarian Theology: A Critical Appraisal of the Idea of the Unity of the Economic with the Immanent Trinity, unpublished Ph.D Dissertation (Edinburgh: Edinburgh University, 1991); M.C. Shin, A Dialogical Trinitarian Pneumatology, unpublished Ph.D thesis (Aberdeen: Aberdeen University, 1997), 145-62, 이승구, 『존재론적 삼위일체와 경륜적 삼위일체의 관계』, 차영배외, 『삼위일체론과 성령론』 (서울: 태학사, 1999), 393-433.
11) R.A. Markus, Trinitarian Theology and the Economy, Journal of Theological Studies 9(1958), 89-102. See also, G.L. Prestige, God in Patristin Thought, 2nd ed. (London: S.P.C.K., 1952), 57ff., 62ff.., 98-102; J.N.D. Kelly, Early Christian Doctrines, 5th ed. (London: Adam & Charles Black, 1977), 83-108.

구별하면서 각 위격은 그들의 존재를 통하여서가 아니라 그들의 등급을 통하여, 그들의 본질을 통하여서가 아니라 그들의 형태를 통하여, 그들의 힘을 통하여서가 아니라 그들의 현현을 통하여 구별된다고 말한다.12) 한 하나님 안에 계신 세 분의 신적 페르소나(persona)는 각기 맡은 분야가 있다. 아버지는 창조와 그 후의 모든 것을 지배하면서 인류에게 구원을 허락해 주었다. 그 구원을 수행하기 위하여 아들이 성육신(Incarnation) 하셨다. 그리고 성령은 아들이 수행한 구원을 결실하도록 했다. 이러한 경륜적 구조에서 아버지는 절대자로서의 위치에 머물러 있는 동안 아들이 제이의 위치에서 구체적으로 구원의 조건을 성취하신다. 성령은 제 삼의 위격에서 아버지와 아들과 협조하여 구원을 완성하신다. 경륜적 삼위일체란 이와 같은 구원을 위한 구조 안에 활동하시는 하나님을 말한다. 초대 교부들은 어디까지나 삼위일체 하나님을 구원론적 입장에서 이해하면서 삼위의 사역을 경륜적 혹은 기능적(functional)으로 구분하였다.

경륜적 삼위일체는 하나님의 존재론적이고 초월적인 측면보다 예수 그리스도 안에서 성령으로 계시되신 하나님 아버지와 세상과의 관계를 구체적으로 설명하기 위해서 발전되었다. 특히 예수 그리스도의 탄생과 공생애, 그리고 십자가와 부활 사건 속에 나타나신 하나님 아버지와의 관계에 대한 이해는 그리스도가 틀림없이 하나님의 아들이요, 신적 존재임을 확신케 했다. 그러나 경륜적 삼위일체가 함유하고 있는 약점이 있었는데 그것은 경륜적 삼위일체론이 성부와 성자와 성령의 관계를 이해하는데 있어서 종속주의(subordinationism)의 위험성을 내포하고 있는 것이다.13) 사실 경륜적 관점에서 성부와 성자와 성령의 관계를 이해한다면 거기에는 분명한 위계 질서가 나타난다. 즉, 신성의 제일 원리 혹은 근원은 성부 하나님이고 성자는 성부로부터 낳으심을 받은 제이의 위격이고 성령은 제삼의 위격이 된다. 이러한 경륜적 삼위일체는 오리

---

12) 베른하르트 로제, 『기독교 교리사』, 구영철역 (서울: 컨콜디아사, 1988), 65.
13) 제럴드 브레이, 『신론』 (서울: IVP, 1999), 191-94.

겐에 의해서 종속주의로 발전되고 아리우스(Arius)에 의해서 성자의 신성이 부인되는 결과를 초래하고 말았다. 이러한 이유로 경륜적 삼위일체(Economic Trinity)는 니케아 회의를 전후로 해서 내재적 삼위일체(Immanent Trinity)로 전환되고 만다.14)

2) 양태적 군주신론

초대교회에 반삼위일체론의 한 형태인 양태적 군주신론은 서머나 출신 노에투스(Noetus)에 의해 발생되는데, 그는 아버지와 아들과 성령은 하나의 세 양태이며 하나님은 한 분이라고 주장한다.15) 다시 말해서, 아버지와 아들과 성령은 한 분이지만 세 역할, 즉 창조자로서, 구속자로서, 성화자로서 삼중적 역할을 맡을 수 있다는 것이다. 양태론의 대표적인 형태로 사벨리우스주의가 있다. 215년부터 로마에서 가르치고 있던 사벨리우스(Sabellius)는 노에투스의 견해를 체계적으로 이론화했다. 그는 양태론적 군주신론에 대한 격렬한 비난에 대항하여 다음과 같이 주장했다. 한 모나드(monad)로서의 하나님은 세 가지 사역을 하신다. 하나님은 마치 태양과 같아서 한 실체가 열과 빛을 발산한다. 아버지는 본체 또는 형상이나 아들과 성령은 그의 사역의 양태이다. 그의 견해에 의하면 아들과 성령이 고유의 본체와 경륜적 사역 속에서 존재하시는 것이 아니라 아들과 성령은 아버지의 존재의 한 양태에 지나지 않는다는 것이다.16) 20세기 신정통주의를 주창한 바르트 역시 하나님을 삼위일체적으로 이해하는데 실패하였다. 바르트는 하나님의 삼위되심을 세 가지 존재양태(three modes of being)라고 표현함으로 말미암아 사벨리우스적 양태론의 전통을 이어받고 있다.17) 이러한 바르트의 양태적 군

---

14) J. Mackey, *The Christian Experience of God as Trinity* (London: SCM Press, 1983), 116-118
15) 이종성, 『삼위일체론』, 199-206.
16) *Ibid.*, 204-206.

주신론은 한국 교회 안에서 다음과 같은 표현으로 자주 사용되고 있다. 나라고 하는 한 존재는 필요에 따라서 한 여자의 남편이고 한 아이의 아버지가 되며 한 어머니의 자식이 된다. 그러므로 유일하신 하나님은 필요에 따라서 구약시대에는 아버지의 양태로 신약시대에는 아들의 양태로 교회 시대에는 성령의 양태로 나타나셨다는 것이다. 한국의 많은 성도들과 교회들은 하나님의 삼위 되심을 세 분으로 생각하지 않고, 셋이긴 하지만 세 분이 아닌 다른 어떤 형태로 생각하는 경향이 있는데, 이러한 양태적 이해는 삼위일체 하나님을 이해하기 위해서 빨리 버려야 한다.

3) 종속론

초대 교회의 종속론은 오리겐의 삼위일체론에서 찾아볼 수 있는데, 오리겐은 근본적으로 하나님의 단일성과 성부를 동일시하였다. 즉, 성부 하나님만이 모든 존재의 근원이시며 그 분만이 참 하나님이시다.18) 성부만을 모든 신성의 원천으로 이해한 오리겐은 성자의 신성이 성부로부터 파생되었음을 말하면서 불가피하게 삼위일체의 관계 안에 등급을 두고 있다. 오늘날 내가 너를 낳았다는 관계적이고 위격적인 구분에서의 아버지와 아들의 관계를 종속적인 관계로 이해하면서, 그는 아버지와 아들의 관계를 영원한 종속관계(subordination)로 발전시켰다.19) 오리겐에 의하면 아들은 아버지로부터 성육신하시기 전부터 영원의 영역에서 아버지에 의해 '낳아지신 분'이므로 본질과 신분상에서 아버지와 다르다는 것이다. 또한 성자가 성부께 종속된다면, 성령도 성자 아래 있다는 위계적인 종속론을 발전시켰다.

---

17) Ibid., 637-39.
18) B. Lohse, *A Short History of Christian History* (Philadelphia: Fortress Press, 1980), 46.
19) Ibid., 47.

3. 아리우스주의(Arianism)와 니케아(Nicea) 종교회의

니케아 회의 이전의 삼위일체적 논의는 경륜적 삼위일체(역사 속에서 계시를 통하여 하나님이 자신의 삼위일체성을 나타내시는 방법)라고 설명하였고, 경륜적 삼위일체의 특징 중의 하나는 성부를 바로 유일하신 하나님으로 고백하는 것이다. 이러한 경륜적 삼위일체는 두 가지 반 삼위일체적 유형으로 나타났다. 그 하나는 말씀과 성령이 시간 이전에는 성부의 존재 안에 잠재해 있다가 거기서부터 마침내 경륜 속에서 세 양태로 나타나셨다는 양태적 군주신론이다. 다른 하나는 말씀과 성령은 그 존재의 근원을 성부 하나님께 의존하므로 어떤 식으로든 성부는 종속적 우월성을 가지게 된다. 이러한 종속주의는 오리겐에 의해서 발전되었는데, 오리겐은 성부의 존재로부터 성자와 성령을 도출해 냈다.

하지만 오리겐의 종속론을 계승한 아리우스는 좀더 심화된 경륜적 삼위일체론을 가르치면서 성자와 성령이 존재하시지 않으셨던 때가 있었음을 강조하고 있다.[20] 아리우스에게 있어서 성자는 성부에게서 낳아졌다는 의미는 곧 성자가 성부에 의해 시간 안에서 피조되었다는 말과 동의어로 사용되어 졌다. 또한, 성부와 성자와 성령의 경륜적 구분을 전제로 성자와 성령은 성부의 신성을 공유할 수 없음을 강조하였다.[21] 이러한 유형의 신학을 경륜적 삼위일체로 부르면서 성부는 세상을 창조하기 시작하셨을 때에 혹은 시간 안에서 그의 아들과 그의 성령을 가지셨다고 주장하였다. 이 신학은 삼위일체가 영원 내에서가 아니라 오직 시간 내에서 존재한다고 간주하였다. 아리우스는 이 주장의 근거를 잠언 8:22에 대한 칠십인역에서 찾고자 했다. 잠언 8:22에 대한 칠십인역은 그가 자기 일을 위해서 태초에 나를 창조했다고 되어 있다.

이러한 아리우스의 이단적 사상은 325년 니케아 회의에서 정죄되었

---

20) 리차드 A. 노리스,『기독론 논쟁』, 홍삼열 역 (서울: 은성, 1998), 31-35.
21) *Ibid.*, 34.

는데, 니케아 회의는 성자가 성부와 동일본질(homoousios)임을 선언하면서 그 신학의 방향을 내재적 삼위일체(하나님의 이 세상에 대한 경륜 이전에 계시는 하나님의 영원한 삼위일체적 존재 방법)로 전환하고자 했다. 즉, 삼위일체 하나님은 하나님의 사역 이전에, 그 무엇을 창조하시기 이전부터 그 자체 안에서 영원히 성부, 성자, 성령이시다. 그리고 이 삼위는 그 본질과 실체와 속성에서 동일하시다. 내재적 삼위일체는 본질의 동질성과 세 위격의 통일성을 말하고 있다. 니케아 회의에서 정립된 삼위일체론이 결정적으로 중요한 이유는 그것이 예수 그리스도의 신성에 대한 교부들의 신앙고백이고 또 그렇기에 그에 의해 획득된 구원의 확실성에 대한 증거이기 때문이다.

1) 아리우스주의

아리우스는 알렉산드리아의 인구 밀집 지역 가운데 하나인 바우칼리스(Baucalis)교구를 관장하던 장로였으며 설교가로 유명했다. 그는 오리겐의 종속론적 삼위일체론의 영향을 받아 그리스도의 완전한 신성을 부인하면서 하나님의 절대적 유일성과 초월성을 강조하였다. 아리우스의 종속론은 오직 성부만이 하나님이고 아들은 성부 하나님의 피조물이므로 영원한 존재가 아니며 변할 수도 있다는 것이다. 그는 다음과 같이 자기의 신앙을 고백한다: 우리는 오로지 출생하시지 않고, 오로지 영원하시고, 오로지 시작이 없으시고, 오로지 참되시고, 오로지 불명하시고, 오로지 지혜로우시고, 오로지 선하시고, 오로지 주님되시고, 오로지 만물의 심판자이신 한 분이신 하나님을 고백한다.22) 물론 여기서 아리우스가 주장하는 하나님은 성부 하나님이시다. 성부 하나님의 본질은 절대 초월적이고 절대 불변하기 때문에, 성부의 본질은 어느 누구와도 공유할 수 없는 것이다. 그러므로 아리우스에 의하면 성자와 성령은 성

---

22) 베른하르트 로제, 『기독교 교리사』, 69.

부와 같은 본질(homoousios)이 아니다. 성자와 성령이 내재적으로 성부와 동일한 본질이 아니라면, 필경 성자와 성령은 성부로부터 창조되신 피조물이라는 것이다. 아리우스에 따르면, 하나님 만이 시초와 기원이 없으며, 아들은 시작을 가지고 있음에 틀림이 없다. 그러므로 하나님과 아들은 동등하지 않으며 무한한 차이를 지니고 있음을 강조하였다.23)

이러한 아리우스의 이해는 존재론적으로 동일본질(homoousios)의 신적 본질을 가지고 계신 성부와 성자와 성령의 관계를 구원의 경륜 속에서 성부와 성자가 계시하신 각 위격의 역할에 대한 종속적인 이해로부터 출발한다. 구원의 경륜 가운데 나타나신 아버지와 아들의 관계를 설명하는 아버지께서 내게 주시는 자는 다 내게로 올것이요(요 6:37) 성경 구절을 인용하면서 만일 그리스도가 본질적으로 아들이라면 그는 아무 것도 받을 필요가 없고 원래의 아들로서 그것들을 이미 소유하고 있었을 것이라고 주장하였다. 또한 아리우스는 그러나 그 날과 그 때는 아무도 모르나니 하늘에 있는 천사들도 아들도 모르고 아버지만 아시느니라(막 13:32)는 구절을 인용하면서, 만일 아들이 영원히 하나님과 함께 계셨다면 그는 그 날을 모르는 것이 아니라 로고스로서 그 날을 잘 알고 있었을 것이다. 그러나 사실 그는 창조된 것 중의 하나였기 때문에 그런 식으로 말을 할 수밖에 없었다는 것이다.

삼위일체 교리의 정립을 위해 전 생애를 바친 교부 아타나시우스(Athanasius)는 경륜적 관점에서 성부와 성자를 이원론적으로 분리하는 아리우스의 이론을 비판하면서 존재론적 관점에서 하나님의 세 위격의 영원성과 통일성을 주장한다: 성부와 마찬가지로 성자도 존재하지 않았던 때가 없다. 성자의 출생은 영원하다. 성자는 하나님의 의지에 의해 태어나지 않고 오직 하나님의 존재(본질)로부터 출생한다. 그러므로 성부, 성자, 성령은 영원부터 영원까지 계신다. 또한 아리우스주의자들에 대한 반론의 제3권에서 아타나시우스는 아리우스주의자들의 질문에 다

---

23) *Ibid.*

음과 같이 답하고 있다. 첫째, 예수 그리스도는 아들이기 때문에 아버지로부터 분리될 수 없고 그가 존재하지 않았던 때는 없었다. 그는 항상 존재했다: 태초에 말씀이 계시니라 이 말씀이 하나님과 함께 계셨으니 이 말씀은 곧 하나님이시니라(요 1:1). 둘째, 그는 근본 하나님의 본체(빌 2:6)시요 보이지 아니하시는 하나님의 형상(골 1:15)이시기 때문에, 아들은 아버지와 동일본질(homoousios)이시다. 셋째, 아버지에게 속한 것들이 아들에게 속한다면 성자와 성부는 동일하다는 결론에 도달하게 된다: 무릇 아버지께 있는 것은 다 내 것이라(요 16:15) 그리고 내 것은 다 아버지의 것이요 아버지의 것은 내 것(요 17:10).

2) 경륜적 삼위일체에서 내재적 삼위일체로의 전환 니케아 회의를 중심으로

경륜적 삼위일체는 구원의 경륜 가운데 나타나신 삼위의 관계성을 설명하면서 발전되었지만, 아리우스가 주장하듯이, 성자(와 성령)의 영원한 신성에 의문을 표시하지 않을 수 없도록 만들었다. 이 경우 경륜적 삼위일체의 취약점은 그리스도가 하나님이 아니기 때문에 그는 아버지를 실제로 알지 못한다는 주장이 가능하게 되며, 따라서 그리스도에 의한 계시와 구원은 불완전하게 된다. 여기서 초대 교부들은 그리스도가 하나님보다 훨씬 밑에 있는 하나의 피조물이 아닌 그리스도 자신이 하나님이심을 증명하기 위해서 내재적 삼위일체론을 발전시키게 된다.

아리우스의 종속론을 반박하기 위해서 교부들이 니케아 회의에서 고백한 신앙고백은 호모우시오스(homoousios) 교리이다.[24] 성부와 성자가 동일본질이시라는 호모우시오스(homoousios) 교리는 곧 교부들의 삼위일체가 경륜적 삼위일체에서 내재적 삼위일체로의 전환을 의미하는데, 이때부터 교부들의 삼위일체는 구원의 경륜 가운데 나타나신 삼위

---

24) *Ibid.*, 72-79.

하나님의 관계를 중점적으로 논하기 보다는 본질(ousia)에 관한 질문을 우선시하게 되었다.25) 내재적 삼위일체는 경륜 이전에 영원 전부터 계시는 삼위일체 하나님에 관한 서술이다.

니케아 신조의 호모우시오스는 다음의 두 가지 뜻을 내포하고 있는데, 그 하나는 이 용어가 양태적 군주신론에 대항하여 성부와 성자의 구별을 전제한 동등성을 뜻하는 것이다.26) 성부와 성자는 동일한 신적 본성을 공유한다는 의미이기도 한다. 다른 하나는 종속론에 대항하여 신성의 단일성을 의미하기도 한다. 즉 호모우시오스(homoousios)는 하나님의 본질적 통일성을 의미하는데, 아들의 신성이 아버지의 신성과 동일하며, 참으로 동시에 아들의 신성이 아버지의 신성이며, 혹은 아버지의 신성의 충만함이 아들의 존재라는 사실을 강조하고 있다. 이러한 본질의 통일성에 대한 강조는 서방의 삼위일체론을 완성한 아우구스티누스의 삼위일체론에서 분명히 나타나는데 그는 삼위일체를 쓰게 된 동기를 다음과 같이 표현하고 있다: 삼위일체는 유일하시고 하나이신 참된 하나님이시다. 그리고 아버지와 아들과 성령이 하나인 동시에 동일한 본체에서 오셨다는 것을 어떻게 바로 말하며, 믿으며, 이해할 수 있을까 하는 것을 연구하기 위해서 삼위일체론을 썼다. 즉, 아우구스티누스의 삼위일체는 성부와 성자와 성령이 동일한 본질(essentia)이시라는 것을 말하며 깨닫는 것이다. 그러므로 삼위일체의 한 본성, 한 신성, 한 의지, 더 나아가서 한 활동만이 한 하나님에 귀속되지 세 위격들 개개 자신들에는 귀속되지 않는다. 이러한 본질의 동일성에 대한 강조는 성령의 나오심에도 적용이 되는데, 성부와 성자가 동일본질(homoousios)이시라면 당연히 성령은 성부와 성자로부터 나오신다는 휠리오크베(filioque) 교리가 성립되는 것이다.27)

---

25) J. Pelikan, *The Christian Tradition*, 228-229.
26) 베른하르트 로제, 『기독교 교리사』, 73.
27) 휠리오크베 교리는 다음과 같은 신학자들에 의해 현대 삼위일체론 안에서 논의되고 있다: B. Bobrinskoy, "The Filioque Yesterday and Today", in *Spirit*

4. 갑파도기아 교부(Cappadocian Fathers)들의 삼위일체론

　니케아 회의 이후 삼위일체적 논의는 경륜적 삼위일체(역사 속에서 계시를 통하여 하나님이 자신의 삼위일체성을 나타내시는 방법)에서 내재적 삼위일체(하나님의 이 세상에 대한 경륜 이전에 계시는 하나님의 영원한 삼위일체적 존재 방법)로 그 신학적 방향이 전환하였다. 니케아 회의 이후에 교부들의 삼위일체 논쟁이 내재적 삼위일체로 전환되면서 내재적 삼위일체의 대표적 언어인 호모우시오스(homoousios)의 개념을 중심으로 한 하나님과 세 위격의 관계를 설명하고자 하였다. 하지만 위격의 구별을 전제한 동등성과 신성의 단일성을 의미하는 호모우시오스(homoousios)는 세 위격의 구별을 설명하기 위해 사용되기 보다 점점 더 신성의 단일성을 설명하기 위해 사용되어졌다.

　그리하여 다시금 삼위일체론을 이해하는 데 사벨리우스적 양태론으로 빠질 위험성을 지적하면서, 동방의 캅파도키아 교부(바실, 닛사의 그레고리, 그리고 나지안주스)들은 삼위일체의 위격을 좀더 분명하게 구

---

of God, Spirit of Christ. Edited by L. Vischer (Geneva WCC, 1981), 133-48 and The Indwelling of the Spirit in Christ: "Pneumatic Christology in the Cappadocian Fathers", St. Vladimir Theological Quarterly 28(1984), 49-65; G.L. Bray, "The Filioque Clause in History and Theology", Tyndale Bulletin 34(198), 91-144; G.S. Hendry, "From the Father and the Son: The Filioque after Nine Hundred Years", Theology Today 11(1956), 449-59; A.I.C. Heron, "Who Proceedeth from the Father and the Son: The Problem of the Filioque", Scottish Journal of Theology 24(1984), 149-66 and The Filioque Clause, in One God in Trinity (London: Samuel Bagster and Sons Ltd, 1980), 62-77; J. Moltmann, "Theological Proposals Towards the Resolution of the Filioque Controversy", in Spirit of God, Spirit of Christ, Edited by Lukas Vischer (Geneva: WCC, 1981), 164-73; D. Staniloae, "The Procession of the Holy Spirit from the Father and his relation to the Son, as the basis of our Deification and Adoption", in Spirit of God, Spirit of Christ, Edited by Lukas Vischer (Geneva: WCC, 1981), 174-86; V. Lossky, "The Procession of the Holy Spirit in the Orthodox Triadology", trans. By Edward Every. The Eastern Churches Quarterly 2(1948), 31-53.

분하면서 위격의 통일성을 강조하기 위하여 페리코레시스(Perichoresis)라는 상호침투 혹은 상호공유의 개념을 사용하기 시작한 것이다. 페리코레시스라는 말은 상호침투를 통한 내주와 순환을 의미하는 용어로서 삼위일체의 위격 간의 독특한 존재방식을 설명하고 있다. 필자는 먼저 동방의 캅파도키아 교부들의 내재적 삼위일체를 논한 후에, 캅파도키아 교부들의 내재적 삼위일체론을 경륜적 관점에서 조명할 것이고, 이어서 그들의 삼위일체론이 오순절주의 삼위일체론에 얼마나 영향을 끼쳤는지 살펴보고자 한다.28)

1) 캅파도키아 교부들의 삼위일체론 - 삼위일체의 세 위격은 상호침투하신다.

갑파도키아 교부들의 삼위일체에 대한 해석방법은 삼위일체의 기본적인 표현인 하나의 본질(mia ousia), 세 위격(treis hypostases) 중 하나의 본질보다 세 위격의 통일성에 대한 신학적 발전을 모색하였다는 것이다. 나뉠 수 없는 한 하나님은 세 분의 위격으로 존재하신다는 것이다. 필자는 캅파도키아 교부들의 삼위일체론을 다음의 몇 가지로 정리하고자 한다.

첫째, 캅파도키아 교부들이 삼위일체론의 발전에 공헌한 것 중의

---

28) 캅파도키아 교부들의 삼위일체론은 다음과 같은 현대 신학자들에게 영향을 주었다: J. Moltmann, *The Trinity and the Kingdom of God: The Doctrine of God*, trans. Margaret Kohl (London: SCM Press, 1981); C. Plantinga, Jr., The Perfect Family: Our Model for Life Together is found in the Father, Son and Holy Spirit, *Christianity Today* 1988(4), 24-28; D. Brown, *The Divine Trinity* (LaSalle, Il.: Open Court, 1985); L. Boff, *Trinity and Society*, trans. Paul Burns (Maryknoll, N.Y.: Orbis, 1988); C.E. Gunton, *The Promise of Trinitarian Theology* (Oxford: Clarendon Press, 1991) and *The One, The Three and The Many* (Cambridge: Cambridge University Press, 1993); J. Bracken, *The Triune Symbol: Persons, Process, and Community* (Lanham, Md.: University Press of America, 1985).

하나는 ousia(본질)와 hypostasis(위격)을 구분하기 시작한 것이다(두 단어는 캅파도키아 교부들 이전에는 동의어로 사용되었음). 캅파도키아 교부들은 hypostasis(위격)가 더 이상 본질을 의미하지 않고 위격을 의미하는 반면에, ousia(본질)은 신성 그 자체에 대한 전문 용어로 사용하였다.29) 따라서 하나님의 단일성은 그분의 ousia(본질, 존재)이며, 삼위일체는 휘포스타세스(hypostases) 안에서 발견된다는 것이다. 그리고 각각의 휘포스타시스 안에서 우시아가 충만하게 나타난다고 보았다.

둘째, 캅파도키아 교부들의 삼위일체론의 특징은 삼위 하나님의 존재의 근거를 성부 하나님의 위격(hypostasis)에 둔다는 것이다. 비록 캅파도키아 교부들은 성자나 성령이 성부에게 종속된다는 사실을 받아들이지는 않지만, 그럼에도 불구하고 그들은 성부의 위격(hypostasis)이 삼위일체의 최고 원천(principle), 혹은 최고의 근원(origin)으로 간주되어야만 한다고 말하고 있다. 현대 동방 신학의 권위자인 지졸라스(J.D. Zizioulas)는 캅파도키아 교부들의 위격 중심의 삼위일체론을 다음과 같이 묘사하고 있다. 삼위일체 하나님 존재의 세 모형은 그 실체에 은혜를 입고 있는 것이 아니라 한 인격, 즉 아버지에게서 은혜를 입고 있다.30) 닛사의 그레고리우스는 삼위일체 안에서의 단일성의 궁극적인 배경은 성부라고 주로 주장한다. 세 인격은 하나의 본질을 갖고 있는데, 그 세 인격의 일체성의 배경은 바로 성부이다.31)

---

29) 이종성, 『삼위일체론』, 288.
30) J.D. Zizioulas, *Being as Communion* (New York: St. Vladimir's Seminary Press, 1985), 43.
31) 캅파도키아 교부들은 어떻게 하나의 신성이 세 인격 속에 공존할 수 있는가?라는 질문에 하나의 보편성과 다양한 특수성 사이의 관계로 답변한다. 그리하여 가이사랴의 바실은 다음과 같이 주장했다. 삼위일체 안에서 하나의 신성은 보편성에, 세 인격은 특수성과 유사하다. 모든 사람들이 공유하고 있는 공통적인 인간의 본성이 곧 모든 인간들이 동일한 존재임을 의미하지는 않는다. 모든 사람들이 이러한 공통적인 본성을 갖고 있지만, 그들 모두는 각자의 개성을 보유하고 있다. 그러므로 베드로와 야고보와 요한이 하나의 보편적인 인간성을 공유하였음에도 불구하고, 세 명의 인격체로 구분되듯이, 성부와 성자와 성령도 하나의 신성을 똑같이 공유하지만, 세 분의 인격체로 구분될 수 있다는 것이다.

셋째, 캅파도키아 교부들은 이전에 행해졌던 것 보다 더 분명하게 삼위일체 안에서 위격들의 특성을 규명하였다. 바실은 성부에게는 아버지되심, 성자에게는 아들되심, 그리고 성령에게는 나오심 혹은 성화를 귀속시켰다. 이러한 위격 간의 상호 관계적 구별은 성부가 성자가 되고 성자가 성령이 되는 양태론적 경향을 막아줄 뿐 아니라, 성부와 성자와 성령의 영원하고 분리될 수 없는 관계를 설명하고 있다. 즉, 성부는 성자와의 관계에서 아버지되심의 속성을 소유하고 계시고, 성자도 성부와의 관계에서 만이 아들되심의 독특한 속성을 소유할 수 있다. 또한 성령께서도 성부와의 관계에서 나오심의 독특한 속성을 소유하고 계신 것이다.

마지막으로 성부가 성자 안에 거하시고 또한 성자가 성부 안에 거하시는 삼위일체 하나님의 독특한 내재적 존재방식을 설명하기 위해 캅파도기아 교부들은 페리코레시스(Perichoresis)라는 상호침투적 용어를 사용하였다. 페리코레시스라는 말은 다마스커스(Damascus)의 요한이 사용한 이후 동서교회 양쪽에 걸쳐 삼위 하나님의 일체를 설명하는 핵심 개념으로 사용되었다. 이 페리코레시스라는 말은 상호침투를 통한 내주와 순환을 의미하는 용어로 성부가 성자 안에 침투해서 거하시고, 성자가 성부 안에 침투해서 그 속에 거하시는 하나님의 독특한 존재 방식에 대한 성서적 표현에 상응하는 용어이다. 그들의 주장에 의하면 하나님은 아버지와 아들과 성령의 영원한 공동체적 관계 속에서 존재하신다는 것입니다. 영국의 복음주의 신학자 알리스터 맥그라스는 다음과 같이 페리코레시스를 설명하고 있다: 페리코레시스의 개념은 세 인격들이 각자의 개체성을 유지하는 한편 각각의 인격이 다른 두 인격의 생명을 공유함을 의미한다. 이 생각을 표현하기 위하여 '존재 공동체'(a community of being)라는 이미지가 자주 상용된다. 존재 공동체 안에서 각 인격은 각각의 독특하게 구별되는 정체성을 유지하면서도, 다른 인격들을 통찰하며 또한 다른 인격들에 의하여 통찰 된다.32)

격들을 통찰하며 또한 다른 인격들에 의하여 통찰 된다.32)

2) 내재적 삼위일체는 경륜적 삼위일체이다.

　내재적으로 페리코레시스의 관계 즉, 상호공유의 관계 속에서 존재하시는 삼위일체 하나님은 그 자신을 그대로 구원의 역사 속에서도 상호공유의 관계로 자신을 계시하신다. 하나님은 구원의 경륜에서 각기 다른 시점에서 다른 존재의 양식으로 나타나신 것이 아니라, 영원부터 삼위일체적 관계 가운데 존재하시는 세 분의 위격은 하나님의 모든 계시적 행위에 상호공유의 관계로 위격적으로 참여하시는 것이다.33) 내재적인 성부와 성자와 성령의 상호공유의 관계는 경륜적인 창조 사역과 구원 사역에도 상호공유의 관계로 참여하셨다는 것이다. 무엇보다도 중요한 것은 이러한 내재적 상호 공유의 관계 속에서 존재하시는 성부와 성자와 성령께서, 우리의 구원을 이루어 나아가시는 과정에서도 서로 도우시며 사랑하시는 상호공유의 역동적 관계로 사역하신다는 사실이다.

　삼위일체 하나님을 이해하는 데 흔히 발생하는 큰 오류는 성부와 성자와 성령을 동일한 하나님으로 생각하는 것이다. 성경에 의하면 하나님은 세 분이시다. 예수 그리스도의 세례에서 삼위일체 하나님은 뚜렷하게 계시되셨다: 예수께서 세례를 받으시고 곧 물에서 올라 오실새 하늘이 열리고 하나님의 성령이 비둘기 같이 내려 자기 위에 임하심을 보시더니 하늘로서 소리가 있어 말씀하시되 이는 내 사랑하는 아들이요 내 기뻐하는 자라 하시니라(마 3:16-17). 예수께서는 하나님 아버지의 사랑하는 아들이시고 하늘이 열리면서 성령이 예수 위에 강림하신 것이다. 이 장면에서 우리는 성부와 성자와 성령, 세 위격을 뚜렷이 인식할 수 있다. 또한 성경은 한결같이 세 분 하나님을 나란히 언급하고 있다: 그러므로 너희

---

32) Alister E. McGrath, 『역사 속의 신학』, 김홍기/이형기/임승안/이양호역 (서울: 기독교서회, 1998), 390.
33) *Ibid.*, 391-92.

는 가서 모든 족속으로 제자를 삼아 아버지와 아들과 성령의 이름으로 세례를 주고라고 기록하고 있다(마 28:19). 또한 사도 바울은 주 예수 그리스도의 은혜와 하나님의 사랑과 성령의 교통하심이 너희 무리와 함께 있을지어다라고 세 분 하나님의 이름으로 축원했다(고후 13:13).

또한 성경에서 우리는 캅파도키아 교부들이 발전시킨 상호공유적 위격의 개념을 발견할 수 있다: 너희가 나를 알았더면 내 아버지도 알았으리로다. 이제부터는 너희가 그를 알았고 또 보았느니라. 빌립이 가로되 주여 아버지를 우리에게 보여 주옵소서 그리하면 족하겠나이다. 예수께서 가라사대 빌립아 내가 이렇게 오래 너희와 함께 있으되 나를 알지 못하느냐 나를 본 자는 아버지를 보았거늘 어찌하여 아버지를 보이라 하느냐 나는 아버지 안에 있고 아버지는 내 안에 계신 것을 네가 믿지 아니하느냐(요 14: 7-10). 성부가 성자 안에 거하시고 성자가 성부 안에 거하시기 때문에 예수 그리스도의 사역은 성자의 사역인 동시에 성부의 사역이다. 성부는 예수 그리스도의 출생에서부터 죽으시고 부활하실 때까지 언제나 성자와 함께 계셨고 성자 안에 계셨다. 성부의 위격은 성자와 성령의 관계 속에서만 그 존재성을 유지할 수 있다. 성자의 위격도 성부와 성령과의 관계 속에서, 그리고 성령의 위격도 성부와 성자와의 관계 속에서 그 위격의 존재를 유지할 수 있는 것이다. 이러한 상호공유적 위격의 개념은 곧 예수께서 그 자신과 아버지와의 관계를 설명하실 때도 나타난다: 내가 아버지 안에 있고 아버지께서 내 안에 계시다.(요 14:11; 17:21) 또한 나와 아버지는 하나(요 10:30)라는 예수의 말씀 속에는 성부가 성자이고 성자가 성부라는 말씀이 아니고 아버지와 아들 사이에는 본질적으로 완성된 상호공유(perichoresis)가 있음을 암시하고 있다.

3) 캅파도키아 교부들의 삼위일체론이 오순절주의 삼위일체론에 끼친 영향

오순절주의 삼위일체론은 캅파도키아 교부들의 전통을 이어받아 내재적 삼위일체론과 경륜적 삼위일체론의 통일성을 강조하고 있다. 즉, 하나님께서 삼위일체적 존재이심은 이 세상에 대한 경륜에서 이루어지는 것일 뿐만이 아니라, 이 세상과의 관계 이전에 영원하신 하나님의 존재 자체가 이미 삼위일체적이심을 고백한다. 또한 하나님은 이렇게 영원부터 삼위일체 하나님이시므로, 그의 경륜 과정에서 자신을 그대로 삼위일체적으로 나타내시는 것이다.

또한 오순절주의 삼위일체론은 캅파도키아 교부들의 전승을 따라서, 위격의 개념을 관계적 혹은 상호공유적 개념으로 이해하고 있다. 삼위일체 안에서의 통일성과 통일성 안에서 삼위일체를 명료하게 하기 위해서, 삼위의 관계를 상호 공유적 관계로 이해하며, 이러한 분리될 수 없는 위격들간의 상호공유는 곧 삼위일체의 공동체성(community)을 대변하고 있는 것이다. 삼위께서는 참되신 한 하나님이시오, 이 삼위를 떠나서 하나님은 결코 알려질 수 없다. 하나님을 아는 것은 바로 그 분을 삼위로 아는 것이다. 하나님이라는 이름은 성부, 성자, 성령께 공히 적용되며, 위격이란 상호공유 중에 하나님 안에서 이루어지는 구별을 말한다. 성부, 성자, 성령의 이름은 양태적인 이름이 아니라, 실제적으로 존재한다. 요한복음 14장 10절의 나는 아버지 안에 있고 아버지는 내 안에 계신 것은 성부는 전적으로 성자 안에, 성자는 전적으로 성부 안에 계신다는 상호공유적 개념을 나타내는 것이다.

5. 아우구스티누스의 삼위일체론

니케아 회의 이후 발전되기 시작한 삼위일체론은 서방의 대표적 신학자 아우구스티누스(Augustine)에 의해 완성된다. 아우구스티누스은 399년부터 419년에 걸쳐서 15권으로 이루어진 삼위일체론(De Trinitate)을 썼다. 아우구스티누스은 이 책에서 삼위일체 내의 위격들의 본질이 하나이시라는 호모우시오스(homoousios) 교리를 더 역설하면서, 위격들을 분리될 수 없는 관계적으로 구별하고 있다.34) 우리는 앞에서 캅파도키아 교부들의 삼위일체론에 관하여 논의하였다. 캅파도키아 교부들의 삼위일체론이 오순절주의 삼위일체론에 끼친 영향은 삼위의 구별을 강조하면서 페리코레시스라는 상호침투 혹은 상호공유적 위격의 개념을 그들의 삼위일체론에 도입한 것이라 할 수 있다. 하지만 캅파도키아 교부들이 발전시킨 위격 중심의 삼위일체론은 구체적 인간 곧 베드로, 요한과 야고보로 비교되면서 하나님의 단일성보다는 위격들간의 구별을 너무 부각시켰다. 그러므로 단일 군주신론적 배경을 가진 아리우스주의자들은 캅파도키아 교부들의 삼위일체론을 삼신론 혹은 다신론이라 비난하였다.

　　이러한 캅파도키아 교부들의 삼위일체론 안에서 삼신론의 위험성이 내재되어 있음을 인식한 아우구스티누스는 캅파도키아 교부들의 신학적 유산을 계승하면서(특히 위격의 구별성과 관계성을 강조함) 자신의 삼위일체론을 완성한다. 아우구스티누스는 모든 심혈을 기울여 강조하기를: 삼위일체는 어쩌다 세 하나님들이 아니라 한 하나님이다. 또한 하나님은 구별되는 세 위격체로 존재하심에도 불구하고, 본질에 있어서 하나이시다. 아우구스티누스은 강조하기를 한 본성, 한 신성, 한 위엄과 한 영광이, 더 나아가서 한 의지만이 그리고 한 활동만이 한 하나님에 귀속되지 세 위격들 개개 자신들에는 귀속되지 않는다.35) 그러므로 삼위일체 하나님의 사역치고 아버지만 혹은 아들만 또는 성령만이 일하시는 사역이란 없다. 아우구스티누스은 아들의 성육신에 있어서 아들 뿐만이 아니라 아버지와 성령도 적극적인 참여를 하였다고 할 정도로 엄격하게 삼위일체의 통일성을 강조한다. 아우구스티누스는 이것을 위해서 삼위일체의 사역은 밖을 향해서는 언제나 분리되어 있지 않다, 즉

---

34) J.P. Mackey는 하나님의 존재의 근원으로 아우구스티누스은 아버지의 위격보다는 하나의 신적 본질을 선택하였다고 말한다. J.P. Mackey, *The Christian Experience of God as Trinity* (London: SCM Press, 1983), 154f.
35) 아우구스티누스, 『삼위일체론』, 제2권.

삼위일체의 세 위격들은 언제나 함께 역사한다는 명확한 형식을 만들어 내었다. 필자는 먼저 아우구스티누스의 내재적 삼위일체 안에서 하나님의 단일성과 위격의 관계성을 논한 후에, 아우구스티누스의 내재적 삼위일체론을 경륜적 관점에서 조명할 것이다.

1) 아우구스티누스의 삼위일체론

아우구스티누스은 삼위일체의 기본적 표현인 하나의 본질(una essentia), 세 위격(tres personae)을 해석하는 데 있어서 어느 하나에 우선권을 두지 않는다. 아우구스티누스은 그의 삼위일체론에서 하나의 본질(One Essence)로 존재하시는 하나님은 분리될 수 없는 성부와 성자와 성령의 위격적 관계 속에서 존재하신다는 것을 강조한다. 즉, 성부와 성자와 성령은 분리될 수 없는 하나의 본질로 존재하시는 한 하나님이시다: 삼위일체는 유일 진정한 한 하나님이시며, 성부와 성자와 성령은 동일본질이시다.

그는 삼위일체 논의 가운데서 양태론적 경향을 피하기 위해서 한 본질 이신 하나님은 결코 오직 성부이거나 오직 성자이거나 오직 성령이거나 한 것이 아니라는 것을 강조하면서, 하나 되신 하나님은 성부와 성자와 성령이었으며 언제나 그러하실 것이라고 말한다. 동시에 아리우스주의적 종속론을 비판하면서 성부와 성자와 성령이 본질적으로 하나이심을 강조한다. 필자는 아우구스티누스의 삼위일체론을 다음의 몇 가지로 정리하고자 한다.

첫째, 아우구스티누스은 캅파도키아 교부들이 제시한 위격간의 구별이 삼신론적 신관을 내포하고 있음을 인식하면서, 삼위란 삼신들이 아니라 한 하나님이시며, 그 하나님이 삼위로 계시지만 본질의 단일성은 해소되지 않는다고 강조한다. 아우구스티누스에 의하면 아버지와 아들은 하나(요 10:30)이다. 그러나 아우구스티누스이 말하는 하나(One)는 위격의 하나가 아니라 본질의 하나이다. 즉 영원 가운데 계신 삼위일체 하나님은 곧 하나의 본질(One Substance)이시라는 것이다.

아우구스티누스은 아버지와 아들과 성령의 위격적 관계를 인정하면서도 삼위일체의 출발점을 하나의 단일한 본질로부터 출발했다. 단일한 본질이신 한 하나님께는 한 신성과 한 영광이 있을 뿐이며, 내재적으로 하나의 신성과 영광으로 존재하시는 하나님은 그 자신 그대로를 계시하셨다. 그러므로 오직 성부께만, 또는 오직 성자나 오직 성령께만 돌려지는 사역이란 없다. 세상을 향하여 하나님과 세 위격은 한 원리를 제시하신다. 삼위의 외적 사역들은 불가분리이기 때문에 삼위는 항상 함께 사역하신다.

둘째, 아우구스티누스은 그의 삼위일체론에서 한 본성과 한 신성을 강조하면서 하나님은 한 하나님이심을 주장하지만, 동시에 그는 분리될 수 없고 양태론적으로 이해될 수 없는 세 위격의 구별성과 관계성을 강조한다: 또 하나님에 대한 말이 그 모두가 그의 본질에 관한 것도 아니다. 관계에 대해서 말할 수도 있기 때문이다. 성자에 대한 성부의 관계나 성부에 대한 성자의 관계 같은 것이다... 오직 아들이 있기 때문에 아버지를 성부라고 부르며, 따라서 아들도 오직 아버지가 있기 때문에 성자라고 부르는 것이므로, 이 명칭들은 본질에 대해서 쓰는 것이 아니다... 상호 관계에 대해서 쓰는 것이기 때문이다.

성자 없이 성부는 하나님이 아니며, 성부 없이 성자는 하나님이 아니고, 성부와 성자 없이 성령은 하나님이 아니시라는 것이다. 한 본질과 한 신성 혹은 한 하나님이라는 말은 곧 성부와 성자와 성령의 동등한 관계성을 떠나서는 존재할 수 없다.36) 다시 말해서, 하나님은 성부 없는 성자로 해석할 것이 아니며, 성자 없는 성부로 해석해서도 안되고, 성부와 성자 없는 성령으로 해석되어서도 안된다. 아우구스티누스은 성부가 페르소나시요, 성자가 페르소나시요, 성령이 페르소나이시므로, 확실히 세 페르소나가 계시다라고 말하므로 삼위일체 안에 세 분의 위격

---

36) 아우구스티누스, 『삼위일체론』, 5, 5, 5.

(persona)이 계심을 확신함과 동시에 한 하나님을 말하고 있는 것이다.37)

셋째, 성부와 성자가 본질적으로 하나이시면서 위격적으로 구별되심을 강조하기 위해서 아우구스티누스은 사랑의 원리를 그의 삼위일체론에 도입하였다. 사랑은 하나님의 본질(요한일서 4:16)이시며 성부의 신적 본질과 성자의 신적 본질을 묶어 주는 하나의 끈이다.38) 아우구스티누스의 사랑의 역학 안에는 사랑하는 자와 사랑 받는 자가 있어야 한다. 사랑하는 자는 그의 사랑을 받는 자 없이는 존재할 수 없으며, 성부가 자기의 사랑을 실천하고자 한다면 성자를 필요로 한다.

아우구스티누스은 성자 없이 성부가 존재할 수 없으며 성부 없이 성자가 존재할 수 없다는 것을 그의 사랑의 역학 안에서 강조하였다. 그러므로 사랑 안에서 성부와 성자는 서로 분리될 수 없으며, 두 위격의 활동은 서로 일치하며 서로를 보완해 준다. 그리고 사랑하는 성부와 사랑 받는 성자는 사랑의 연합 안에서 위격적으로 구별됨과 동시에 본질적으로 하나가 된다. 이러한 아우구스티누스의 삼위일체론은 오늘날까지 오순절주의 삼위일체론에 지대한 영향을 끼치고 있다.

2) 아우구스티누스은 내재적 삼위일체와 경륜적 삼위일체의 통일성을 주장한다.

아우구스티누스에 의하면 삼위일체 하나님은 그 자신이 역사 속에서 계시를 통하여 자신의 삼위일체성을 나타내시기 전에 이미 하나님은 삼위일체이심을 강조하고 있다. 또한 아우구스티누스의 내재적 삼위일체론은 하나님을 하나의 본질로 이해하면서, 동시에 세 위격을 관계적으로 구별하는 정통적 삼위일체론이다. 이러한 내재적 삼위일체의 통일성과 구별성은 곧 경륜적 삼위일체에 그대로 계시되었음을 아우구스티

---

37) 아우구스티누스, 『삼위일체론』, 7, 4, 8.
38) Alister E. McGrath, 『역사 속의 신학』, 398.

누스은 그의 성경 주해를 통해 밝히고 있다.

아우구스티누스은 그의 성서 주해에서 삼위일체의 통일성과 관계성에 대해서 다음과 같이 말하고 있다. 영원전부터 아버지께서 아들을 아시며(마 11:27), 영원전부터 아들을 사랑하시며(요 3:35), 영원전부터 아들을 영화롭게 하신다(요 17:5). 창세 전에 영원한 지혜는 그 (하나님의) 곁에 있어서 창조자가 되어 날마다 그 기뻐하신 바가 되었으며 항상 그 앞에서 즐거워하였며(잠 8:30)라는 성경 구절들을 인용하면서, 아우구스티누스은 성부와 성자와 성령은 영원전부터 동일한 본질의 통일을 이루며 나눌 수 없는 동등성을 이룬다는 것을 가르친다. 아우구스티누스은 태초에 말씀이 계시니라 이 말씀이 하나님과 함께 계셨으니 이 말씀은 곧 하나님이시라(요 1:1)는 말씀을 인용하면서 말씀이신 성자께서는 하나님과 동일한 본질이심을 강조하고 있다.

또한 아우구스티누스은 이렇게 영원 전부터 성부와 성자와 성령의 한 하나님이 구속의 역사 속에 동등한 관계로 나타나셨고, 사역하셨음을 분명히 말하고 있다. 아버지께서 행하시는 그것을 아들도 그와 같이 행하느니라(요 5:19)와 아버지께서 죽은 자들을 일으켜 살리심 같이 아들도 자기의 원하는 자들을 살리시느니라(요 5:21)는 말씀을 주해하면서, 아우구스티누스은 성부나 성자께서 따로 따로 기사를 행하시는 것이 아니라 진정한 한 하나님, 즉 성부와 성자와 성령께서 하신다고 믿었다. 그러므로 세 하나님이 계신 것이 아니라 한 하나님이시다. 하지만 성부가 성자를 낳으셨으므로 성부는 성자가 아니시며, 성자는 성부에게서 났으므로 성자는 성부가 아니시며, 성령은 성부와 성자에게서 나오시므로 성부나 성자가 아니심을 강조하면서 성부와 성자와 성령의 구별성을 강조하고 있다.

제 2 장
사도신경과 삼위일체론

　　현대의 많은 신학자들은 사도신경을 재해석함으로써 그 중요성과 의미를 드러내고 있다. 그 이유는 사도신경이 기독교 신앙의 핵심이 되는 삼위일체적 구조를 갖고 있기 때문이다. 서방교회의 전통에 서있는 한국의 대부분의 개신교회들은 매 주일마다 사도신경으로 그들의 신앙을 고백한다. 성부, 성자, 성령 하나님의 사역들을 진술하여 성경의 가르침이 잘 요약되어 있는 사도신경을 고백함으로 교중과 교인들은 삼위 하나님과의 교제를 확인한다. 예배와 그것의 한 부분인 신앙고백이 삼위와의 교제를 상징할 뿐 아니라, 우리는 이것이 신학 작업에서도 귀감이 되어야 한다고 생각한다.

　　루터는 그의 1529년 작품인 대 소 요리문답서(The Small and Large Catechism)에서 사도신경, 주기도문, 그리고 십계명을 풀이하고 있는데, 사도신경을 해석하면서 그는 사도신경의 전체 내용이 복음적 성격을 지닌 것으로 보았다. 창조의 사건, 구속사업, 교회, 죄의 용서와 예수 그리스도의 재림이 모두 하나님의 선물이라는 의미에서 복음이라는 것이다. 사도신경 다음에는 주기도문이 따라 오는데, 이러한 순서는 복음의 내용을 믿는 교회가 기도해야 한다는 의미로 받아들여진다. 즉, 은혜의 복음을 성령으로 깨닫고 받아들여서 기쁨과 감사에 넘쳐 기도하며, 하나님께서 계시하신 뜻에 순종하기 위하여 기도해야 한다. 이어서 루터는 십계명을 해석함으로써, 성도의 삶의 규범을 제시하였다. 구원 없이 기도할 수 없고, 기도 없이 하나님의 뜻에 순종할 수 없다는 것으로 받아들여져야 할 것이다. 따라서 사도신경과 주기도문 그리고 십계명의 순서는 복음과 기도와 삶의 규범의 순서로 받아들여진다. 루터의 이러한 관점은 오늘날 한국교회의 상황에서도 다를 것이 없다. 복음의 내용을 집약하여 성도들로 신앙인식과 신앙고백의 도구로 쓰여졌던 교리나 신조에 대한 연구는 기독교 교리의 기본이다.

1. 사도신경의 형성 및 수용과정

사도신경의 형성 배경은 마태복음 28:19에 나타나는 "성부, 성자, 성령 하나님의 이름으로 세례"를 주라는 명령에 있음을 알 수 있다. 사도신경이 성부, 성자, 성령의 3부로 나뉘어져 있는 것은 결코 우연이 아니다. 이는 고백의 내용이 삼위 하나님이며, 고백을 통한 세례 의식은 삼위 하나님과의 인격적 관계 정립, 곧 수세자가 삼위 하나님의 소유가 된다는 것을 의식적으로 상징한다. 또한 성찬 참여 역시 세례를 통한 삼위 하나님을 고백한 뒤 그 삼위 하나님과의 계속적 교제를 상징한다.

삼위일체 하나님에 대한 신앙고백을 위해 만들어진 사도신경은 라틴어 "Symbolum Apostolicum"에서 유래했는데, 이것을 영어로 번역하면 The Apostles' Creed이다. 전설에 의하면 사도신경은 그리스도께서 부활 승천하신 지 열흘 후에 성령이 충만했던 사도들이 작성했다고 하나, 이에 대한 역사적인 증거는 없다.[39] 그러나 그 내용으로 보아 사도

---

39) 우리가 공예배 시에 고백하는 신경은 사도신경이라 알려져 있고, 사도신경은 서방교회의 대표적인 신앙고백이다. 그 명칭에서 알 수 있는 것처럼 이 신경은 사도들과 어떤 관계가 있음을 시사하고 있다. 여기에는 교회 역사의 초기부터 거룩하게 미화된 전승이 작용하고 있다. 오순절에 성령이 임하시자, 제자들은 세상의 모든 방언을 구사하면서 하나의 신경을 합작하였다. 즉 서로 떨어져서 예수를 전도하면서 다른 교리들을 설파함으로 초신자들의 신앙적 혼돈이 가중되었다. 그래서 그들은 한 자리에 앉아 성령에 충만한 상태에서 장래

신경은 사도적 증언이요, 사도적 선포로서 신약성경의 줄거리를 요약하고 있다는 말이다. 이런 뜻에서 사도신경이란 이름은 그 내용과 일치한다.

현재 우리가 사용하고 있는 사도신경은 A.D. 170-180년 사이에 로마에서 사용되던 로마신경(Symbolum Romanum=The Old Roman Creed, 주후 150년)의 증보판이다. 즉 바울의 로마서를 수신한 로마교회가 수세(baptism)를 위한 교리문답 내지는 초신자들을 위한 교리문답으로서 이 로마신경을 사용한 것이다. 그런데 사도신경의 모체인 이 로마신경은 다음과 같은 질문형식으로 되어있었다:

> 당신은 전능하신 하나님을 믿습니까?
> 당신은 예수 그리스도께서 하나님의 아들되심을 믿습니까?
> 당신은 예수 그리스도께서 성령의 능력으로 동정녀 마리아의 몸에서 나셨고,
> 본디오 빌라도에 의하여 십자가에 달려 죽으셨으며, 삼일 후에 죽은 자들
> 가운데서 부활하셨고, 하늘에 오르사 하나님 우편에 앉아 계시다가 장차
> 산 자들과 죽은 자들을 심판하러 오실 것을 믿습니까?
> 당신은 거룩한 교회를 믿습니까?
> 그리고 당신은 육체의 부활을 믿습니까?

이러한 질문형식의 교리문답은 A.D. 4세기에 와서 긍정문으로 바뀌었고 죄의 용서라는 구절이 첨부되었다. 그런데 사도신경이라는 이름이 처음 사용된 것은 A.D. 390년 암브로시우스 감독의 글에서였다. 그

의 선교를 위한 간략한 표(신경)를 만들되, 각자가 한 항목씩 기여했다. 그리고 이 표를 신자들에게 표준 교훈으로 전수하기로 약속했다는 것이다. 그러나 우리는 이런 미화된 전승이 역사적인 신빙성을 지닌 것으로 보지 않는다.

리고 이 사도신경을 범교회적으로, 나아가 범국가적으로 사용하게 된 것은 샤르망(charlemangne, A.D. 742-814) 대제(찰스대제) 때였다. 따라서 이 사도신경은 서방교회 혹은 로마 카톨릭교회를 통하여 전수되었고, 로마 카톨릭교회에 의하여 공식적인 신앙고백으로 사용되었다. 그리하여 오늘날의 로마 카톨릭 교회는 물론 서방교회의 전통을 이어 받은 루터교와 칼빈의 개혁교회, 그리고 영국의 성공회, 감리교 등 대부분의 개신교는 이 사도신경을 사용하고 있다. 따라서 서방교회의 통일을 위해서 이 사도신경은 에큐메니칼한 의미를 가진다고 할 수 있다.

2. 사도신경의 내용과 구조

열두 사도가 하나씩 썼다는 전제 하에 사도신경의 내용구조가 열두 부분으로 구성되었다고 하는 주장도 있으나, 중세의 보다 오랜 전통은 세 부분으로 구성되었다고 보며, 칼빈(John Calvin)은 교회에 관한 부분을 따로 구별하여 네 부분으로 보았다. 사도신경은 다음과 같이 삼위일체적 구조를 가지고 있다:

1) 창조주 **하나님 아버지**
2) 하나님의 아들이신 구속주 **예수 그리스도**
3) 우리의 죄를 사하시며 성화시키시는 **성령**

사도신경에서 등장하는 위의 삼위에 대해서 언급된 내용을 하나씩 접근해보면 다음과 같다. 하나님에 관한 언급에 있어서 전능이라는 말은, 출애굽 사건을 비롯하여 구약에서의 전능, 그리고 십자가와 부활 사건에서 경험되는 신약에서의 전능 등의 성서적인 증언을 포함한다. 그리고 사도신경에서는 이런 하나님의 모든 능력에 대한 고백을 한번에 드러내고 있다. 그리고 '천지의 창조자'라는 말은 논쟁이 될 수 없으며 지역적이지 않은 절대성을 강조하고 있다.

예수님에 관한 언급에 있어서 '외아들'은 그리스도의 신성이 다루어 질 수 있을 지에 대한 의문을 제기시키는 대목이다. 여기서 특별히 중요한 것은 하나님의 아들과 우리의 주라는 두 가지에 있어 어떤 식으로 방향이 설정되느냐 일 것이다. 다음으로 사도신경 중에서 가장 논란이 된 '동정녀 탄생'이란 진술에서 무엇보다 필요한 것은, 영에 의한 하나님의 주도권을 가장 중심적으로 생각해야지 다른 것에 집중하여 처녀 탄생의 실제적이고 신학적인 의도를 간과해서는 안 된다는 것이다. 그 다음으로는 고난의 장면이 계속 등장하는데 여기서는 인간의 모습을 지닌 구원을 알 수 있다. 그리고 빌라도에게 고난을 받으시는 장면으로 말미암아 구원사 밖에 있는 한 인간의 모습까지 엿볼 수가 있는 것이다. 이렇게 그리스도의 완전한 인간성을 강력하게 부각시켜 주고 있다. 동시에 이것은 그리스도 신앙의 현실성과의 관계를 분명하게 밝혀주기도 한다. 그리고 빌라도의 등장으로 기독교 신앙의 역사적인 관련성이 뒷받침되기도 한다. 또한 '죽으시고''묻히시다'라는 이 진술은 십자가 사건에 있어서 최후적인 성격 및 예수의 인간성에 관한 문제를 깊게 드러낸다. 다음으로 부활은 십자가 사건처럼 역사적인 사건이 아닌 현실성을 뛰어넘는 사건이다. 이는 역사적 검증이 불가능하다. 단지 증언의 차원만이 남아있을 뿐이다. 마지막으로, '오르사, 앉다, 다시 오시리라'에 대한 고백은 과거, 현재, 미래에 대한 개념으로 소급될 수 있는데 이것은 특별히 예수 그리스도 그분 자체의 현재와 미래를 고백하는 것으로 인식되어야 하며 이로써 예수 그리스도는 과거로부터 미래까지의 변함없으신 불변의 주체이심을 알 수 있어야 하겠다.

성령님에 대한 고백 역시 '믿사오며'라는 말로 등장한다. 사실 기독론과 성령론은 불가분의 관계이다. 하나님의 백성들은 구원받은 후, 구원의 현재화로 살게 되는데 이 때 참여의 힘이 되는 것이 바로 성령이시다. 그리고 성령은 현존하는 그리스도이시자 교회의 영이시므로 곧 성령론은 교회론과 종말론을 지나 더 나아간다고 할 수 있겠다.

그런데 여러 내용 중에서 판에 따른 차이가 드러나는 구절이 있는

데, 지옥에 내려가시고40)라는 구절이 사흘 만에 부활하시고 직전에 있는 판도 있고 없는 판도 있어서 문제가 된다. 본래 사도신경의 모체인 로마신경(A.D. 170)에나 주후 340년 로마신경에는 이 구절이 없었으나 주후 390년 서방교회의 루피누스(Rufinus) 신경에 나타나기 시작하였고, 주후 5세기 이후 이 구절이 정식으로 삽입되었다. 그러나 그 후 계속해서 이 구절을 삽입하기도 하고 삽입하지 않기도 하였다. 오늘날 우리나라에 소개된 사도신경에는 이 구절을 생략하고 있다.

3. 사도신경과 삼위일체론

주후 170년경부터 주후 250년에 이르기까지의 교회는 유대교적 유일신론(Jewish Monotheism), 영지주의(Gnosticism), 마르시온주의(Marcionism), 몬타니즘(Monatanism), 군주신론(Monarchianism)등의 이단으로부터 도전을 받았을 때에 사도신경의 삼위일체 하나님과 예수 그리스도 나아가서 교회와 종말에 대한 분명한 신앙을 가지고 응전하였다.

교회는 하나님의 아들 예수 그리스도의 신성을 거부하는 유대교적 유일신관에 반대하여 삼위일체 하나님 신앙과 예수 그리스도의 영원한 신성에 대한 신앙으로 대처하였고, 아들 예수의 육체성과 역사성을 무시하며 부활과 창조신앙을 거부하는 영지주의에 반대하여 올바른 기독

---

40) "지옥에 내려 가시고"에 있어서 지옥(hell)이란 에베소서 4:9와 마태복음 11:23 등에 나오는 말로서 영어로는 Hades요 희랍어로gehenna인데 그 뜻은 불신자들이 가야 하는 지옥이 아니라 죽은 신자들과 불신자들이 가 있는 곳을 뜻한다. 이것을 히브리어로는 Sheol이라 한다. 따라서 우리말로는 지옥보다는 음부가 더 타당한 것 같다.
이 구절에 대한 해석에는 세 가지가 있다:
1) 고대교회는 모든 죽은 자들의 영혼들이 가는 곳이라 하였고,
2) 칼빈과 하이델베르크 요리문답은 예수님이 고난과 십자가의 경험이 곧 지옥의 경험이라 하면서, 예수님께서 우리 믿는 사람들이 지옥에 가서 경험할 고통을 미리 맛보시고 우리를 이것으로부터 자유케 하셨다는 것이다.
3) 웨스트민스터 신학자들은 죽음의 완전한 경지를 나타내는 말로서 장사 지낸 바 되시고의 연장으로 보았다.

론과 창조신앙으로 맞섰으며, 신약성경 이외에 다른 성령의 계시를 주장하며 예수의 재림을 잘못 말했던 몬타니즘에 반대하여 삼위일체적 성령론과 올바른 교회론과 종말론으로 대항하였고, 예수의 영원한 아들되심을 부인하는 군주신론 및 아들과 성령의 인격을 무시하는 양태론(Sabellianism)에 대항하여 성서적인 삼위일체 하나님을 고백하였다. 그리하여 고대와 중세를 통하여 기독교의 하나님은 삼위일체 하나님으로 고백되어 왔으며, 이 삼위일체 하나님이 곧 모든 기독교회의 예배의 대상이었다. 적어도 삼위일체 하나님은 신구약 성경이 제시하는 하나님으로 군주신론(monarchianism), 다신론(polytheism), 범신론(pantheism), 이신론(deism), 유신론(theism) 및 심지어 유대교와 이슬람교의 유일신론과도 구별된다.

여기서 결론지을 수 있는 것은, 교회가 이단들로부터의 도전에 대처하여 자신의 정체성을 분명히 하면서 그 정체성 자체를 이단 퇴치의 수단으로 삼았다는 것이다. 따라서 그 정체성의 내용은 신앙의 신조로 형성되어서 더 나아가 그 신조가 사도신경으로 발전하였고, 이 사도신경은 교회가 성도들에게 가르쳐야 하는 교육의 입문이자 그 핵심이 된 것이다.

초대교회는 이단들의 도전에 대하여 교회의 권위를 회복하려는 차원에서 성경의 정경화 작업을 서둘렀다. 이와 함께 교회가 진리와 비진리, 성도와 이단을 구분하는 신앙의 신조가 등장하게 되었고, 이 신조가 사도신경으로 발전하게 된 것이다. 따라서 사도신경을 받아들이고, 그것을 통하여 신앙을 고백한 사람은 이단의 위험에서 벗어날 수 있었다. 사도신경은 기독교인이 되도록 하는 신앙인식의 통로요 신앙고백의 수단이 되는 교회의 정통적인 교리로 등장하게 된 것이다.

사도신경을 세 가지의 질문 구조로 받아들일 때, 이 세 가지 질문은 아버지와 아들과 성령의 세 이름으로 제시되었고, 세례를 받는 사람은 이 세 이름으로 세례를 받았으며, 이것은 성부와 성자와 성령의 삼위일체라는 교회의 정통신앙을 나타내는 것이다. 성부에 대한 첫 질문에 있어서 전능하심이라는 의미는 영적인 세계와 물질적인 세계를 구분하며 하나님의 주권을 주로 영적인 세계에서만 말하려 하는 극단적인 이원론적 이단들에 대하여 영적인 세계와 물질적인 세계 모두가 하나님의 주권 하에 있음을 말하는 것이 되었다.

두 번째 질문은 기독론에 관한 것인데, 영지주의와 마르시온들의 기독론은 교회의 기독론과 크게 다른 것이었다. 예수 그리스도를 하나님의 아들이라 칭했을 때, 교회가 강조하려 한 것은 예수 그리스도께서 이 세상만물을 통치하신다는 사상이었다. 동정녀 마리아에게서 나시고라고 했을 때, 원래의 강조점은 동정녀 마리아에게 있는 것이 아니라 예수 그리스도께서 인간으로서 태어나셨다는 것이다. 다시 말하면, 마르시온이나 영지주의자들이 주장하는 것처럼 예수 그리스도가 가현적인 존재가 아니라 진정한 인간이셨다는 것을 강조하려 한 것이다. 본디오 빌라도를 언급한 것도 예수 그리스도를 십자가에 돌아가시게 한 자가 로마 총독이라는 것을 말하려 했다기 보다는 그 십자가 사건이 역사적인 사실로서 밝힐 수 있다는 의미에서이다. 이단들은 자기들만의 교회나 집단을 고수하려 했는데, 이에 대하여 거룩한 공회를 말하면서 교회가 그 권위를 강조하기 시작한 것으로 나타나고 있다. 당시의 이원론 이단들은 육은 악하다거나 불필요하다는 사상을 가지고 있었는데, 이에 대하여 몸이 다시 사는 것을 언급했던 것이다.

4. 사도신경과 기독교 강해

칼빈의 경우를 보면, 그의 성숙한 작품으로서 기독교 강요가 바로 사도신경의 구조를 따르고 있다. 당시 프랑스 개신교 신도들이 박해를 받고 있을 때, 저들에게 복음주의 신앙 내용을 분명히 알려주어야 했고, 프랑스의 왕 프란시스 1세에게 이를 변명해야 했다. 말하자면 사도신경과 같은 신앙의 규범이 맨 처음 생길 때 그러했듯이 기독교 강요도 박해와 일그러진 로마 카톨릭주의 등의 도전에 응전하기 위하여 저술된 것으로, 칼빈은 사도신경의 구조를 따라 삼위일체적 구조를 확립하였다.
　　따라서 기독교 강요는 제1권이 신론, 제2권이 기독론, 제3권이 성령론, 그리고 제4권이 교회론을 다루고 있다. 그리고 칼빈의 기독교 강요에서 중요한 것은 예수 그리스도의 구속사건이 단순히 인간 밖에 머물러 있지 않고 성령강림 이후 성령의 말씀 사역을 통하여 사람들의 마음〈이성, 양심, 의지, 정서)에 부딪쳐 온다는 점이다. 창조의 사역을 성부, 성자, 성령이 하셨다면 구원의 사역도 역시 성부, 성자, 성령께서 하신다. 오늘도 하나님 아버지는 강단의 말씀 증거를 통하여 성령으로 그의 백성들을 부르신다. 이 하나님이 만유의 대주재시오, 역사의 섭리자이시다. 물론 칼빈도 루터의 신학적 맥락에서 주기도문과 십계명을 풀이하고 있으나, 칼빈의 기독교 강요의 전 구조가 사도신경에 의하여 구성되었다는 점이 사도신경이 얼마나 중요한가를 말해주고 있다.

5. 나오는 말

　　현대교회에서 매주일 고백하는 사도신경은 기독교 신앙의 핵심이 되는 삼위일체적 구조를 갖고 있다. 성도들은 성경의 가르침이 잘 요약되어 있는 사도신경을 고백함으로 삼위 하나님과의 교제를 확인한다. 예배와 그것의 한 부분인 신앙고백이 삼위와의 교제를 상징할 뿐 아니라, 우리는 이것이 신학 작업에서도 귀감이 되어야 한다고 생각한다.
　　신정통주의자 칼 바르트(Karl Barth)는 1943년 칼빈의 제네바교회 요리문답(사도신경을 질문과 대답형식으로)을 풀이하여, 그 책이름을 『교회의 신앙고백』이라고 하였다. 이것을 1967년에 독일어로 번역하여 교회의 신앙고백: 칼빈의 요리문답에 의한 사도신경 풀이라고 하였다. 바르트의 1959년 Dogmatics in outline은 칼빈의 요리문답 풀이를 전제하고, 결국 열 권이 넘는 바르트의 전 교의학의 기본구조를 이룬다.
　　판넨베르크(Wolfhart Pannenberg) 또한 1972년에 *The Apostles' Creed: in the light of Today's Questions* (현대의 문제들에 비추어 본

사도신경)이라는 작품을 썼다. 또한 캐나다 트리니티대학의 부학장인 팩커(J.I. Packer)는 평신도를 위한 훌륭한 책으로서 사도신경 강해를 썼다. 이와 같이 세계의 유수한 신학자들은 사도신경이 현대 교회에 얼마나 중요한 가를 잘 인지시켜 준다.

　　교회는 이미 세례문답을 통하여 사도신경의 내용을 교회의 삶의 핵심적 요소로 받아들여 온 것이 사실이다. 사도신경 자체가 교회가 이단으로부터 자체의 정체성을 확실히 하면서 형성되었고, 교회의 삶을 통하여 전하여져 왔으며 현재에도 정통신앙의 표준적 도구의 역할을 하고 있다.

2부 상위일체적 신학

조선 우리말사전 소사전

제 3 장
삼위일체적 영성신학[41]

영성운동은 20세기 중반부터 부활하기 시작하여 오순절 성령운동과 함께 현대 교회와 신학에 지대한 영향을 주고 있는 것이 사실이다. 역사적으로 기독교 영성운동은 주관적 체험주의에 의존하여 객관적인 신학적 정의나 교리적 발전에 소홀히 함으로써 하나의 종교적 신비주의 운동으로 끊임없는 오해를 받아 왔기에, 기독교 영성운동을 신학적으로 정립하려는 노력은 필요하다. 기독교 영성운동가들은 끊임없이 객관과 주관 사이의 조화를 추구하며, 신학과 신앙을 연결시켜야 할 것이다.

21세기의 기독교 영성운동을 정의하고자 할 때, 여러 가지 신학적 방법이 있을 것이다. 필자는 20세기 초부터 삼위일체에 대한 논쟁이 다시 등장하고(삼위일체론은 기독교 교의학의 핵심적 교리가 되었음),[42]

---

[41] 이 글은 제2회 영성신학포럼(1999)에서 발표되었던 논문이다.
[42] 현대 삼위일체론자들은 전통적 교의신학이 기독교의 핵심적 교리인 삼위일체론을 신론의 한 분야로 취급함으로써, 기독교의 본질을 왜곡시켰다고 주장한다. 삼위일체론은 현대 신학자들에 의해 교의신학의 핵심적 교리로 부활된 후 지속적인 발전을 거듭해왔다. 주목할 것은 20세기의 삼위일체론은 동방과 서방 신학자들의 신학적 대화 가운데 재형성되고 있음을 강조하고 싶다. 동방교회와 서방교회는 그들의 신학적 대화(Theological Dialogue)를 통해서 합의된 삼위일체 성명서(Agreed Statement on the Holy Trinity)를 발표했다. 다음 문헌들을 참조하라: T.F. Torrance(ed.), *Theological Dialogue between Orthodox and Reformed Churches*, vol 1 and 2, (Edinburgh: Scottish Academic Press,

1985 and 1993). 서방의 삼위일체론은 다음과 같은 신학자들에 의해 발전되고 있다: Karl Barth, *Chruch Dogmatics*, I/1, I/2. eds. G.W. Bromiley and T.F. Torrance (Edinburgh: T&T Clark, 1978); L. Hodgson, *The Doctrine of the Trinity* (New York: Charles Scribners Sons, 1944); T.F. Torrance, *The Trinitarian Faith* (Edinburgh: T&T Clark, 1988) and *Trinitarian Perspectives* (Edinburgh: T&T Clark, 1994) and *The Christian Doctrine of God* (Edinburgh: T&T Clark, 1994); K. Rahner, *The Trinity*, trans. Joseph Donceel (London: Burns&Oates, 1970); W. Pannenberg, Problem of a Trinitarian Doctrine of God, *Dialog*, 1987(26), 250-257 and *Systematic Theology*, trans. Geoffrey W. Bromiley (Edinburgh: T&T Clark, 1991); J. Moltmann, The Crucified God: A Trinitarian Theology of the Cross, *Interpretation* 1972(26), 278-99 and The Trinitarian History of God, *Theology* 1975(78), 173-83 and *The Trinity and the Kingdom of God: The Doctrine of God*, trans. Margaret Kohl (London: SCM Press, 1981) and The Motherly Father. Is Trinitarian Patripasianism Replacing Theological Patriarchalism? in *God as Father* (J. Metz and E. Schillebeeckx, Edinburgh: T&T Clark, 1981), 51-6 and The Unity of the Triune God, St. *Vladimir's Theological Quarterly* 1984(28), 157-71 and *History and the Triune God* (London: SCM Press, 1991); G. Newlands, *God in Christian Perspective* (Edinburgh: T&T Clark, 1994); L Boff, *Trinity and Society*, trans. Paul burns (Maryknoll, N.Y.: Orbis, 1988); W. Kasper, *The God of Jesus Christ*, trans. Matthew O'Connell (London: SCM Press, 1984); C.M. LaCugna, *God for Us* (Sanfrancisco: Harper Sanfrancisco Publishers, 1991); C.E. Gunton, Augustine, the Trinity and the Theological Crisis of the West, *Scottish Journal of Theology* 1990(43), 33-58 and *The Promise of Trinitarian Theology* (Oxford: Clarendon Press, 1991) and *The One, The Three and The Many* (Cambridge: Cambridge University Press, 1993). 동방의 삼위일체론은 다음과 같은 신학자들에 의해 서방세계에 소개되고 있다: V. Lossky, The Procession of the Holy Spirit in the Orthodox Triadology, trans. Edward Every, *The Eastern Churches Quarterly* 1948(2), 31-53 and *The Mystical Theology of the Eastern Church*, trans. Members of the Fellowship of St. Alban and St. Sergius (Cambridge: James Clarke&Co. Ltd., 1957) and *In the Image and Likeness of God* (Crestwood: St. Vladimir's Seminary Press, 1974) and *Orthodox Theology* (Crestwood: St. Vladimir's Seminary Press, 1978); B. Bobrinskoy, The Filioque Yesterday and Today, in *Spirit of God, Spirit of Christ* (ed. L. Vischer, Geneva: World Council of Churches and London: SPCK, 1981), 133-48; P. Bilaniuk, *Theology and Economy of the Holy Spirit: An Eastern Approach* (Dharmaran Publications, 1980); S. Burgess, *Eastern Christian Traditions* (Peabody, Massachusetts: Hendrickson Publishers, 1989); J.D.

삼위일체에 대한 재해석이 교의신학을 재형성하고 있는 현시점에서,43) 기독교 영성운동을 삼위일체론적 관점에서 재조명하는 것이 필요하다고 생각한다.

1. 삼위일체 교리의 발전

삼위일체 교리는 터툴리안(Tertullian)이 다음과 같은 표현을 사용함으로써 시작되었다: 하나님은 하나의 실체(una substantia)를 갖고 계시며, 삼위의 위격체(tres personae)로 존재하신다.44) 성부와 성자와 성령의 세 위격체는 분리될 수 없는 하나의 통일성(Unity) 속에서 존재하신다는 것이다.45) 이러한 터툴리안의 삼위일체적 표현은 아타나시우스(Athanasius)에 의해서 더욱 견고하게 된다. 아타나시우스는 초대교회 삼위일체론의 대표적 이단자 아리우스(Arius)46)와의 논쟁에서 성부

Zizioulas, Human Capacity and Human Incapacity: A Theological Exploration of Personhood, *Scottish Journal of Theology* 1975(28), 401-48 and *Being as Communion* (New York: St. Vladimir's Seminary Press, 1985) and The Doctrine of God the Trinity Today: Suggestions for a Ecumenical Study, in *The Forgotten Trinity*, ed. Alasdair I. Heron (London: BCC, 1991), 19-32 and On Being a Person: Towards an Ontology of Personhood, in *Persons, Divine and Human*, eds. C.E. Gunton and C. Schwoebel (Edinburgh: T&T Clark, 1991), 33-46.

43) 다음과 같은 신학자들의 교의신학 문헌들을 참조하라. T.F. Torrance, *The Trinitarian Faith* (Edinburgh: T&T Clark, 1988) and *The Christian Doctrine of God* (Edinburgh: T&T Clark, 1994); K. Rahner, *The Trinity* (trans. Joseph Donceel, London: Burns&Oates, 1970); G. Newlands, *God in Christian Perspective* (Edinburgh: T&T Clark, 1994); G.L. Bray, *The Doctrine of God* (Leicester: Inter-Varsity Press, 1993); C.M. LaCugna, *God for Us* (Sanfrancisco: Harper Sanfrancisco Publishers, 1991).

44) Tertullian, *Aganinst Praxeas*, in *The Ante-Nicene Fathers*, (Grand Rapids, Michigan: WM. B. Eerdmans Publishing Company, 1989).

45) *Ibid.*, 598.

46) 아리우스주의는 철학적인 신의 개념을 도입하여 하나님은 한 분이시고 나뉘어질 수 없으며 자신의 신적 본질을 누구에게도 나누어 줄 수 없다고 믿었다. 그

와 성자는 동일본질(homoousion)이라는 삼위일체론을 전개하면서 아리우스를 정죄하고 니케아 신경(Nicene Creed, A.D 325년)에 이를 삽입시켰다. 니케아 신경은 독생하시고 아버지와 동일본질(homoousion)이신 아들에 대해 다음과 같이 기록하고 있다: "독생자 . . . 그 아버지의 독생하신 아들 . . . 참 하나님의 참 하나님이 되시므로, 낳으심을 입었고, 창조되지 않았으며 아버지와 한 본체(homoousion)를 이루신 분이로다. 니케아(Nicea) 회의에서 아리우스는 정죄되었고 아들 예수 그리스도는 아버지와 동일본질(homoousion)이시다라"고 고백되었으며, 이어서 콘스탄티노플 회의(The Council of Constantinople, 381)에서 성령은 아버지와 아들과 동일본질(homoousion)을 가지고 계심을 고백함으로써 삼위일체 교리를 완성하였다.

니케아-콘스탄티노플 신조서에 삽입된 동일본질(homoousion)이라는 개념은 성부와 성자와 성령 하나님이 세 분의 하나님이 아닌 한 분의 하나님(One God)이심을 강조하는 대표적인 개념이다. 하지만 초대교회는 유사본질(homoiousion)이라는 개념의 출현과 함께 어떻게 한 분의 하나님이 세 분의 위격체가 될 수 있으며, 또한 어떻게 세 분의 위격체가 한 하나님이 될 수 있는가?라는 질문을 끊임없이 제기하였다. 이 질문을 해석하기 위해서 두 가지 뚜렷하게 다른 접근 방식이 삼위일체 논쟁 가운데서 출현하게 됨을 기독교 역사를 통해서 볼 수 있다. 하나는 동방 교회의 삼위일체론이다. 동방 교회의 교부들은 삼위의 위격체가 하나가 될 수 있는 방법으로 성부의 위격을 강조하였다. 즉 성부

래서 아리우스는 진정한 의미에서 그리스도는 하나님일 수 없으며, 필시 피조물의 일부분 일 것이라고 말했다. 그래서 아리우스(Arius)는 그리스도를 하나님보다는 열등하나, 인간보다는 뛰어난 하나의 중간자(middle being)로 간주하였다. 아리우스는 또한 그리스도가 특정의 시간 속에서 혹은 그 이전에 창조된 피조물이라고 했다. 그러므로 그는 영원 전부터 아들이 선재하였다는 사실을 부인하는 동시에, 아들은 아버지와 같은 신적 속성을 가지고 있지 않다는 것이다. 아리우스 신경에 다음과 같이 기록되어있다: 그리스도는 피조물이요 영원성이 없는 최고 존재로서 . . . 하나님과 예수의 본질은 비슷하나(Homoiousion, like or similar substance) 동질(homoousios, one or same substance)는 아니다.

의 위격(person)은 성자와 성령의 존재 근원이라는 표현을 사용하므로 삼위일체의 통일성을 주장하였다. 이후로 동방교회는 위격 중심의 삼위일체론을 발전시켜 나갔다.47) 다른 하나는 서방 교회의 삼위일체론인데, 서방 교회의 교부들은 성부와 성자와 성령의 관계성을 발전시키므로 삼위 하나님이 분리될 수 없는 하나의 본질(One Substance)을 갖고 계심을 강조하였다.48) 그러나 서방교회가 갖고 있던 언어적 한계49) 와 독특한 상황50) 때문에, 서방교회는 세 분의 위격체(Three Persons)를 강조하기 보다는 하나의 본질(One Substance)을 강조하는 본질 중심의 삼위일체론이 발전하게 된다. 그러므로 삼위일체 교리를 균형적으로 이해하기 위해서는 동방의 삼위일체와 서방의 삼위일체를 비교하는 것은 의미 있는 일이다.

---

47) J.D. Zizioulas, *Being as Communion* (New York: St. Vladimir's Seminary Press, 1985), 27-65.
48) A.I.C. Heron, "The Filioque Clause", in *One God in Trinity*, edited by Peter Toon and James D. Spiceland (London: Samuel Bagster and Sons, 1980), 71.
49) 동방교부들이 사용한 위격개념의 휘포스타시스(hypostasis)는 신적인 의미를 지니며 성부와 성자와 성령의 위격적 관계를 잘 표현하지만, 서방교부들이 사용한 위격개념의 페르소나(persona)는 성부와 성자와 성령의 위격을 표현하기에는 상당히 미흡하였다. 페르소나(persona)는 원래 신적인 의미를 지닌 단어가 아니고 극장에서 연극 배우가 쓴 가면(mask)이라는 용어로 사용되어져 왔다. 따라서 페르소나(persona)는 한 명의 배우가 극중에서 몇 가지 역할을 할 때 사용한 것으로 볼 수 있다. 페르소나(persona)라는 단어를 삼위 하나님의 위격에 적용했을 때의 문제점은 양태론적 삼위일체론이다. 즉, 하나님은 존재론적으로 한 분이나 역사의 계시 혹은 구원의 경륜 속에서 잠시적으로 세 분의 persona로 나타나셨다는 것이다. 그러므로 서방 교부들은 persona란 단어를 성부와 성자와 성령을 대체시키는 단어로 쓰기에는 다소 미흡한 점이 있어 오히려 세 분의 인격체를 강조하기 보다는 하나님이 하나의 본질이신 것만을 강조하였다고 본다.
50) 초대 많은 이단자들(Arius) 대부분이 성자 예수 그리스도의 신성을 부인하였으므로, 서방 교회의 최고의 과제는 어떻게 아들 예수가 하나님인가를 증명하는 것이었다.

1) 동방교회의 삼위일체론: 위격(person) 중심의 삼위일체론

동방의 삼위일체론은 오리겐(Origen)부터 시작된다. 오리겐은 그의 삼위일체론에서 하나의 본질(mia ousia)보다 세 위격(treis hypostases)을 강조하는 위격 중심의 삼위일체론을 발전시키면서, 삼위일체 하나님의 세 위격들을 개체(individual essence)로 표현하기 위해 휘포스타시스(hypostasis)란 용어를 사용했다.51) 오리겐은 세 위격의 관계를 설명하기 위해 하나님 아버지를 아들과 성령의 본질의 근원이라고 강조한다.52) 즉, 아들은 아버지로부터 성육신 하시기 전부터 영원의 영역에서 아버지에 의해 '낳아지신 분'이라고 말한다. 하지만 오리겐은 "오늘날 내가 너를 낳았다"는 계시적인 아버지와 아들의 관계를 영원하신 낳으심의 존재론적 관계로 이해하면서, 그는 아버지와 아들의 관계를 영원한 종속관계(subordination)로 발전시켰다.

보다 발전된 위격 중심의 삼위일체 교리는 초대 동방의 캅파도키아 교부들의 신학에서 발견할 수 있다. 캅파도키아 교부들의 삼위일체에 대한 해석방법은 삼위일체의 기본적인 표현인 하나의 본질(mia ousia), 세 위격(treis hypostases) 중 하나의 본질보다 세 위격에 대한 신학적 발전을 모색하였다는 것이다. 나뉠 수 없는 한 분 하나님은 세 분의 위격 속에 공존한다는 것이다. 여기서 중요한 동방교부들의 신학적 업적이 출현하는데, 캅파도키아 교부들은 처음으로 우시아(ousia)에서 휘포스타시스(hypostasis)을 구분하여 우시아(ousia)는 하나의 본질 개념으로 사용하고, 휘포스타시스(hypostasis)를 세 분의 위격을 표현하는 개념으로 삼위일체론을 더욱더 세밀하게 발전시키면서 위격(person) 중심의 삼위일체론을 형성한다.

위격에 대한 그들의 연구에서 가장 독특한 특징은 곧 삼위 하나님의 존재의 근거를 성부 하나님의 위격(hypostasis)에 두었다는 것이다.

---

51) B. Lohse, *A Short History of Christian History*, 46.
52) *Ibid.*, 47.

비록 캅파도키아 교부들은 성자나 성령이 성부에게 종속된다는 사실을 받아들이지는 않지만, 그럼에도 불구하고 그들은 성부의 위격(hypostasis)이 삼위일체의 최고 원천(principle), 혹은 최고의 근원(origin)으로 간주되어야만 한다고 분명하게 언급하고 있다. 현대 동방신학의 권위자인 지쥴라스(J.D. Zizioulas)는 캅파도키아 교부들의 위격 중심의 삼위일체론을 다음과 같이 묘사하고 있다. 삼위일체 하나님 존재의 세 모형은 그 실체에 은혜를 입고 있는 것이 아니라 한 인격, 즉 아버지에게서 은혜를 입고 있다.53) 그러므로 동방의 삼위일체론은 위격(hypostasis)과 분리된 본질(ousia)은 존재하지 않으며, 위격은 본질보다 선행하며 삼위일체 하나님의 존재의 근거이다.54) 그래서 닛사의 그레고리우스는 다음과 같이 기록하고 있다: 성부의 한 인격에서 성자는 아들이 되며, 성령은 발출한다. 닛사의 그레고리우스는 삼위일체 안에서의 단일성의 궁극적인 배경은 성부라고 주로 주장하고 있다. 세 인격은 하나의 본질을 갖고 있는데, 그 세 인격의 일체성의 배경은 바로 성부이다.55)

　　이러한 동방 교부들의 삼위일체론은 서방의 신학자들에 의해 지속적인 비판을 받아왔다. 성부의 위격을 다른 두 위격들의 존재의 근원이라고 하는 것은, 곧 성자와 성령의 위치를 성부 하나님께 종속시키려는 종속론의 위험성이 있다. 그리고 아버지의 위격으로부터 시작된 아들과 성령의 각 위격은 유일하고 특별한 개인적인 존재로 활동하실 수 있다

---

53) J.D. Zizioulas, *Being as Communion*, 43.
54) *Ibid.*, 44.
55) 캅파도키아 교부들은 어떻게 하나의 신성이 세 인격 속에 공존할 수 있는가? 라는 질문에 하나의 보편성과 다양한 특수성 사이의 관계로 답변한다. 그리하여 가이사랴의 바실은 다음과 같이 주장했다. 삼위일체 안에서 하나의 신성은 보편성에, 세 인격은 특수성과 유사하다. 모든 사람들이 공유하고 있는 공통적인 인간의 본성이 곧 모든 인간들이 동일한 존재임을 의미하지는 않는다. 모든 사람들이 이러한 공통적인 본성을 갖고 있지만, 그들 모두는 각자의 개성을 보유하고 있다. 그러므로 베드로와 야고보와 요한이 하나의 보편적인 인간성을 공유하였음에도 불구하고, 세 명의 인격체로 구분되듯이, 성부와 성자와 성령도 하나의 신성을 똑같이 공유하지만, 세 분의 인격체로 구분될 수 있다는 것이다.

는 것은, 곧 삼신론(tritheism)의 위험성이 내재되어 있다고 볼 수 있다. 위격 중심의 삼위일체론에 의해 야기된 종속론과 삼신론의 위험성을 해결하기 위해서 캅파도키아 교부들은 상호공유(perichoresis)라는 개념을 그들의 삼위일체론에 도입한다. 페리코레시스는 삼위일체 각 위격들 간의 상호역동적 공존을 의미한다. 이후로 동방의 삼위일체론에서 상호공유(perichoresis)라는 개념은 더욱 발전되며 현대의 사회적 삼위일체론자들에게 지대한 영향을 준다.56)

2) 서방의 삼위일체론(Western Trinitarianism):

본질(substantia) 중심의 삼위일체론 서방 삼위일체론의 발전은 터툴리안부터 시작되는 데, 그는 하나님에 대하여 두 가지 측면에서 접근한다.57) 하나는 하나님의 영원한 존재성을 추구하는 것이고, 다른 하나는 역사의 계시 속에 나타나신 성부와 성자와 성령의 구속 사역을 수행하는 경륜적 하나님을 말하고 있다. 터툴리안은 경륜적 삼위일체(economic)에서 한 분의 하나님이 셋으로 사역하심을 예수의 말씀 속에서 설명하고 있다. 나와 아버지는 하나이다(요 10:30)라는 예수의 말씀에서 하나(One)를 혼자(single) 혹은 개인적(individual)58)이 아닌 한

---

56) 상호공유(perichoresis)라는 개념은 III장의 위격의 개념에서 다시 논의되어질 것이다. 캅파도키아 교부들의 삼위일체론은 다음과 같은 현대 신학자들에게 영향을 주었다: J. Moltmann, *The Trinity and the Kingdom of God: The Doctrine of God*, trans. Margaret Kohl (London: SCM Press, 1981); C. Plantinga, Jr., The Perfect Family: Our Model for Life Together is found in the Father, Son and Holy Spirit, *Christianity Today* 1988(4), 24-28; D. Brown, *The Divine Trinity* (LaSalle, Il.: Open Court, 1985); L. Boff, *Trinity and Society*, trans. Paul Burns (Maryknoll, N.Y.: Orbis, 1988); C.E. Gunton, *The Promise of Trinitarian Theology* (Oxford: Clarendon Press, 1991) and *The One, The Three and The Many* (Cambridge: Cambridge University Press, 1993); J. Bracken, *The Triune Symbol: Persons, Process, and Community* (Lanham, Md.: University Press of America, 1985).
57) 이종성, 『삼위일체론』 (서울: 대한기독교출판사, 1991), 237.

본질(una substantia, One Substance)이라고 말한다.59) 즉, 한 하나님은 어떤 숫자적이나 개별적으로 구분되는 것이 아니고 본질적으로 구별되어지는 한 본질(una substantia)인 것이다. 그러나 터툴리안의 삼위일체론은 다소 문제점을 가지고 있다. 예를 들면, 니케아 신조 이전의 초대 교부들의 삼위일체론적 경향이 경륜적 삼위일체(Economic Trinity)라면60) 터툴리안의 삼위일체론도 너무 경륜적 삼위일체(Economic Trinity)론에 치우쳐 있다. 내재적 삼위일체와 분리된 경륜적 삼위일체의 함정(pitfall)은 두 가지 현상으로 나타나는데, 하나는 양태론적 군주신론이고, 다른 하나는 종속설(Subordinationism)이다. 터툴리안은 전자의 군주신론을 비판하였지만, 후자의 종속개념을 탈피 못하였다. 우리는 그의 삼위일체론에서 아들과 성령을 아버지의 권위에 종속시키려는 표현을 쉽게 찾아 볼 수 있다. 하지만 전체적인 맥락에서 볼 때, 터툴리안의 삼위일체론은 삼위의 관계성보다는 통일성(unity)을 강조했다는 것이다.61)

하나의 신적 본질(One Substance)에 기반을 두고 삼위일체론을 발전시킨 대표적 서방 신학자는 어거스틴이다.62) 어거스틴도 캅파도키아 교부들과 마찬가지로 성부 하나님은 삼위의 관계성 속에서 성자와 성령의 근원(origin) 혹은 처음(principle)이라고 말하고 있다.63) 하지만 캅파도키아 교부들과는 달리 어거스틴은 '처음'이라는 말을 위격에 관해서만 쓰고, 본질에 관해서는 쓰지 않는다.64) 어거스틴에 의하면 아버지와

---

58) Tertullian, *Aganinst Praxeas*, Ch. 3 (ANF, 599).
59) *Ibid.*, Ch. 25 (ANF, 621).
60) E. Hill은 그의 저서 *The Mystery of the Trinity*(London: Geoffrey Chapman, 1985)에서 Ante-Nicene 삼위일체론은 주로 경륜적 삼위체였다고 주장한다.
61) Tertullian, *Aganinst Praxeas*, Ch. 2 and 4 (ANF, 598-600).
62) J.P. Mackey는 하나님의 존재의 근원으로 어거스틴은 아버지의 위격보다는 하나의 신적 본질을 선택하였다고 말한다. J.P. Mackey, *The Christian Experience of God as Trinity* (London: SCM Press, 1983), 154f.
63) 성 아우구스티누스,『삼위일체론』, 5, 14, 15.
64) *Ibid.*, 16.

아들은 하나이다. 그러나 어거스틴이 말하는 하나(One)는 위격의 하나가 아니라 본질의 하나이다. 즉 영원 가운데 계신 삼위일체 하나님은 곧 하나의 본질(One Substance)이라는 것이다. 이종성교수는 이것에 관해 다음과 같이 서술하고 있다: 아우구스티누스의 신관의 출발점은 하나님을 절대자, 단일자, 분할될 수 없는 자, 모든 범주를 초월한 자라는 점을 강조하는 데 있다. 그는 성서의 가르침을 충실히 따랐으나, 하나님을 더 깊게 그리고 바르게 이해하기 위해서 당시에 철학에서나 다른 종교에서 쓰고 있던 개념까지 동원하여 성서적 하나님의 유일성과 절대성을 강조하려고 했다. 그때 교회가 전통적으로 가르쳐온 삼위일체론은 대체로 아버지와 아들과 성령의 삼자 관계를 위주로 해서 전개되었다. 그러나 아우구스티누스는 그 점을 인정하면서도 하나님의 자체 이해에서 출발했다. 그래서 먼저 하나님을 절대 단일자로 이해했다.[65]

어거스틴은 그의 성서 주해에서 성부와 성자와 성령 하나님이 구속의 역사 속에 동등한 관계로 나타나셨고, 사역하셨음을 분명히 말하고 있다.[66] 하지만 서방교회의 신학적 정황은 아들 예수 그리스도의 신성(divinity)을 부인하는 이단들과 끊임없는 신학적 논쟁을 해야 했다. 이러한 역사적 정황이 서방교회의 삼위일체 이해를 경륜적 삼위일체에서 내재적 삼위일체로, 위격의 관계성에서 하나의 본질로 전환시키는 원동력이 되었다고 볼 수 있다. 그러므로 서방교회는 어거스틴 이후로 삼위일체 하나님의 동등한 관계를 강조하기 보다는, 존재론적 관점에서 하나님은 한 본질이라는 신학을 발전시킨 것이 사실이다.[67] 라너와 몰트

---

65) 이종성, 『삼위일체론』, 268.
66) 성 아우구스티누스, 『삼위일체론』, 제2권.
67) 이 논리는 다음과 같은 신학자들에 의해 주장되어지고 있다. K. Rahner, *The Trinity* (trans. Joseph Donceel, London: Burns&Oates, 1970); J. Moltmann, *The Trinity and the Kingdom of God* (London: SCM Press, 1981); C.E. Gunton, "Augustine, the Trinity and the Theological Crisis of the West", *Scottish Journal of Theology* 1990(43), 33-58 and *The Promise of Trinitarian Theology* (Oxford: Clarendon Press, 1991); E. Hill, *The Mystery of the Trinity* (London: Geoffrey Chapman, 1985); G.L. Bray, *The Doctrine*

만은 주장하기를 이러한 서방의 삼위일체 신학은 하나의 본질과 세 분의 위격을 분리시켰으며, 내재적 삼위일체를 경륜적 삼위일체로부터 분리시킴으로, 영원하신 하나님 자신을 구원의 역사 속에 계시된 삼위 하나님과는 다른 하나님으로 변질시켰다고 비판을 하고 있다.

2. 현대 삼위일체 논쟁의 핵심주제들

현대 삼위일체 논쟁은 두 가지 중요한 개념들을 중심으로 논의되고 있다. 그 하나는 위격(person)이라는 단어를 삼위일체 교리 안에서 어떻게 이해할 것인가 하는 것이고,68) 다른 하나는 영원하신 내재적 삼위일체와 구원의 역사 속에 자신을 계시하신 경륜적 삼위일체와의 관계에 관한 것이다.69) 현대 삼위일체론의 올바른 확립은 이 두 가지 개념을

---

of God (Leicester: Inter-Varsity, 1993).
68) 삼위일체의 위격(person)에 대한 논의로 다음 문헌을 참조하라. A.J. Torrance, Persons in Communion (Edinburgh: T&T Clark, 1996); J.D. Zizioulas, Being as Communion (New York: St. Vladimir's Seminary Press, 1985); J.A. Bracken, The Triune Symbol: Persons, Process and Community (Lanham: University Press of America, 1985); V. Brummer, Speaking of A Personal God (Cambridge: Cambridge University Press, 1992); T.H. Speidell, A Trinitarian Ontology of Persons in Society, Scottish Journal of Theology 1994(47), 283-300; F. Buri, Trinity and Personality, Iliff Review 1983(40), 15-24; A.I. AcFadyen, The Call to Personhood (Cambridge: Cambridge University Press, 1990); C. Schwobel and C.E. Gunton(eds.), Persons, Divine and Human (Edinburgh: T&T Clark, 1991); M.C. Shin, A Dialogical Trinitarian Pneumatology, unpublished Ph.D thesis (Aberdeen: Aberdeen University, 1997), 122-44.
69) 내재적 삼위일체와 경륜적 삼위일체의 관계에 관한 연구로 다음 문헌들을 참조하라. K. Rahner, The Trinity (trans. Joseph Donceel, London: Burns & Oates, 1970); E. Jungel, The Relationship between Economic and Immanent Trinity, Theology Digest 1976(24), 179-84; G.D. Badcock, The Doctrine of the Holy Spirit in Contemporary Trinitarian Theology: A Critical Appraisal of the Idea of the Unity of the Economic with the Immanent Trinity, unpublished Ph.D Dissertation (Edinburgh: Edinburgh University, 1991); M.C. Shin, A Dialogical Trinitarian Pneumatology, unpublished Ph.D thesis

어떻게 해석하느냐에 그 관건이 달려있다고 해도 과언이 아니다. 그리고 또 한가지 중요한 신학적 변화가 현대의 삼위일체 논쟁 가운데서 파생되었는데, 그것은 성령에 관한 것으로서 동방 신학자와 서방 신학자들 중의 일부는 성령의 삼위일체적 위치를 회복시키기 위해서는 서방의 휠리오크베 교리를 신조서에서 삭제하거나 재형성(reformulation)할 것을 요구하고 있다.70) 먼저 현대의 삼위일체 논쟁으로부터 발전한 위격(person)의 새로운 개념을 연구하고자 한다.

1) 상호관계적 개념으로서의 위격(The Concept of Person as perichoresis)

현대 삼위일체 논쟁의 가장 중요한 업적 중의 하나는 위격의 개념(the concept of person)을 다른 개인들(other individuals)과 분리되는 개인(individual)의 개념이 아닌, 상호공유적(perichoretic) 위격의 개념으로 이해해야 한다는 것이다. 즉, 성부의 위격은 성자와 성령의 관계 속에서만 그 존재성을 유지할 수 있다. 성자의 위격도 성부와 성령과의

(Aberdeen: Aberdeen University, 1997), 145-62.
70) 칼 바르트는 교회교의학 제1권(*Church Dogmatics*, CD I/1, 1936, 548-57)에서 휠리오크베(filioque) 교리를 강력히 변호하는 반면, 동방신학자 로스키(V. Lossky, The Procession of the Holy Spirit in the Orthodox Triadology, *The Eastern Churches Quarterly* 1948(2), 31-53)는 서방의 휠리오크베 교리가 성령의 위치를 성자에 종속시켰고, 삼위일체 교리를 변질시켰다고 주장하므로 휠리오크베 교리를 서방의 신조서에서 삭제할 것을 요구한다. 여기에 좀더 능동적인 제안이 몰트만(J. Moltmann, Theological Proposals Towards the Resolution of the Filioque Controversy, in *Spirit of God, Spirit of Christ*, London: SPCK, 164-73)에 의해서 제시되었는데, 그는 바르트와 로스키의 중간 입장에서 휠리오크베 교리를 재형성하고자 시도하고 있다. 동방과 서방 신학자들의 휠리오크베 논쟁에 관한 중요한 문헌으로는 다음 문헌을 보라. WCC(ed. L. Vishcher), *Spirit of God, Spirit of Christ* (Geneva: World Council of Churches, 1981). Cf. M.C. Shin, A Dialogical Trinitarian Pneumatology, unpublished Ph.D thesis (Aberdeen: Aberdeen University, 1997), 80-105 and The Filioque Controversy in Recent Trinitarian Theology, unpublished Th.M thesis (Aberdeen: Aberdeen University, 1993).

관계 속에서, 그리고 성령의 위격도 성부와 성자와의 관계 속에서 그 위격의 존재를 유지할 수 있는 것이다. 이러한 상호공유적 위격의 개념은 곧 예수께서 그 자신과 아버지와의 관계를 설명하실 때도 나타난다: 내가 아버지 안에 있고 아버지께서 내 안에 계시다.(요 14:11; 17:21) 또한 나와 아버지는 하나(요 10:30)라는 예수의 말씀 속에는 아들과 아버지 사이에는 진정한, 완성된 상호공유가 있음을 암시하고 있다.

하지만 칼 바르트와 칼 라너는 위격이라는 단어가 개인적이며 분리적인 의미를 내포하고 있기 때문에 삼위 하나님을 표현하는 방식에서 위격(person)이라는 단어를 사용하기 보다는 존재의 세 가지 양태(three modes of being) 혹은 실재의 세 가지 분명한 양태(three distinct mode of subsistence)라는 표현을 사용한다. 바르트에 의하면 하나님 안에 세 위격이 있다고 하는 것은, 우리가 여기서 경계해야 할 삼신론의 최악한 말이다.71) 칼 라너도 삼위일체에서 위격이라는 표현은 관계적인 면보다는 분리적이고 개인적인 단어이기 때문에 현대 삼위일체 교리에서 위격(person)이라는 단어를 제거해야 한다고 강조한다.72) 즉 하나님이 세 분의 위격이라고 말할 때에 우리는 삼신론의 위험에 빠진다고 바르트와 라너는 지적한다.

바르트와 라너의 위격에 대한 비판에도 불구하고, 대부분의 현대 삼위일체 신학자들은 상호공유적 위격(person)의 개념을 삼위일체 교리 속에서 찾고있다.73) Herbert Wolf는 단언하기를 위격의 개념은 삼위일

---

71) K. Barth, Church Dogmatics, I/1, 1978, 403.
72) K. Rahner, The Trinity, 103-105.
73) 위격의 개념을 상호관계적의 개념으로 이해하는 삼위일체 신학자들은 다음과 같다. L. Hodgson, The Doctrine of the Trinity (New York: Charles Scribners Sons, 1944); L. Boff, Trinity and Society, trans. Paul Burns (Maryknoll, N.Y.: Orbis, 1988); J. Moltmann, The Trinity and the Kingdom of God (London: SCM Press, 1981); A.J. Torrance, Persons in Communion (Edinburgh: T&T Clark, 1996); J.D. Zizioulas, Being as Communion (New York: St. Vladimir's Seminary Press, 1985); J.A. Bracken, The Triune Symbol: Persons, Process and Community (Lanham: University Press of

체 하나님으로 계시되어진 아버지와 아들과 성령의 상호공유적 관계로부터 파생된다고 말한다.74) 위격의 관계성은 터툴리안의 삼위일체론에서도 발견되는 데, 그는 처음으로 계시 속에 나타나신 성부와 성자와 성령을 세 분의 페르소나(persona)라고 정의함으로써 이들의 분리될 수 없는 관계성을 설명하고 있다.75) 터툴리안은 세 분의 위격(persona)은 역동적인 관계 속에서만 존재하실 수 있다는 것을 암시한다. 관계적 개념의 위격(persona)은 어거스틴의 삼위일체론에서도 찾아볼 수 있다. 어거스틴은 성부가 페르소나시요, 성자가 페르소나시요, 성령이 페르소나이시므로, 확실히 세 페르소나가 계시다라고 말하므로 삼위일체 안에 세 분의 위격(persona)이 계심을 확신하고 있다.76) 그리고 위격은 오직 그들의 관계성 안에서만 정의되고 구분될 수 있다고 어거스틴은 말하고 있다: 또 하나님에 대한 말이 그 모두가 그의 본질에 관한 것도 아니다. 관계에 대해서 말할 수도 있기 때문이다. 성자에 대한 성부의 관계나 성부에 대한 성자의 관계 같은 것이다… 오직 아들이 있기 때문에 아버지를 성부라고 부르며, 따라서 아들도 오직 아버지가 있기 때문에 성자라고 부르는 것이므로, 이 명칭들은 본질에 대해서 쓰는 것이 아니다… 상호 관계에 대해서 쓰는 것이기 때문이다.77) 비록 어거스틴이 본질 중심의 삼위일체론에 더 집중한 것은 사실이지만, 그의 삼위일체론은 위격들의 관계성에 많은 지면을 할당한 것을 볼 수 있다.78)

그러나 상호공유적 위격의 개념은 동방의 캅파도키아 교부들에 의해 보다 세밀하게 발전된다. 동방 교부들은 때때로 사회 공동체적 의식

America, 1985); T.H. Speidell, A Trinitarian Ontology of Persons in Society, *Scottish Journal of Theology* 1994(47), 283-300.

74) H. Wolf, An Introduction to the Idea of God as Person, *Journal of Bible and Religion* 1964(32:1), 27.
75) Tertullian, *Aganinst Praxeas*, Ch. 25 and 31.
76) 성 아우구스티누스, 『삼위일체론』, 7, 4, 8.
77) *Ibid.*, 5, 5, 5.
78) 어거스틴은 그의 삼위일체론 제5권부터 제7권까지 위격과 위격의 관계성에 대해 자세히 설명하고 있다.

을 그들의 삼위일체론 논쟁에서 찾았다. 특히 그들은 삼위 되신 성부, 성자, 성령 하나님의 내재적(혹은 존재론적) 관계성을 설명하기 위해서 공동체적인 언어인 perichoresis를 사용하였다. 그들의 주장에 의하면 하나님은 아버지와 아들과 성령의 영원한 공동체적 관계 속에서 존재하신다는 것입니다. 영국의 복음주의 신학자 알리스터 맥그라스는 다음과 같이 perichoresis를 설명하고 있다: "perichoresis의 개념은 세 인격들이 각자의 개체성을 유지하는 한편 각각의 인격이 다른 두 인격의 생명을 공유함을 의미한다. 이 생각을 표현하기 위하여 '존재 공동체'a community of being라는 이미지가 자주 상용된다. 존재 공동체 안에서 각 인격은 각각의 독특하게 구별되는 정체성을 유지하면서도, 다른 인격들을 통찰하며 또한 다른 인격들에 의하여 통찰된다."79)

현대 삼위일체론자들은 어거스틴과 캅파도키아 교부들의 전승을 따라서, 위격의 개념을 관계적 혹은 공동체적으로 이해하고 있다. 삼위일체 안에서의 통일성과 통일성 안에서 삼위일체를 명료하게 하기 위해서, 삼위의 관계를 상호공유적 관계로 이해하며, 이러한 분리될 수 없는 위격들간의 상호공유는 곧 삼위일체의 공동체성(community)을 대변하고 있는 것이다. 그리고 이러한 공동체적 위격의 개념은 삼위 하나님의 서로 사랑하시고 교제하시는 관계를 보여줄 뿐 아니라, 삼위일체 하나님의 형상으로 창조된 인간은 필연적으로 공동체적 관계 속에서 존재한다는 것이다.

2) 내재적(혹은 존재론적) 삼위일체와 경륜적 삼위일체의 관계

내재적 삼위일체(immanent Trinity)와 경륜적 삼위일체(economic Trinity)의 관계성에 대한 논의는, 위격(person)에 대한 논의와 함께, 전통적 삼위일체론을 재형성(reformulation)하려는 현대 신학의 한 흐름에

---

79) Alister E. McGrath, 『역사 속의 신학』, 김홍기/이형기/임승안/이양호역 (서울: 기독교서회, 1998), 390.

서 파생하였다고 볼 수 있다. 1970년대 이후로 유럽과 영국에서 뜨거워진 삼위일체 논쟁의 핵심은 내재적 삼위일체와 경륜적 삼위일체의 관계에 관한 것이었다.

내재적 삼위일체와 경륜적 삼위일체의 관계에 대한 이해는 칼 라너에 의해 현대 삼위일체 논쟁의 뜨거운 감자로 등장했는데, 그 관계에 대한 구분은 역사 속에서 계시를 통하여 하나님이 알려지는 방법과 하나님의 영원한 내재적 존재 방법의 차이로 이루어진다. 이 둘 사이의 관계에 관한 라너의 표현은 다음과 같은 형태로 현대 신학에서 광범위하게 인용되고 있다: 경륜적 삼위일체는 내재적 삼위일체이며, 내재적 삼위일체는 경륜적 삼위일체이다.80) 다시 말하자면, 하나님이 역사 속에서 스스로를 계시하고 경험하는 방법은 영원하신 하나님 실제의 모습과 일치한다는 것이다. 우리는 앞의 논의에서 한 하나님(One God)은 세 분의 위격(Three Persons)으로 상호공유의 공동체적 관계로 영원히 존재하신다는 것을 알았다. 하지만 이렇게 상호공유 속에 존재하시는 삼위 하나님은 또한 구원의 역사 속에서도 상호공유 가운데 활동하신다는 것이다. 어거스틴은 주장하기를 구약의 이스라엘 백성들과 신약에서 나타나신 하나님은 유일하신 성부 하나님 단독의 행위도 아니요, 성자와 성령 하나님의 독자적인 나타나심도 아닌 삼위일체 하나님의 나타나심이라는 것이다.81) 여기서 라너의 명제를 다시 한번 적용할 때 영원 속에서 서로 협력하시고 사랑하시며 교제하시는 삼위의 하나님은 그 모습 그대로 계시의 역사 속에서도 서로 도우시며, 교제하시며 우리들의 구원을 이루신다는 것이다. 이러한 맥락에서 영원하신 상호공유적 삼위일체 하나님에 대한 이해는 구원의 역사 속에서 사역하시는 아들(곧 말씀)과 성령의 동등한 관계를 말해주고 있다.

한편 라너의 대명제(axiom)는 여러 각도로 다양한 신학자들에 의해서 재해석되어지고 있다.82) 바르트는 주장하기를, 하나님은 하나님의

---

80)) K. Rahner, *The Trinity*, 22.
81) 성 아우구스티누스, 『삼위일체론』, 2, 10-18.

자기 계시에 보이신 그대로여야만 한다고 강조한다. 계시자와 계시 사이에는 직접적인 일치가 있음에 틀림없다. 만약 하나님이 자신을 주로서 계시하신다면, 하나님은 그 자신 안에서 선행하여 주님이어야만 한다.83) 계시는 영원 속에 존재하는 하나님의 실재를 시간 안에서 보여주는 일이다. 여기서 바르트는 영원하신 존재론적 하나님은 구원의 역사 속에 계시된 경륜적 하나님과 동일하다고 말하고 있다. 하지만 바르트의 논지는 존재론적인 하나님은 계시된 하나님의 존재의 근거가 된다는 것을 강조하므로 경륜적 삼위일체보다는 존재론적 삼위일체에 삼위 하나님의 근거를 두고 있다.84) 이종성교수는 다음과 같이 바르트의 삼위일체론을 평가하고 있다: "… 삼위의 상호관계는 본래부터 근원적으로 하나님 안에서 발견된다고 한다. 그럼으로써 먼저 내재적(Immanent) 삼위일체론을 인정하는 동시에, 그 하나님이 계시자와 계시와 계시됨의 현상으로 나타나거나, 창조자와 화해자와 구속자로 나타남으로써 경세적(Economic) 삼위일체론도 인정하게 된다."85) 카톨릭 신학자 카스퍼(Kasper)도 주장하기를 진정한 삼위일체 하나님은 경륜적 삼위일체에 의존하지 않고, 영원 이전부터 삼위일체 하나님으로 존재하시는 존재론적 삼위일체로부터 출발하여야 한다는 것이다.86) 왜냐하면 하나님의 자

---

82) 라너의 대명제에 대한 다양한 신학자들의 해석을 보기위해 다음 문헌을 참고하라. R. Olson, Wolfhart Pannenberg's Doctrine of the Trinity, *Scottish Journal of Theology* 1990(43), 213-27.
83) K. Barth, *Church Dogmatics*, 1936, 548. 비록 바르트는 칼 라너 이전에 계시 속에서 행하시는 하나님과 영원하신 하나님은 일치한다고 말하고 있지만, 우리의 논의를 위해 바르트의 논지를 라너의 명제 아래서 해석하고자 한다.
84) P. Molnar, The Function of the Immanent Trinity in the Theology of Karl Barth: Implications for Today, *Scottish Journal of Theology* 1989(42), 367-99 and Toward a Contemporary Doctrine of the Immanent Trinity: Karl Barth and the Present Discussion, *Scottish Journal of Theology* 1996(49), 311-57.
85) 이종성, 『삼위일체론』, 638.
86) K. Kasper, *The God of Jesus Christ*, trans. Matthew O'Connell (London: SCM Press, 1984), 273-77.

유와 독립성은 세상의 어떤 것으로부터도 영향을 받을 수 없고 스스로 존재하시기 때문이다.

반면에 몰트만(J. Moltmann)은 그의 저서 삼위일체와 하나님의 나라에서 라너의 명제를 바탕으로 내재적 삼위일체와 경륜적 삼위일체의 통합성을 강조하고 있다.87) 하지만 그의 삼위일체의 출발점은 구원 역사에 대한 우리의 경험과 이 경험에 대한 성서의 표현이라고 강조하면서, 경륜적 삼위일체에 관한 지식이 삼위일체의 출발점이라는 것을 강조한다. 그에 따르면 십자가는 단지 구원의 섭리 위에서 이해되어지는 것이지, 내재적 삼위일체 내에서 이해되어 지는 것이 아니다. 내재적 삼위일체론으로 인도하는 신학적 성찰의 과정은 그 출발점이, 역사 안에서 이루어지는 경륜적 삼위일체로부터 출발하여야 한다는 것이다.

위에서 언급한 내재적 삼위일체와 경륜적 삼위일체의 관계성에 대한 문제는 인간의 사유 방식에 문제가 있다고 본다. 서방의 신학에서 가장 극복하기 어려웠던 것은 이원론적 사유 방식이다.88) 이러한 이원론적 사유 방식은 내재적 삼위일체와 경륜적 삼위일체의 관계성에서도 어느 한 쪽을 선택할 수 밖에 없는 것이다. 그러므로 몰트만과 같은 사회적 삼위일체론자는 삼위일체에 대한 해석에서 경륜적 삼위일체가 존재론적 삼위일체을 이끌어 낸다고 주장한다. 그러므로 영원하신 삼위일체 하나님이 마치 인간 역사의 테두리 안에서만 활동하고 계시다는 인상을 주면서, 하나님은 이 세상을 의지하고 있지 않다는 삼위일체 하나님의 독립성(independence)을 부인하는 경향이 있다. 반면에 카스퍼(W. Kasper) 같은 보다 정통주의 신학 노선에 있는 자는 내재적 삼위일체를 경륜적 삼위일체론과 구별하여 마치 내재적 삼위일체는 경륜적 삼위일체와는 아무 관계가 없는 계시의 역사를 초월하는 하나의 신비적 존재로 기독교 삼위일체를 변질시킬 위험성이 있는 것이다. 여기서 21세기 영성을 추구하는 우리들은 이것이냐 저것이냐의 택일의 문제에서 이것,

---

87) J. Moltmannn, *The Trinity and the Kingdom of God*, 171-90.
88) 이정용, *The Theology of Change* (서울: 대한기독교서회, 1998), 25-27.

저것 모두라는 보다 통전적(holistic) 혹은 대화적(dialogic)89)인 사유 방식이 필요하다고 본다.

내재적 삼위일체 하나님과 경륜적 삼위일체 하나님의 관계는 어느 한쪽이 다른 한쪽을 지배하는 일방적인 관계(one way relationship or monologic relationship)가 아닌, 통전적(holistic) 혹은 대화적(dialogic) 관계로 이해되어져야 한다. 즉, 대화적 관계의 개념은 삼위일체 하나님은 세상과 밀접한 관계를 가지고 계시면서도 세상을 초월하시며, 세상을 초월하시며 삼위로 존재하시는 하나님인 동시에 그 자신을 역사 속에 그대로 계시하시는 분이신 것이다

3) 휠리오크베 논쟁(Filioque Controversy)

현대 삼위일체 논쟁 중에 또 하나 특이한 사항은 성령에 대한 관심이 부각된 것이다. 많은 신학자들은 정통적인 서방의 삼위일체론이 성령의 위격을 격하시키며, 성령을 성자께 종속시켰다고 본다. 그래서 그들은 보다 상호 보완적인 아들과 성령의 관계를 모색하고 있다. 그 노력의 하나가 바로 휠리오크베 논쟁(filioque controversy)의 부활이다.

교회의 초기 역사에 있어서 가장 중대한 사건들 중의 하나는 동방과 서방의 교부들이 만든 니케아 신조에 대한 일치이다. 여기서 교부들은 성령은 성부로부터 발출한다는 신앙을 동방과 서방 모두 고백한다. 하지만 A.D. 587년경에 서방 교회는 이 구절을 성부와 성자로부터 발출한 성령이라고 변경했다. 그리고 성자로부터라는 의미의 라틴어 휠리오크베(filioque)는 그 이후로 서방 교회가 행한 이 덧붙임을 가리키게 되었고, 이것은 현재 서방 교회 내에서 규범이 되었으며, 서방 교회가 표방하는 중요한 신학이 되었다. 하지만 이중 발출의 개념인 휠리오크베

---

89) 대화적 삼위일체의 개념에 관해서는 필자의 박사학위 논문을 참조하라. M.C. Shin, "A Dialogical Trinitarian Pneumatology", unpublished Ph.D Thesis (Aberdeen: University of Aberdeen, 1997).

는 동방 교회가 인정하지 않은 서방 교회 단독의 결정이므로 무효하다고 강조하고, 특히 동방 교회의 신학자들은 서방 교회가 휠리오크베를 신조서에 삽입하므로 성령의 위치를 격하시켰다고 비난하고 있다. 결국 이러한 휠리오크베 논쟁은 동서방 교회의 분리(1054년경)를 가져왔고 양쪽 모두 독단적인(mologic) 신학 사조로 나아가는 데 결정적인 역할을 했다고 볼 수 있다.

　이러한 휠리오크베 논쟁이 현대의 삼위일체론과 함께 다시 논의되고 있다. 동방 신학자(특히 Vladimir Lossky)는 서방 교회가 휠리오크베를 신조서에 삽입함으로써 삼위일체 안에서 성자와 성령의 존재의 원천인 성부의 권위를 손상시키므로 전통적 삼위일체론을 파기시켰다고 주장한다.90) 더 중요한 것은 서방 교회의 휠리오크베 교리에 의해서 삼위일체 안에서 성령의 위치가 격하되었을 뿐만 아니라, 성령을 성자에 종속시키는 종속론을 야기시켰고, 삼위일체론을 binitarianism으로 전락시키는 결과를 초래했다고 보고있다. 반면에 서방 교회는 휠리오크베를 끝까지 믿고 있는데 그것은 만약 성자가 성부와 동일한 본질이라면 당연히 성령의 발출에 참예한다는 것이다. 어거스틴은 그의 삼위일체론에서 다음과 같이 말한다: 성령은 성부에게서 나와서 성자에게 들어가는 것이 아니며, 피조물을 성화하기 위해서 성자에게서 나오시며, 동시에 두 분에게서 나오신다.91) 신정통주의자인 바르트 역시 휠리오크베 교리를 그의 교회 교의학에서 강하게 주장하고 있다.92)

　휠리오크베 논쟁은 먼저 서방과 동방 교회의 역사적 정황을 살펴보는 것이 중요하다. 먼저 서방 교회의 역사적 정황을 살펴보면, 서방 교회는 초대 이단자 아리우스와 그의 추종자들과 끊임없는 신학적 논쟁을 했다. 예수 그리스도의 신성을 변증하기 위해 서방 신학자들은 니케아

---

90) V. Lossky, The Procession of the Holy Spirit in the Orthodox Triadology, *The Eastern Churches Quarterly* 1948(2), 31-53
91) 아우구스티누스,『삼위일체론』, 15, 27, 48.
92) K. Barth, *Church Dogmatics*, I/1, 549-57.

신조에 본질의 개념인 homoousion와 예수 그리스도의 영원한 존재성(pre-existenc)을 도입하였고, 계속되는 아리우스의 추종자들과의 논쟁에서 예수 그리스도의 신성을 변호하기 위해 6세기 경에 휠리오크베 교리를 신조서에 삽입할 수 밖에 없었다.93) 그것은 서방 교회와 신학의 중심은 오직 예수 그리스도이기에 무엇보다도 예수 그리스도가 하나님이시라는 것을 변증하는 것이 최우선 과제였다. 반면에 동방 교회는 아리우스와 같은 그리스도의 신성을 부인하는 이단자를 만난 것이 아니라, 성령의 신성을 부인하는 성령의 해방자들(pneumatochians)을 만난 것이다. 그리하여 동방의 캅파도키아 교부들은 성령의 위격과 그 분이 곧 삼위일체 하나님이심을 끝임 없이 변호해야만 했다.

그러므로 현대 신학자들은 동방과 서방 신학의 흐름을 수용하는 새로운 방법을 모색하고 있는데 그것은 "성령은 성부로부터 성자를 통해서 발출되시며, 성자는 성부로부터 성령을 통해서 나오신다"고 표현하고 있다.94) 더욱이 중요한 것은 이러한 연구를 통해서 신학자들이 내린 결론은 앞으로 교의신학의 나아가야 할 방향은 성자와 성령, 즉 말씀과 성령의 관계를 정립하는 것이라는 결론을 내렸다.95)

3. 삼위일체적 영성신학(Trinitarian Doctrine of Spirituality)

우리는 앞의 논지에서 내재적 삼위일체 하나님은 성부와 성자와 성령의 상호 교통의 관계로 존재하시며, 이러한 내재적 하나님(immanent Trinity)은 구원의 역사 속에 자신을 본래의 모습 그대로 계시하셨음을 알았다. 즉, 내재적 하나님이 상호 교통의 관계로 존재하셨듯이, 구원의

---

93) J. Pelikan, *The Christian Tradition*, vol II (Chicago: University of Chicago Press, 1974), 185.
94) WCC(ed. L. Vishcher), *Spirit of God, Spirit of Christ* (Geneva: World Council of Churches, 1981).
95) *Ibid.*, 3-18.

사역에서도 삼위일체 하나님은 상호 교통의 관계로 자신을 계시하신다는 것이다. 하나님은 구원의 경륜에서 각기 다른 시점에서 다른 존재의 양식으로 나타나신 것이 아니라, 삼위일체적 관계 가운데 존재하시는 세 분의 위격은 하나님의 모든 계시적 행위에 상호 교통의 관계로 참여하시는 것이다.96) 내재적인 성부와 성자와 성령의 상호 교통의 관계는 경륜적인 창조 사역과 구원 사역에도 상호 교제의 관계로 참여하셨다는 것이다. 한 예로, 인간은 단지 하나님의 형상만으로 창조된 것이 아니라, 삼위일체 하나님의 형상으로 창조된 것이다. 또한, 구원의 사역도 오직 예수 그리스도에 의해서만 완성될 수 없으며, 성부와 성령과의 교제 가운데 완성하신 것이다.97) 어느 신학자가 정의하듯이, 기독교 영성은 하나님 형상의 회복이요, 인간이 하나님과 맺고 있는 관계의 성격을 가리킨다면,98) 참된 기독교 영성은 곧 삼위일체 하나님의 영성을 회복하며 끊임없이 그 분과 교제를 갖는 것이라 할 수 있다. 그러므로 올바르고 성서적인 영성신학을 정립하기 위해서는 삼위일체적 영성신학을 바탕으로 발전시키는 것이, 교의신학적 관점에서의 21세기 기독교 영성운동을 이끄는 길이라고 본다.

1) 삼위일체와 영성신학 : 종교적 신비주의를 넘어서

기독교 신학에서 말하는 영성은 모든 종교에서 말하는 영성과는 반드시 구별되어야 된다. 조단 오먼은 기독교 영성에 관해 정의하기를 엄격한 의미로 유일하고 참된 영성은 예수 그리스도를 중심으로 한, 그리고 그 분을 통해 삼위 하나님께 이르는 영성이라고 말한다.99) 다른 종

---

96) Alister E. McGrath, 『역사 속의 신학』, 391.
97) 어거스틴(삼위일체론, 1, 7, 14)은 창세기의 창조 기사(창 1:1-3)가 하나님과 그의 말씀과 그의 영에 대하여 말하고 있다고 주장하고, 그러므로 구원사의 중대한 순간에 삼위일체의 세 인격 모두가 함께 참여하였다고 주장했다.
98) 김영봉, 『예수의 영성』(서울: 은성, 1997), 14.
99) Jordan Aumann, Spiritual Theology (London: Sheed and Ward, 1993), 17.

교의 영성은 삼위일체 하나님의 영성을 믿는 것이 아니라, 유일하고 초월적인 신의 영성을 믿지만 기독교 영성은 삼위일체 하나님의 영성을 추구하고 있다. 즉, 기독교를 제외한 다른 종교에서 주장하는 영성은 총체적으로 삼위일체 영성과 구분된다.100) 그러므로 올바른 기독교 영성 운동은 삼위일체적 영성을 회복하는 것이라 하겠다.

　　삼위일체적 영성신학은 하나님은 한 분이시며, 성부와 성자와 성령의 위격으로 존재하신다는 것을 믿는다. 영원 전부터 계시던 세 위격(Three Persons)의 한 하나님(One God)은 계시 속에 나타나셔서 구원의 사역 속에서 아버지의 영성, 아들의 영성, 성령의 영성으로 구원의 사역을 완성하신다. 하지만 삼위일체 하나님의 영성은 존재의 공동체로서 그 안에서 모든 것을 공유하고 연합하며, 상호 교통함을 알 수 있다. 아버지는 아들과 성령의 상호 교통의 관계 속에서 창조와 그 후의 모든 것을 지배하면서 인류에게 구원을 허락해 주시는 위대한 영성을 지니고 계신다. 아버지가 계획하신 구원을 완성하기 위하여 아들이 아버지와 성령의 상호 교통의 관계로 성육신하셨다(마 1:18-20; 눅 1:34-35). 성육신한 아들은 영원 전부터 성부와 성령 하나님과 함께 계셨다(요 1:1-5). 그리고 아들 예수 그리스도의 사역 가운데서도 아버지와 성령은 항상 함께하셨다(마 3:16-17; 눅 4:21). 성령은 아들 예수께서 이룩하신 구원을 결실하도록 아들을 통해서 아버지로부터 보내심을 받으셨다(요 14:16). 삼위일체적 영성이란 이와 같이 인류의 구원을 위해 계시되신 삼위일체 하나님을 믿고, 그 분의 형상을 회복시키는 것이라 하겠

---

100) 칼 바르트는 종교와 계시를 분리하면서, 기독교 영성 운동과 성령 운동을 하나의 종교적 행위로 간주하면서, 신비주의적 경험 주의로 기독교 영성 운동을 비판하였다. 바르트가 보기에 기독교 영성운동은 하나님의 계시의 사건을 주관적 체험주의로 오염시킨 하나의 종교 운동이었다. 하지만 우리가 말하고 있는 올바른 기독교 영성 운동은 하나님의 삼위일체적인 계시의 신학에 그 바탕을 두고 있다. 그러므로 21세기를 주도하는 기독교 영성 운동은 다른 종교와 구분되는 독특한 삼위일체적 영성 신학을 회복시키는 것이 중요하다고 생각된다.

다. 따라서 기독교 영성은 오직 그리스도 예수 안에서 성령의 충만함을 받고 아버지 하나님과 온전한 교제(Koinonia)를 추구하는 신앙의 전인적인 삶(holistic life)이라 할 수 있다.

이러한 삼위일체적 영성은 종교적 신비주의와는 분명히 구별이 된다. 종교적 신비주의는 인간 자신의 수양과 노력에 의한 천지인합인설을 강조하지만, 기독교 영성 운동은 인격자이신 삼위일체 하나님과 교제하며 관계를 맺고 사는 삶을 의미한다. 이러한 삼위일체 하나님과의 인격적인 관계의 삶은 아버지 하나님의 사랑을 체험하게 되며, 성령의 능력(empowerment)과 충만함을 받아서, 그리스도를 믿고 그를 본받는 능력 있고 역동적인 삶을 살게 되는 것이다. 더 나아가서 기독교 영성은 삼위일체 하나님과의 인격적인 관계의 체험을 통하여 변화된 삶을 살며, 구체적인 삶의 현장 곧 사회적 현실 속에서 하나님의 나라를 이룩하는 것이다. 그러므로 삼위일체 영성신학은 종교적 신비주의가 추구하고 있는 열광주의, 금욕주의, 반지성주의, 극단적 개인주의, 주관적 체험주의, 분리주의, 천지인합일사상 등과 같은 것들을 지양하며 오로지 삼위일체 하나님과의 올바른 인격적 교제의 관계를 회복시키는 것을 그 최고의 목적으로 삼는다.

2) 말씀과 성령 중심의 영성신학 : 말씀과 성령의 분리를 넘어서

삼위일체적 영성신학은 말씀과 성령의 이원론적 혹은 분리적 이해를 거부한다. 기독교 역사는 두 개의 주요한 흐름 속에서 그 역동성을 유지시켜 왔다.101) 하나는 서방교회를 중심으로 그 맥을 이어온 그리스도론적 성령론(Christological Pneumatology)이다. 말씀 중심의 그리스도론적 성령론은 말씀과 역동적 상호공유의 관계로 역사하시는 성령을 수동적 종속관계로 이해하면서,102) 내재적으로 동등한 관계 속에 계셨고

---

101) H. Berkorf, *The Doctrine of the Holy Spirit* (London: The Epworth Press, 1964), 9-12.

계시의 역사 속에서도 상호공유적 사역을 담당하신 성자(말씀)와 성령을 분리시키는 오류를 범하고 말았다. 서방의 종속적 개념의 성령 이해로 인해 말씀과 함께 역사하시는 성령의 역동적 구원 사역은 극히 제한되었고, 성령은 형식적인 삼위일체의 한 위격(person)으로만 언급될 뿐이다. 말씀과 필연적으로 함께 역사하시는 성령의 사역을 극히 제한하므로 교회의 역동성은 소멸되었고, 교회는 점점 더 형식화, 교리화 되면서 급기야 스콜라주의가 분출하게 된다. 성령의 역동적 사역이 제한되는 스콜라주의에서 그리스도인들은 무기력하였으며 교회와 신앙인의 역동성은 거의 소멸되었다. 다른 하나는 동방교회와 수도원운동을 중심으로 발전한 성령론적 그리스도론(Pneumatological Christology)이다.103) 성령 중심의 성령론적 그리스도론은 성령의 충만함 가운데 사역하시는 예수의 인간적 생애를 강조함으로써 성자 예수 그리스도를 성령의 신적 권위에 종속시켰다. 성자의 종속개념은 곧 기독교 신비주의운동으로 발전되는데, 그것은 예수께서 성령에 의해 구원의 사역을 완성하셨듯이 모든 믿는 자는 성령에 의해 거듭나 성령과 하나 되셨던 예수를 닮아가는 삶을 구원의 삶으로 본다. 기독교 신비주의는 성경의 말씀 혹은 하나님 자신을 성령을 통해서 직접 체험하기 원하였으며, 성령의 체험을 자신들의 삶 속에 적용시키며 하나님과의 연합(union)을 추구한다. 이러한 기독교 신비주의 운동은 정통교회가 형식화되고 교리화되는 과정에서 점점 신앙의 역동성을 소멸하였을 때, 교회에 역동적 신앙을 유지시켜온 하나의 영성운동 이었지만, 구원의 역사 속에서 역사하시는 예수 그리스도(말씀)와 성령의 상호 교제적 관계를 외면한 채 성령만을 강조하므로 극단적 신비주의에 빠질 수도 있었다.104)

---

102) 서방교회의 휠리오크베(filioque) 교리는 성령을 성자에게 종속시키는 대표적인 교리이다.
103) 동방교회와 수도원 운동은 전통적 서방교회에 의해 기독교 신비주의라고도 불리워졌다.
104) 초대 교회의 몬타누스나 종교개혁 시대의 재세례파 운동들은 극단적 신비주의 혹은 열광주의로 빠진 좋은 예들이다. 이들은 성령의 가장 큰 은사를 새

이와 같은 두 개의 다른 기독교 역사 중에 어느 하나를 강조한 쪽은 극단적 형식주의 아니면 극단적 신비주의, 혹은, 극단적 객관주의 아니면 극단적 주관주의에 빠진것이 사실이다. 삼위일체적 영성신학은 어느 한 쪽으로 치우치는 단편적인 신앙을 거부하고, 보다 상호 교제적 관계로서의 말씀과 성령의 신학을 강조한다. 다시 말해서, 성자와 성령은 내재적으로 상호 관계 속에서 존재하셨듯이, 구원의 계시 역사 속에서도 상호 관계 속에서 활동하신다는 것이다.

삼위일체적 영성신학은 신약 성경 속에서의 성령과 그리스도가 상호공유적 관계 속에서 구원의 사역을 완성하신다는 것을 쉽게 찾을 수 있다. 동방교회가 예수의 생애 가운데서 나타나신 성령의 능동적 사역을 공관 복음서에서 찾았듯이, 공관 복음서는 삼위일체의 상호 교제적 관계 속에서 성령님을 예수님의 탄생과 지상 사역을 이끄는 모습으로 묘사하신다. 즉, 성령이 메시아 위에 머물 것이라는 것은 메시야가 성령의 강림에 의해 결정된다는 것이다. 마태와 누가에 의하면 성령이 예수 위에 머물게 된 것은 그의 성육신 사건부터이다. 마태복음 1:20절에 기록되기를 저에게 잉태된 자는 성령으로 된 것이라고 성경은 말씀한다. 즉, 성육신의 사건은 성부 하나님께서 계획하시고 성령의 능력 가운데서 성자께서 우리의 인간성을 취하신 삼위일체적인 사건이다. 성령은 예수의 세례 때도 예수의 머리 위에 비둘기 같이 임하시므로 하나님의 아들임을 성령이 확증하셨는데, 이것 역시 삼위일체 하나님의 역사인 것이다(마 3: 16-17). 시험을 받으실 때(마4:1), 그의 공생애를 시작하실 때(마12:28) 등등 공관복음서에서 성령은 삼위일체적 교제 속에서 그리스도의 사역을 이끄는 관계로 묘사된다.

그러나 서방교회가 예수의 부활로 말미암아 성령이 아버지 하나님으로부터 예수를 통해서 우리에게 주어졌음을 강조하기 위해서 바울서

계시로 이해하면서, 성령은 성서를 넘어서 새로운 계시를 전달해 준다는 것이다. 이로써 하나님의 말씀이 체험의 기준이 되는 것이 아니라 인간의 체험이 성서해석의 기준이 되고, 때로는 성서를 넘어서게 되는 것이다.

신과 요한복음을 강조하듯이, 바울과 요한에게 있어서 성령은 아들 예수 그리스도에 의해서 보냄을 받으시고, 성자의 뜻 가운데 활동하신다. 요한은 기록하기를 내가 아버지께 구하겠으니 그가 다른 보혜사를 너희에게 주사(요 12:16), 또한 내가 아직 너희와 함께 있어서 이 말을 너희에게 하였거니와 보혜사 곧 아버지께서 내 이름으로 보내실 성령 그가 너희에게 모든 것을 가르치고 내가 너희에게 말한 모든 것을 생각나게 하리라(요 14:2)고 기록하고 있다. 예수님 삼위일체적 교제 속에서 아버지로부터 성령을 파송하시고 성령은 아들 예수 그리스도와의 교제 속에서 모든 제자들을 말씀으로 양육시키시는 것이다. 바울은 그리스도를 생명을 주는 영이 되었다라고 말하였다. 그는 성령을 그리스도의 영, 또는 아들의 영으로 묘사하므로, 구원의 사역 속에서 아들이 성령의 사역을 주도하시는 관계로 말씀하고 있다(롬 8:9; 고후 3:17; 갈 4:6; 빌 1:19).

삼위일체적 영성신학은 이 두 가지 측면을 상호 배치되는 것으로 이해하지 않고, 상호 보완적 관계로 이해한다. 성자와 성령은 영원 전에 상호 관계적 관계로 존재하신 것과 마찬가지로, 계시된 구원의 역사 속에서도 동등한 자격으로 서로 도우며 상호 교제의 관계로 구원의 사역을 수행하고 계신 것이다. 이러한 말씀과 성령의 상호 보완적 관계를 회복시키는 것을 삼위일체적 영성의 회복이라고 한다.

4. 기독교 영성과 삼위일체 교리

본 논고의 서문에서 21세기 기독교 영성운동의 정체성(identity)은 삼위일체적 영성의 회복에 있다고 전제하였다. 본 논고를 마감하는 시점에서 21세기 기독교 영성운동의 정체성을 삼위일체적 영성의 관점에서 진단하는 것은 필연적이라 할 수 있다. 필자는 앞에서 현대 삼위일체 신학자들은 동방의 캅파도키아 교부들이 발전시킨 상호공유적(perichoretic) 관계로서 위격의 개념(the concept of person)을 받아들여, 그것을 현대적 개념으로 재해석하면서 영원하신 삼위일체 하나님은 역동적인 존재 공동체라고 말한다. 한 본질이시며, 세 분의 위격체로 존재하시는 삼위일체 하나님은 영원부터 역동적으로 서로 사랑하시고 섬기시며 교제하시는 분이라는 것이다. 이렇게 역동적인 상호공유 가운데 존재하시는 내재적 삼위일체 하나님은 창조와 구원의 역사 속에서도 자신의 공동체적 본질을 계시하신다. 즉, 자신의 공동체적 삼위일체 형상(image)으로 인간을 창조하시되 구원의 섭리 가운데 나타난 교회 공동체(행 2장)와 창조의 섭리 속에서 발전한 사회 공동체적 존재(창 1:28; 예레미아 5:28; 행 4: 34-5; 엡 6:5-9; 골 3:22-4:1)로 창조하신 것이다. 그러므로 삼위일체적 영성신학의 한 관점에서 21세기 기독교 영성운동의 정체성(identity)을 정의하고자 할 때, 그것은 교회 공동체 영성의 회복이며, 사회 공동체 영성의 회복이라고 말하고 싶다.

1) 교회 공동체 영성의 회복

교회 공동체의 실제적 출발은 오순절 성령이 강림하시므로 성령의 코이노니아를 통해서 실제적인 공동체가 시작되었다. 그러나 공동체의 시초는 오순절 성령 강림 이전 영원하신 삼위일체의 공동체적 관계 속에서 이미 찾아볼 수 있다. 토마스 토란스(Thomas. F. Torrance)는 인간의 모든 공동체적 요소는 이미 영원하신 삼위일체 하나님의 존재로부터 출발한다고 말한다.105) 우리는 구약 성서를 통해서 삼위일체 하나님은 인간이 공동체적 존재가 되도록 만드셨다는 것을 쉽게 이해할 수 있다. 창세기 1장 27절과 2장 18절 말씀에 삼위일체 하나님은 인간을 자신의 형상(imgae)으로 남자와 여자를 창조하시고(창 1:27), 또한 이 두 사람은 서로 돕는 배필(창 2:18)로 창조하신 것이다. 삼위일체 하나님은 인간이 관계적 인격체가 되도록 창조하셨고, 이러한 관계적 인격의

---

105) T.F. Torrance, The Goodness and Dignity of Man in the Christian Tradition, *Modern Theology* 1988(4:4), 320.

개념 속에서 우리는 또한 삼위일체 하나님 볼 수 있다.

그러나 전통적인 서방의 삼위일체 교리는 하나님을 단일적이고 존재론적으로 해석하기 때문에 현대 교회의 공동체적 영성에 큰 의미를 주지 못하고 있다. 전통적 서방의 삼위일체는 하나님을 위격적 범주에서 이해하는 것이 아니라, 본질적 범주에서 이해해 왔다. 이러한 본질 중심의 삼위일체 교리는 교회 공동체적 영성과는 거리가 먼 사변적인 논리의 범주에 국한되어 온 것이 사실이다. 다행히도 현대에 와서 삼위일체 하나님을 위격적인 관계의 측면에서 보려는 신학적 작업이 계속 이어졌다. 이러한 삼위 하나님의 상호 교제적이며 위격적 관계에 대한 새로운 이해는 존재 방식의 측면에서 우리는 삼위일체 교리의 역동적인 면을 찾아 볼 수 있다. 즉 하나님은 본질적으로 한 분의 하나님이시지만, 위격적으로 성부와 성자와 성령의 존재 공동체(a community of being)를 형성하시며 각 위격은 각각의 독특하게 구별되는 정체성을 유지하면서도, 어느 한 위격도 다른 두 위격들과는 분리되어서 존재하실 수 없다는 것이다. 필자는 이것을 삼위일체 하나님의 영성이라고 표현한다.

이러한 삼위일체 하나님의 영성은 우리에게 참된 공동체의 모형을 제시해 주고 있다. 삼위 하나님의 긴밀한 관계성은 삼위 하나님 사이의 코이노니아(koinonia)를 의미한다.[106] 성부는 권위자가 아니라 성자와 성령을 사랑하고 섬기며 교제하시기 위하여 존재하신다. 성자는 성부와 성령을 사랑하고 섬기며 교제하기 위해서 존재하신다. 성부는 성자가 되려고 하지 않고 성자는 성령이 되려고 하지 않는다. 또한 성령은 자신의 뜻대로 행하지 않고 성부와 성자의 뜻을 드러낸다. 그러므로 하나의 본질과 세 분의 위격으로 존재하시는 성부와 성자와 성령은 서로의 자리를 존중하고 사랑하며 서로를 섬기시며 존재하신다. 삼위 하나님은 각각 자신만을 위하여 존재하시는 것이 아니라 타자를 위해 섬기는 모

---

106) 김현진, 『공동체 신학』 (서울: 예영 커뮤니케이션, 1998), 53-4.

습을 보여 준다. 성부는 성자와 성령을 위해, 성자는 성부와 성령을 위해, 성령은 성부와 성자를 섬기기 위해 존재하신다는 것이다. 삼위 하나님은 이러한 사귐과 사랑과 섬김의 관계성 가운데 계시는 관계적 존재이시다.

삼위일체 영성이 상호공유와 섬김의 공동체적 영성이라면, 삼위일체 하나님의 형상(image)인 우리도 이를 따라 온전한 공동체적 영성을 가져야 할 것이다. 기독교 영성운동은 삼위일체 하나님과 같이 서로 사귐과 교제, 봉사와 섬김의 삶 속에서 진정한 기독교 영성을 발견해야 할 것이다. 성부와 성자와 성령의 온전한 교제의 관계는 교회 공동체적 영성의 표본이 되어 교회의 공동체 속에 투영될 뿐만 아니라, 삼위일체 하나님은 교회의 공동체 속에서 자신의 삼위일체적인 공동체 영성을 형성시켜 나가신다. 우리에게 오신 성령님은 우리가 공동체로 살아가고 공동체를 섬기는 구체적인 영성을 얻을 수 있도록 우리를 가르치시고 인도하신다. 그러므로 삼위일체 하나님을 믿는 모든 성도들과 교회는 하나님의 영광스러운 교제의 관계를 반영하는 공동체 영성을 우리의 삶 속에 반영해야 할 것이다. 이러한 공동체적 영성은 21세기를 주도하는 기독교 영성운동이 추구해야 할 삼위일체적 영성의 한 분야라고 본다.

2) 사회 공동체 영성의 회복

『한국교회와 공동체 운동』이란 책을 저술한 문석호교수는 한국 교회가 공동체성을 회복하는 데에는 한국사회가 당면한 현실들에 대한 교회의 관심(Church's Concern for the Social Issues)이 필요하고, 이에 적극적으로 동참하는 일이 필요하다고 말한다.[107] 그동안 한국교회들은 개인구원만을 강조하여 개인들이 하나님 앞에 회개하여 거듭남의 은혜를 체험하는 것이 사회의 불평등한 구조 속에서 살아가는 가난한 자나 억

---

107) 문석호,『한국교회와 공동체 운동』(서울: 줄과 추 도서출찬, 1998), 243.

압을 받는 자 등을 구제하는 것보다 선행한다고 믿어왔다. 물론 교회의 중요한 사명은 개인의 영혼을 그리스도 예수께로 인도하는 것이라 굳게 믿는다. 하지만 동시에 진정한 기독교 영성운동은 사회 공동체 영성을 회복하여 사회의 불평등한 구조 속에서 고통 받는 영혼도 구원하는 것이라 생각된다. 인간이 사회 공동체성을 지닌 존재임은 인간에게 주어진 생육, 번성, 충만하여 땅을 정복하라(창 1:28)는 말씀과 여호와 하나님이 그 사람을 이끌어 에덴 동산에 두사 그것을 다스리며 지키게 하시고(창 2:15)라는 말씀을 통해서 알 수 있다.108) 인간이 삼위일체 하나님의 형상으로 창조된 것은 하나님이 창조한 이 세계와 사회에 하나님의 아들로써 직접적으로 관여해서 그것을 다스리고 지키는 것이다. 다시 말해서, 인간은 사회 공동체적 영성을 삼위일체 하나님으로부터 창조된 그 순간부터 받은 것이다.

전통적인 보수주의 교회들이 사회와 구조 자체의 개혁보다 개인주의적 영혼 구원으로 교회의 공동체적 정체성(identity)을 변질시켰다면, 급진적 자유주의 교회들은 세상의 빛과 소금이면서, 동시에 세상과 구분(distinguish)되는 교회의 삼위일체적 영성을 사회와 구조의 개혁으로 이해함으로써 전통적인 교회론과 구원론에 상당한 타격을 가한 것 또한 사실이다. 여기서 우리는 전자보다 후자에 초점을 맞추어 삼위일체적 영성에서 바라본 진정한 기독교 사회 공동체의 영성이 무엇인지 논의하고자 한다.

현대의 삼위일체 논쟁은 위격 중심의 동방 삼위일체론을 사회적 삼위일체론(The Social Doctrine of the Trinity)이라 정의하면서 새로운 국면을 맞이하게 된다. 사회적 삼위일체론은 레오날드 허드슨(Leonard Hodgson)109)의 삼위일체로부터 시작되어, 몰트만(J. Moltmann)110)의

---

108) 물론 타락으로 말미암아 공동체성이 약화되고 불완전해 졌지만, 이것은 제2의 아담인 예수 그리스도 안에서 완전히 회복되었다고 볼 수 있다.
109) L. Hodgson, *The Doctrine of the Trinity* (New York: Charles Scribners Sons, 1944)

삼위일체론에서 발전할 뿐만 아니라, 몰트만에 의해 사회적 삼위일체의 개념이 모든 신학에 적용될 수 있음을 보여주었고, 남미의 해방신학자인 레오나르도 보프(Leonardo Boff)111)에 의해 그 절정을 맞이하게 된다. 보프(L. Boff)는 사회적 개념의 삼위일체는 지구 위에서 해방적이고 상호 협조적인 사회를 구축하는 천상적 모형을 제공한다고 말하고 있다.112) 보프의 사회적 삼위일체론은 전통적인 삼위일체론에서 발견되는 인간에 대한 자율적이며, 자아 중심적이며, 개인적인 실체로서 내적인 생명을 가진 존재라는 것을 비판하고 있다. 그의 논지의 핵심은 인간은 실체론적(substantialistic) 혹은 개인적(individual) 존재가 아닌 관계론적(relationalistic) 인격체라는 것이다. 즉, 인간의 정체성은 그의 내적인 생명이 무엇이냐에 의하여 결정되는 것이 아니라, 하나님, 이웃, 그리고 그를 둘러싼 사회구조와 세상과의 관계에 의하여 결정된다는 것이다. 특히 그가 이해한 사회는 사회를 구성하고 있는 개인의 종합이 아니라, 개인과 사회구조와 조직체 간에 있는 관계 가운데 존재한다는 것이다. 보프(L. Boff)는 사회적 참여와 동등을 추구하는 사회의 모형으로 삼위일체론을 이해한다. 그러므로 그는 사회적 삼위일체 모델을 바탕으로 사회개혁을 주창한다: 지배 모델은 교제 모델로 대치된다. 즉 초대에 의한 생산과 참여에 의한 극복으로 사회적 구조를 변혁 시켜야 한다는 것이 보프(L. Boff)의 주장이다.113)

　　보프(L. Boff)의 사회적 삼위일체론을 이종성교수는 크게 두 가지 관점에서 해석하고 있다.114) 첫째, 보프는 계시의 역사속에 나타나신 하나님의 이해에 있어서, 그 분은 처음부터 삼위의 상호관계 가운데 존재하시기 때문에 *역동적 존재*라고 말하고 있다. 둘째, 삼위일체 하나님

---

110) J. Moltmann, *The Trinity and the Kingdom of God*.
111) L. Boff, *Trinity and Society*, trans. Paul Burns (Maryknoll, N.Y.: Orbis, 1988).
112) *Ibid.*, 6-7.
113) *Ibid.*, 120.
114) 이종성, 『삼위일체론』, 699.

은 단지 형이상학적 하나님이거나 자아 만족적 초월자(Plotinus)가 아니라, 인간의 현실적 삶과 역사에 직접적인 관심을 가지고 자기 자신과 인간 사회와 어떤 차원의 관계를 맺고 있다는 것이다. 여기서 어떤 차원의 관계는 다음과 같이 이해되어진다: 교회가 믿는 하나님은 영원부터 영원토록 독존하면서 낮고 천한 죄인들로부터 예배와 영광의 재물을 받는 것을 원치 않으시는 하나님이다. 오히려 하나님은 역사 안에서 고통받고 억눌리고 노예적 상태에 있는 '가난한 사람'과 함께 사시기를 원한다. 결론적으로 보프의 사회적 삼위일체론의 핵심은 하나님이 단지 사회적 관심을 가지고 계신 분이시라는 것이다.

삼위일체적 영성신학의 관점에서 볼 때 보프의 사회적 삼위일체론은 몇 가지 문제점들을 가지고 있다. 첫째, 보프는 그의 삼위일체를 사회적 관계에 적용함에 있어서 특정한 사회 현실과 정치적 이데올로기를 전제하고 있다. 죄악에 빠져 죽을 수밖에 없는 인간의 영혼을 구원하시기 위해서 역사 속에 자신을 계시하신 삼위일체 하나님을 단지 사회와 정치 구조 개혁을 위한 하나님이라고 정의할 때, 기독교의 본질은 사라지고 말 것이다. 둘째, 보프의 사회적 삼위일체론의 약점은 내재적 삼위일체 하나님의 초월성과 독립성(independence), 그리고 자존성(self-existence)을 역사의 틀 속에 가두어 둔다는 것이다. 즉, 계시 이전의 성부, 성자, 성령의 관계가 계시의 사건 속에서 드러나는 것이 아니라, 세상을 초월하신 영원한 삼위일체 하나님이 경륜적 삼위일체 속에 종속(subordination)되어 활동하신다는 것이다. 보프에게 있어서 실질적으로 중요한 것은 경륜적 혹은 사회적 삼위일체이다.

삼위일체 영성신학에서 본 기독교 사회 공동체의 영성은 보프가 그의 사회적 삼위일체론에서 보여준 사회와 구조 자체의 개혁을 비판적으로 수용한다. 즉, 사회 공동체 영성의 회복은 사회나 국가의 불평등하고 불합리한 구조를 개혁함과 동시에 개인 구원을 강조하여 개인들이 그리스도의 믿음 안에서 하나님의 은혜로 성령을 체험하며 교제하므로 날마다 그의 신앙이 성숙하는 것을 말한다. 필자가 앞의 논지에서 언급했듯이 삼위일체 영성의 회복은 이것이냐, 저것이냐(either/or)의 택일의 문제가 아니고 이것과 저것의 상호 관계성을 모색하자는 것이다. 내재적 삼위일체 하나님은 상호공유의 관계 속에서 존재하시며, 이러한 상호공유의 관계는 구원의 역사 속에서 아버지와 아들과 성령의 상호공유적 관계로 나타나셨고, 창조와 구속의 은총 속에서도 인간과 교제하시며 관계를 맺으시고, 더 나아가서 인간 자신들 사이의 관계성과 인간과 사회 구조와의 관계성을 인정하고 계시는 것이다. 그러므로 기독교 사회 공동체의 영성이란 아버지와 아들과 성령과의 영적인 만남을 통해서 중생, 즉 내적인 실체의 새로워짐을 경험하며, 동시에 이웃과 사회와의 긴밀한 관계를 모색하는 것이다.

제 4 장
휠리오크베(Filioque) 논쟁과 삼위일체적 성령론115)

20세기가 시작되면서 교의신학에 두 가지 중요한 변화가 발생하였다. 그 하나는 전통적 신론에 대한 재해석으로서 하나님을 삼위일체적으로 이해하기 시작 한 것이고,116) 다른 하나는 성령에 대한 새로운 관심이 부각된 것이다.117) 이 두 가지 신학적 흐름 속에서 다시 논의되기 시작한 중요한 교리이다.118)

---

115) 이 글은 한국복음주의신학회 조직신학회 논문집 『조직신학연구』 제2호(2003): 190-217에 발표되었던 논문이다.
116) 현대 삼위일체론자들은 전통적 교의신학이 기독교의 핵심적 교리인 삼위일체론을 신론의 한 분야로 취급함으로써, 기독교의 본질을 왜곡시켰다고 주장한다. 삼위일체론은 현대 신학자들에 의해 교의신학의 핵심적 교리로 부활된 후 지속적인 발전을 거듭해왔다. 주목할 것은 20세기의 삼위일체론은 동방과 서방 신학자들의 신학적 대화 가운데 재형성되고 있음을 강조하고 싶다. 동방교회와 서방교회는 그들의 신학적 대화(Theological Dialogue)를 통해서 "합의된 삼위일체 성명서"(Agreed Statement on the Holy Trinity)를 발표했다. 다음 문헌들을 참조하라: T.F. Torrance(ed.), *Theological Dialogue between Orthodox and Reformed Churches*, vol 1 and 2, (Edinburgh: Scottish Academic Press, 1985 and 1993).
117) 현대 삼위일체 논쟁 중에 또 하나 특이한 사항은 성령에 대한 관심이 부각된 것이다. 많은 신학자들은 정통적인 서방의 삼위일체론이 성령의 위격을 격하시키며, 성령을 성자께 종속시켰다고 본다. 그래서 그들은 보다 상호 보완적인 아들과 성령의 관계를 모색하고 있다. 그 노력의 하나가 바로 휠리오크베 논쟁(filioque controversy)의 부활이다.
118) 휠리오크베 교리는 다음과 같은 신학자들에 의해 현대 삼위일체론 안에서 논

역사적으로 휠리오크베(filioque) 교리는 서방교회가 성령의 발출에 대하여 초대 교회가 고백한 "성령은 성부로부터 발출된다"는 고백에 "그리고 성자로부터"라는 휠리오크베(filioque) 구절을 첨가함으로 탄생하게 되었다. 서방교회가 휠리오크베 교리를 정식으로 채택한 581년의 톨레도 회의 때부터 동방교회와 서방교회의 휠리오크베 논쟁은 시작되었고, 결과적으로 1054년 동방교회와 서방교회는 분리시키는 중요한 신학적 요소가 되었다. 이러한 휠리오크베(filioque) 논쟁이 현대의 삼위일체론과 함께 다시 논의되고 있다. 동방 신학자들은(특히 20세기 초 러시아에서 프랑스로 망명한 동방 신학자 Vladimir Lossky) 서방 교회가 휠리오크베(filioque)를 신조서에 삽입함으로써 삼위일체 안에서 성자와 성령의 존재의 원천인 성부의 권위를 손상시켰고 정통적 삼위일체론을 변형시켰다고 주장한다.119) 더 중요한 것은 서방 교회의 휠리오크베(filioque) 교리에 의해서 삼위일체 안에서 성령의 위치가 격하되었을

의되고 있다: B. Bobrinskoy, "the Filioque Yesterday and Today," in *Spirit of God, Spirit of Christ*. Edited by L. Vischer (Geneva WCC, 1981), 133-48 and "The Indwelling of the Spirit in Christ: Pneumatic Christology in the Cappadocian Fathers," *St. Vladimir Theological Quarterly* 28(1984), 49-65; G.L. Bray, "The Filioque Clause in History and Theology," *Tyndale Bulletin* 34(198), 91-144; G.S. Hendry, "From the Father and the Son: The Filioque after Nine Hundred Years," *Theology Today* 11(1956), 449-59; A.I.C. Heron, "Who Proceedeth from the Father and the Son: The Problem of the Filioque," *Scottish Journal of Theology* 24(1984), 149-66 and "The Filioque Clause," in *One God in Trinity* (London: Samuel Bagster and Sons Ltd, 1980), 62-77; J. Moltmann, "Theological Proposals Towards the Resolution of the Filioque Controversy," in *Spirit of God, Spirit of Christ*. Edited by Lukas Vischer (Geneva: WCC, 1981), 164-73; D. Staniloae, "The Procession of the Holy Spirit from the Father and his relation to the Son, as the basis of our Deification and Adoption," in *Spirit of God, Spirit of Christ*. Edited by Lukas Vischer (Geneva: WCC, 1981), 174-86; V. Lossky, "The Procession of the Holy Spirit in the Orthodox Triadology," trans. By Edward Every. *The Eastern Churches Quarterly* 2(1948), 31-53.

119) V. Lossky, "The Procession of the Holy Spirit in the Orthodox Triadology," *The Eastern Churches Quarterly* 1948(2), 31-53

뿐만 아니라, 성령을 성자에 종속시키는 종속론을 야기시켰고, 삼위일체론을 이위일체론(binitarianism)으로 전락시키는 결과를 초래했다고 보고 있다. 반면에 서방 교회는 휠리오크베(filioque)를 삼위일체론을 더욱 정확히 표현하는 정통적인 교리로 간주하고 있다. 만약 성자가 성부와 동일본질(homoousion)이라면 당연히 성령의 발출에 참예한다는 것이다. 그러므로 20세기 초 블라디미르 로스키(Vladimir Lossky)에 의해 삼위일체론과 성령론의 "뜨거운 감자"로 자리잡은 "휠리오크베" 교리는 지금까지 신학적 논의가 진행되고 있는 상황이다.

본 장은 기독교 역사 속에서 논의 되어 온 "휠리오크베" 교리를 삼위일체적 관점에서 분석하고자 하며 동방의 삼위일체론과 서방의 삼위일체론을 비교 연구함으로서 휠리오크베 논쟁(filioque controversy)[120]에 하나의 삼위일체적 대안을 제시하고자 한다. 제한된 지면 안에서 포괄적이고 구체적인 휠리오크베 논쟁을 분석한다거나, 삼위일체론의 전반적인 분야를 논의하는 것은 불가능 하다고 본다. 다만 필자는 교의신학의 한 관점에서 휠리오크베 논쟁에 하나의 삼위일체적 대안을 제시하는데 그 의미를 둔다.

1. 휠리오크베 논쟁(filioque controversy)의 역사적 배경

1) 휠리오크베 구절의 첨가(The inclusion of the filioque clause)

교회의 초기 역사에 있어서 가장 중대한 사건들 중의 하나는 동방과 서방의 교부들이 만든 니케아-콘스탄티노플 신조서(Nicene-Constantinopolitan Creed, 381)에 대한 일치이다. 381년에 작성된 신조서에 성령에 대하여 다음과 같이 기록하고 있다: "그리고 성령을 믿는다. 그는 주님이시고

---

[120] 서방교회는 성령이 성부와 "그리고 성자로부터"(filioque: 휠리오크베) 나온다고 믿는다. 하지만 동방교회는 성령이 성부로부터 "성자를 통하여 발출"(processio per Filium)한다고 고백한다.

생명을 주시는 분이다. 그는 아버지로부터 나오시고 아버지와 아들과 함께 경배 받으시고 영광받으신다…" 이 신조서에서 동방과 서방 교부들은 성령에 대해서 "성령은 성부로부터 나오시고"라는 신앙을 고백한다. 하지만 서방교회는 니케아-콘스탄티노플 신조서에 "성자와 성령"의 관계에 대한 침묵과 특별히 성령을 발출함에 있어서 성부와 성자의 관계에 대한 설명이 부족함을 인지하고 "그리고 성자로부터"라는 휠리오크베(filioque) 구절을 가르쳤고 다음과 같이 신앙을 고백한다: "성령은 성부와 성자에게서 영원히 나오신다" (The Holy Spirit is eternally proceeding from the Father and the Son).121)

그리고 589년의 톨레도(Toledo) 대회 때에 서방 교회는 아리우스주의를 반박하기 위해서 휠리오크베 교리를 공식적으로 채택하였고, 675년 브라가(Braga) 회의에서 니케아-콘스탄티노플 신조에 "아들에게서도"(filioque)라는 교리를 공식적으로 덧붙여서 "성부와 성자로부터 발출한 성령"이라고 변경했다.122) 그 이후 "성자로부터"라는 의미의 라틴어 휠리오크베(filioque)는 서방 교회가 행한 이 덧붙임을 가리키게 되었고, 1000년대를 전후하여 서방교회의 예전에 일반적으로 휠리오크베가 채택되었고, 1014년 황제 하인리히 2세의 대관식에 교황으로는 베네틱트 8세가 처음으로 휠리오크베를 신조에 삽입한뒤, 로마의 예전에도 공식적으로 채택되었다.123) 결과적으로 휠리오크베 교리는 서방 교회 내에서 규범이 되었으며, 서방 교회가 표방하는 중요한 신학이 되었다. 하지만 동방교회는 "이중 발출"(double procession)의 개념인 휠리오크베(filioque) 교리를 반대하였다. 왜냐하면 휠리오크베 교리는 동방교회

---

121) 휠리오크베(filioque) 교리는 220년경의 터툴리아누스(Tertullianus)에게서 이미 언급이 되었지만 350년경의 힐라이우스(Hilarius)와 400년경의 아우그스티누스(Augustinus)는 분명하게 성령이 "아들에게서도" 나오신다는 휠리오크베 교리를 가르쳤고 아다나시우스 신조(430년)에서 고백되었다.
122) A.I.C. Heron, "Who Proceedeth from the Father and the Son: The Problem of the Filioque," *Scottish Journal of Theology* 1984(24), 150.
123) 유해무, 『개혁교의학』 (서울: 크리스챤다이제스트, 1997), 397-98.

가 인정하지 않은 서방교회 단독의 결정이기 때문이다. 특히 동방 교회의 신학자들은 서방 교회가 휠리오크베(filioque)를 신조서에 삽입하므로 성령의 위치를 격하시켰고, 더욱 중요한 것은 서방교회가 휠리오크베를 인정함으로 오직 하나의 신적 근원이신 성부의 권위를 손상시켰다고 서방의 필리오크베 교리를 비난하였다.124) 하지만 서방교회는 휠리오크베 교리를 니케아-콘스탄티노플 신조서에 첨가하는 것은 아우구스티누스(Augustinius)의 삼위일체론을 따르는 것이고, 성자의 신성과 호모우시오스(homoousios)의 개념을 더욱 분명하게 설명하는 교리라고 주장하였다. 결과적으로 휠리오크베(filioque) 논쟁은 동방교회와 서방교회의 분리(1054년)를 초래하는 결과를 가져왔다.

2) 휠리오크베 논쟁(filioque controversy)의 역사적 발전 과정

성령의 이중발출(double procession)을 의미하는 휠리오크베 교리는 서방의 아우구스티누스(Augustinus)가 그의 삼위일체론(De trinitate)에서 다음과 같이 말하면서 서방교회의 전통적 교리가 되었다: "성령은 성부에게서 나와서 성자에게 들어가는 것이 아니며, 피조물을 성화하기 위해서 성자에게서 나오시며, 동시에 두 분에게서 나오신다."125) 그러나 휠리오크베(filioque) 교리에 대한 신학적 논쟁은 아우구스티누스가 휠리오크베(filioque)를 신학적으로 정립한 거의 400년 후인 9세기경 동방의 포티우스(Photius, 810-895)126)와 서방의 안셀름(Anselm, Archbishop of Canterbury)에 의해 동방교회와 서방교회의 신학적 논쟁으로 발전되었다.

---

124) V. Lossky, "The Procession of the Holy Spirit in the Orthodox Triadology," trans. By Edward Every. *The Eastern Churches Quarterly* 1948(2), 34-35.
125) 아우구스티누스, 『삼위일체론』 (서울: 크리스챤 다이제스트, 1993), 15, 27, 48.
126) 포티우스(Photius)(Photius)는 당시 성령에 대한 신학적 관심을 갖고 *De Spiritus Sancti Mystagotia*를 완성했다.

포티우스(Photius)는 서방의 선교사가 불가리아(Bulgaria)에서 복음을 전하면서 신조서에 휠리오크베 교리를 삽입하는 것에 대한 강한 반발로 서방교회의 교황과 서방 신학 전체(특히 서방의 삼위일체)를 비난하기 시작하였다.127) 포티우스(Photius)는 휠리오크베 교리에 대해서 다음 몇 가지 신학적 문제점들을 지적하였다. 첫째, 포티우스(Photius)는 서방의 휠리오크베 교리를 비판하기 위해서 동방의 캅파도키아 교부들의 삼위일체론에 의존한다. 캅파도키아 교부들은 그들의 삼위일체론에서 신적 존재(divine existence)의 근원을 본질(essence)에서 찾는 것이 아니고 성부의 위격에서 찾고 있다. 포티우스(Photius)는 휠리오크베 교리를 비난하기 위해서 성부 한 분만이 삼위일체 안에서 성자와 성령을 포함한 모든 것들에 대한 유일무이한 최고의 원인이며 근원이다. 성자는 성부의 아들이 "되며"(begotten), 반면에 성령은 성부로부터 "발출한다"(proceeding). 이 두 용어는 성자와 성령이 다른 방법으로 성부로부터 유래되었다는 개념을 표현하는 것이다. 그러므로 포티우스(Photius)는 주장하기를 성부만이 유일한 모든 신성의 기원이요 원천이기 때문에 성령이 "성부와 성자로부터 발출"했다는 것은 신성모독이요 한 분이신 성부 안에 신성의 "두 가지" 원천이 있다고 주장하는 것과 다를 바가 없다는 것이다.128) 둘째, 만일 서방교회가 주장하는 성부와 성자는 한 본질이시기 때문에 성령이 성부로부터 나오실 때 성자로부터 동시에 나오신다고 주장한다면, 성령도 성부와 동일본질(homoousios)이시기 때문에 성령은 자기 자신으로부터 나오실 수 있다는 논리가 성립되게 된다. 이렇게 되면 성부와 성자와 성령을 구분 짓는 "낳으심"(generation)과 "발출하심"(proceeding)의 구분이 없어지기 때문에 각 위격을 구분할 수 없게 되는 것이다. 그러므로 포티우스(Photius)는 서방의 휠리오크베 교리를 새로운 형태의 양태론(modalism)으로 보았다. 셋째, 포티우스(Photius)는 성경적 증거(요한복음 15:26)를 제시하면서 서방교회가 주

---

127) 유해무, 『개혁교의학』, 401.
128) G. Bray, "Filioque in History and Theology", 123.

장하는 것처럼 "보내심"(sending)과 "나오심"(proceeding)은 같은 뜻이 아님을 분명히 밝히고 있다. 그리고 성경 속에 나타난 "아들의 영"(the Spirit of the Son), "그리스도의 영"(the Spirit of Christ)이라는 표현을 오직 구원의 경륜 속에서만 이해할 뿐, 내재적 관계의 "영원한 나오심"(eternal procession)과 분리를 하고 있다. 결론적으로 포티우스(Photius)는 주장하기를 휠리오크베 교리는 부당한 삽입이며, 성부의 주권(monarchia)을 파괴하여 삼위 안의 위격적 존재를 상대화 시킨다는 것이다. 포티우스(Photius)는 동방교회의 입장에서 휠리오크베 교리를 신학적 논쟁의 핵심으로 부각시킨 장본인이며, 성부의 위격을 좀더 강화하기 위해서 그는 좀더 경직된 표현을 사용하기 시작했다. 포티우스(Photius)은 고백하기를 "성령은 성부로부터 발출"하시는 것이 아니라 "성령은 성부로부터만 발출"(from the Father alone)하신 다는 것이다. 그는 동서간의 분열에 도화선을 당긴 최초의 동방 신학자이다.[129]

포티우스(Photius)의 휠리오크베(filioque) 교리에 대한 신학적 비난에 대해서 서방은 11세기까지 침묵을 지키다가 1098년 바리 회의(the Council of Bari)에서 교황 우르반 2세(Urban II)가 안셀름(Anselm, Archbishop of Canterbury)에게 공식적으로 동방의 포티우스(Photius)의 이론을 반박할 것을 요청하면서 휠리오크베 논쟁은 가속화 되었다.[130] 안셀름은 포티우스(Photius)의 이론을 공격하기 위해서 근본적으로 아우구스티누스의 삼위일체론을 의지하고 있다. 안셀름은 주장하기를 성부와 성자와 성령은 하나의 본질을 소유하고 계시고 아들의 신적 본질은 그의 아버지와의 관계에서 분명히 설명될 수 있다는 것이다.[131] 같은 이유로 성령의 신적 본질은 아버지와 아들의 동일한 관계에서만 설명이 가능하다. 왜냐하면 성령은 "아버지의 영"(the Spirit of the Father)인 동시에 "아들의 영"(the Spirit of the Son)이시기 때문

---

129) *Ibid.*, 123-24.
130) *Ibid.*, 126.
131) *Ibid.*, 127-128.

이다. 안셀름은 또한 구원의 경륜 속에서 "아들로부터 보내심(sending)을 받은 성령"(요14:16; 15:26)과 "성령이 아들로부터 영원한 나오심"(eternal procession)을 구분한 포티우스(Photius)의 이론을 반박하고 있다. 만일 내재적으로 성령이 아버지로부터 나오시면 성령은 구원의 경륜 가운데서도 아버지로부터 나오신다. 그리고 만일 아들이 구원의 경륜 속에서 성령을 보내시면(sending), 성령은 아들로부터 영원히 나오신다(eternal proceeding)는 것이다. 안셀름은 영원한 하나님과 구원의 경륜 속에 나타나신 하나님의 통일성(unity)을 강조하고 있다. 더 나아가서 안셀름은 주장하기를 성령의 "이중발출"(double procession)은 "아버지와 아들이 하나"(요10: 30)되심을 증거하고 있다고 믿는다.132)

휠리오크베 논쟁의 역사적 발전 과정을 동방과 서방의 대표적인 두 신학자를 중심으로 살펴볼 때에 휠리오크베(filioque) 논쟁은 서방과 동방 교회의 신학적 차이에 의한 오해로부터 발생하였다고 말할 수 있다. 특별히 서방교회와 동방교회의 신학적 발전 과정(삼위일체론을 중심으로)을 살펴보면 양쪽 모두 자신들의 독특한 상황 속에서 그들의 신학을 발전시켰음을 알 수 있다. 먼저 서방 교회의 역사적 상황을 살펴보면, 서방 교회는 초대 이단자 아리우스(Arius)와 그의 추종자들과 끊임없는 신학적 논쟁을 벌이는 가운데 예수 그리스도의 신성을 변증하기 위해서 니케아 신조에서 정의된 본질의 개념인 homoousion와 예수 그리스도의 영원한 존재성(pre-existenc)을 그들의 삼위일체론에 핵심적인 요소로 도입하였고, 계속되는 아리우스의 추종자들과의 논쟁에서 예수 그리스도의 신성을 변호하기 위해 6세기 경에 휠리오크베(filioque) 교리를 그들의 공식적인 신앙으로 고백할 수밖에 없었다.133) 그것은 곧 서방 교회의 신학이 아버지와 아들 중심의 신학을 발전시키는 계기가 되었고 휠리오크베 교리는 호모우시오스(homoousios) 개념과 함께 성자의 하나

---

132) *Ibid.*, 128.
133) J. Pelikan, *The Christian Tradition*, vol II (Chicago: University of Chicago Press, 1974), 185.

님 되심을 증명할 뿐 아니라 성자와 성부의 관계를 잘 설명하고 있기 때문이다. 반면에 동방 교회는 그들의 삼위일체 신학이 성부 중심으로 발전하였고, 아리우스(Arius)와 같은 그리스도의 신성을 부인하는 이단자를 만난 것이 아니라, 성령의 신성을 부인하는 "성령의 해방자들"(pneumatochians)을 만났기 때문에 성부와 성령의 관계를 증명하는 것이 최우선 과제였던 것이다. 그리하여 동방 신학자들은 캅파도키아 교부들의 전통을 따라서 모든 신성의 근원이신 성부의 위격과 "성령이 성부로부터 발출"한다는 믿음으로 성령의 위격과 그 분이 곧 하나님이심을 끊임없이 변호해야만 했다. 그러므로 휠리오크베 논쟁을 보다 잘 이해하기 위해서는 동방교회와 서방교회의 삼위일체 신학을 논할 필요가 있는 것이다.

2. 휠리오크베 논쟁(filioque controversy)의 신학적 배경

동방교회와 서방교회의 휠리오크베 논쟁에 대한 신학적 배경은 동방과 서방의 삼위일체론에 근거하고 있다. 서방교회의 삼위일체론을 완성한 아우구스티누스(Augustinus)는 삼위일체의 출발점을 위격이 아닌 본질의 통일성에서 찾고 있으며 경륜적 삼위일체와 내재적 삼위일체의 통일성에서 휠리오크베 교리를 발전시켰다. 반면에 동방교회의 삼위일체론은 캅파도키아 교부(Cappadocian Fathers)들에 의해 발전되었는데 그들은 성부의 위격을 중심으로 삼위일체를 완성하면서 경륜적 삼위일체(Economic Trinity)와 내재적 삼위일체(Immanent Trinity)의 구별을 강조하였다(특히 휠리오크베 교리를 반박함에 있어서). 그러므로 동방교회와 서방교회의 휠리오크베 논쟁은 다음의 두 가지 삼위일체적 해석방법을 중심으로 이해되어져야 할 것이다. 그 하나는 경륜적 삼위일체와 내재적 삼위일체의 관계를 논하는 것이고, 다른 하나는 "본질"(Nature)과 "위격"(Person)의 관계에 대한 논의이다.

1) 경륜적 삼위일체(Economic Trinity)와 내재적 삼위일체(Immanent Trinity)의 관계를 중심으로

"경륜적 삼위일체"(economic Trinity)와 "내재적 삼위일체"(immanent Trinity)의 관계성에 대한 논의는 본질(nature)과 위격(person)에 대한 논의와 함께 휠리오크베 교리와 전통적 삼위일체론을 이해하는 데 필수적인 신학적 주제이다. 비록 "내재적 삼위일체"와 "경륜적 삼위일체"의 관계에 대한 분명한 연구가 현대 삼위일체 논쟁에서 비로소 도출되었지만, 초대 교회의 삼위일체 논의 속에서 이미 "내재적 삼위일체"와 "경륜적 삼위일체"에 대한 논의는 시작되었다고 볼 수 있다. 내재적 삼위일체와 경륜적 삼위일체의 관계에 대한 구분은 역사 속에서 계시를 통하여 하나님이 자신의 삼위일체성을 나타내시는 방법과 하나님의 이 세상에 대한 경륜 이전에 계시는 하나님의 영원한 삼위일체적 존재 방법의 차이로 이루어진다. 휠리오크베 교리는 구원의 경륜(oikonomia)[134] 가운데 나타나신 성부와 성자와 성령의 경륜적 관계를 내재적 삼위일체의 관계에서 이해한 것이고, 동시에 성자와 성부의 동등성 혹은 동일본질(homoousion)을 나타내는 중요한 교리이다. 휠리오크베 교리는 4세기 이후 교부들의 신학이 경륜적 삼위일체에서 내재적 삼위일체로 전환되면서 영원하신 성부와 성자의 관계에 대한 본질적인 일체성을 강조하기 위해 만들어진 교리이다. 하지만 이러한 내재적 관계를 설명하기 위해 만들어진 휠리오크베 교리는 그 기본적 바탕을 구속의 경륜 속에서 출발하고 있는 것이다

---

134) 경륜적 삼위일체(Economic Trinity)는 이그나티우스(Ignatius)로부터 시작하여 마르셀루스(Marcellus of Ancyra, 374)에 이르기까지 서받교회의 교부들은 삼위일체론을 구원론적으로 이해하려 했다.

(1) 니케아 이전(pre-Nincene)의 삼위일체 : 경륜적 삼위일체(Economic Trinity)

니케아 회의 이전에 삼위일체에 대한 논의는 동방과 서방 모두 경륜적 혹은 기능적 측면에 관심이 집중되었다.135) 경륜적 삼위일체는 2세기 말 리용의 감독 이레네우스(Irenaus)의 신론에서 찾아볼 수 있다. 이레네우스는 구속사에 있어서 하나님의 삼위일체성을 논하면서 아버지와 아들과 성령을 구별하였다. 터툴리안도 경세(oikonomia)를 근거로 세 위격을 구별하면서 각 위격은 "그들의 존재를 통하여서가 아니라 그들의 등급을 통하여, 그들의 본질을 통하여서가 아니라 그들의 형태를 통하여, 그들의 힘을 통하여서가 아니라 그들의 현현을 통하여 구별"된다고 말한다.136) 한 하나님 안에 계신 세 분의 신적 "페르소나"(persona)는 각기 맡은 분야가 있다. 아버지는 창조와 그 후의 모든 것을 지배하면서 인류에게 구원을 허락해 주었다. 그 구원을 수행하기 위하여 아들이 성육신(Incarnation) 하셨다. 그리고 성령은 아들이 수행한 구원을 결실하도록 했다. 이러한 구원의 구조에서 아버지는 절대자로서의 위치에 머물러 있는 동안 아들이 제이의 위치에서 구체적으로 구원의 조건을 성취하신다. 성령은 제 삼의 위격에서 아버지와 아들과 협조하여 구원을 완성하신다. 경륜적 삼위일체란 이와 같은 구원을 위한 구조 안에 활동하시는 하나님을 말한다. 초대 교부들은 어디까지나 삼위일체 하나님을 구원론적 입장에서 이해하면서 삼위의 사역을 경륜적 혹은 기능적(functional)으로 구분하였다.

경륜적 삼위일체는 하나님의 존재론적이고 초월적인 측면보다 예수

---

135) R.A. Markus, "Trinitarian Theology and the Economy," Journal of Theological Studies 9(1958), 89-102. See also. G.L. Prestige, God in Patristin Thought, 2nd ed. (London: S.P.C.K., 1952), 57ff, 62ff.,, 98-102; J.N.D. Kelly, Early Christian Doctrines, 5th ed. (London: Adam & Charles Black, 1977), 83-108.
136) 베른하르트 로제,『기독교 교리사』, 구영철역 (서울: 컨콜디아사, 1988), 65.

그리스도 안에서 성령으로 계시되신 하나님 아버지와 세상과의 관계를 구체적으로 설명하기 위해서 발전되었다. 특히 예수 그리스도의 탄생과 공생애, 그리고 십자가와 부활 사건 속에 나타나신 하나님 아버지와의 관계에 대한 이해는 그리스도가 틀림없이 하나님의 아들이요, 신적 존재임을 확신케 했다. 그러나 경륜적 삼위일체가 함유하고 있는 약점이 있었는데 그것은 경륜적 삼위일체론이 성부와 성자와 성령의 관계를 이해 하는데 있어서 종속주의(subordinationism)의 위험성을 내포하고 있기 때문이다.137) 사실 경륜적 관점에서 성부와 성자와 성령의 관계를 이해한다면 거기에는 분명한 위계 질서가 나타난다. 즉, 신성의 제일 원리 혹은 근원은 성부 하나님이고 성자는 성부로부터 낳으심을 받은 제 이의 위격이고 성령은 제삼의 위격이 된다.138) 이러한 경륜적 삼위일체는 오리게네스에 의해서 종속주의로 발전되고 아리우스(Arius)에 의해서 성자의 신성이 부인되는 결과를 초래하고 말았다. 이러한 이유로 경륜적 삼위일체(Economic Trinity)는 4세기 이후부터는 삼위일체의 논의에서 내재적 삼위일체(Immanent Trinity)로 전환되고 만다.139)

(2) 니케아 회의 이후(post-Nicene) : 경륜적 삼위일체(Economic Trinity)에서 내재적 삼위일체(Immanent Trinity)로 전환

경륜적 삼위일체가 구원의 경륜 가운데 나타나신 삼위의 관계성을 말한다면, 내재적 삼위일체는 경륜 이전에 영원 전부터 계시는 삼위일체 하나님에 관한 서술이다. 초대 교부들의 경륜적 삼위일체가 비록 삼위일체 하나님의 관계에 관한 서술이지만 성자와 성령의 위격을 성부의 위격에 종속시키는 종속론을 야기 시킨 것이 사실이다. 더욱 심각한 문

---

137) 제럴드 브레이, 『신론』, 191-94.
138) *Ibid.*, 193.
139) J. Mackey, *The Christian Experience of God as Trinity* (London: SCM Press, 1983), 116-118.

제는 이러한 구원의 경륜 속에 나타난 경륜적 종속을 아리우스가 내재적 종속으로 승화시켰다는 것이다. 아리우스의 주된 관심사는 하나님의 유일성과 초월성이었다. 그는 다음과 같이 자기의 신앙을 고백한다: "우리는 오로지 출생하시지 않고, 오로지 영원하시고, 오로지 시작이 없으시고, 오로지 참되시고, 오로지 불명하시고, 오로지 지혜로우시고, 오로지 선하시고, 오로지 주님되시고, 오로지 만물의 심판자이신 한 분이신 하나님을 고백한다."140) 물론 여기서 아리우스가 주장하는 하나님은 성부 하나님이시다. 성부 하나님의 본질은 절대 초월적이고 절대 불변하기 때문에, 성부의 본질은 어느 누구와도 공유할 수 없는 것이다. 그러므로 아리우스에 의하면 성자와 성령은 성부와 같은 본질(homoousios)이 아니다. 성자와 성령이 내재적으로 성부와 동일한 본질이 아니라면, 필경 성자와 성령은 성부로부터 창조되신 피조물이라는 것이다.

아리우스의 내재적 종속론을 반박하기 위해서 교부들이 니케아-콘스탄티노플 회의에서 고백한 신앙고백은 "호모우시오스"(homoousios) 교리이다.141) 성부와 성자가 "동일본질"이시라는 "호모우시오스"(homoousios) 교리는 곧 교부들의 삼위일체가 경륜적 삼위일체에서 내재적 삼위일체로의 전환을 의미하는 데. 이때부터 교부들의 삼위일체는 구원의 경륜 가운데 나타나신 삼위 하나님의 관계를 중점적으로 논하기 보다는 본질(ousia)에 관한 질문을 우선시하게 되었다.142) 즉 "호모우시오스"는 하나님의 본질적 통일성을 의미하는데, 아들의 신성이 아버지의 신성과 동일하며, 참으로 동시에 아들의 신성이 아버지의 신성이며, 혹은 아버지의 신성의 충만함이 아들의 존재라는 사실을 강조하고 있다. 이러한 본질의 통일성에 대한 강조는 서방의 삼위일체론을 완성한 아우구스티누스(Augustinus)의 삼위일체론에서 분명히 나타나는데 그는 삼위일체를 쓰게 된 동기를 다음과 같이 표현하고 있다: "삼위일체는 유일하시

---

140) 베른하르트 로제, 『기독교 교리사』, 69.
141) J. Mackey, *The Christian Experience of God as Trinity*, 169.
142) J. Pelikan, *The Christian Tradition*, 228-229.

고 하나이신 참된 하나님이시다. 그리고 아버지와 아들과 성령이 하나인 동시에 동일한 본체에서 오셨다는 것을 어떻게 바로 말하며, 믿으며, 이해할 수 있을까 하는 것을 연구하기 위해서 삼위일체론을 썼다".143) 즉, 아우구스티누스의 삼위일체는 성부와 성자와 성령이 동일한 본질(essentia)이시라는 것을 말하며 깨닫는 것이다. 그러므로 삼위일체의 한 본성, 한 신성, 한 의지, 더 나아가서 한 활동만이 한 하나님에 귀속되지 세 위격들 개개 자신들에는 귀속되지 않는다.144) 이러한 본질의 동일성에 대한 강조는 성령의 발출에도 적용이 되는데, 성부와 성자가 동일본질(homoousios)이시라면 당연히 성령은 성부와 "성자로부터" 발출하신다는 휠리오크베 교리가 성립되는 것이다. 그러므로 휠리오크베 교리는 근본적으로 내재적 삼위일체의 동일한 본질적 관계에 관한 교리이다.

1) "본질"과 "위격"의 구분

니케아-콘스탄티노플 신조서에서 삼위일체론이 완성된 이후에 동방교회와 서방교회는 "어떻게 한 하나님이 세 위격체가 될 수 있으며, 또한 어떻게 세 위격체가 한 하나님이 될 수 있는가?"라는 질문을 끊임없이 제기하였다. 이 질문을 해석하기 위해서 두 가지 뚜렷하게 다른 접근 방식이 삼위일체 논쟁 가운데서 출현하게 되었다. 하나는 동방 교회의 삼위일체론이다. 동방 교회의 교부들은 위격의 개념이 본질의 개념에 선행한다고 생각함으로써, 삼위의 위격체가 하나가 될 수 있는 방법으로 성부의 위격을 강조하였다. 즉 성부의 위격(person)은 성자와 성령의 존재 근원이라는 표현을 사용하므로 삼위일체의 통일성을 주장하였다. 이후로 동방교회는 위격 중심의 삼위일체론을 발전시켰다.145) 다른

---

143) 성 아우구스티누스, 『삼위일체론』, 15.
144) 베른하르트 로제, 『기독교 교리사』, 93.
145) J.D. Zizioulas, *Being as Communion*, 27-65.

하나는 서방 교회의 삼위일체론인데, 서방 교회의 교부들은 성부와 성자와 성령의 관계성을 발전시키므로 삼위 하나님이 분리될 수 없는 하나의 본질(One Substance)을 갖고 계심을 강조하였다.146) 그러므로 동방교회와 서방교회의 휠리오크베 논쟁(filioque controversy)을 이해하기 위해서는 동방의 삼위일체와 서방의 삼위일체를 비교하는 것은 의미 있는 일이다.

(1) 동방교회의 삼위일체론: 위격(person) 중심의 삼위일체

동방의 삼위일체론은 오리게네스(Origen)부터 시작된다. 오리게네스는 그의 삼위일체론에서 하나의 본질(mia ousia)보다 세 위격(treis hypostases)을 강조하는 위격 중심의 삼위일체론을 발전시키면서, 삼위일체 하나님의 세 위격들을 개체(individual essence)로 표현하기 위해 휘포스타시스(hypostasis)란 용어를 사용했다.147) 오리게네스는 세 위격의 관계를 설명하기 위해 하나님 아버지를 아들과 성령의 본질의 근원이라고 강조한다.148) 즉, 아들은 아버지로부터 성육신 하시기 전부터 영원의 영역에서 아버지에 의해 "낳아지신 분"이라고 말한다. 하지만 오리게네스는 "오늘날 내가 너를 낳았다"는 계시적인 아버지와 아들의 관계를 "영원하신 낳으심"의 존재론적 관계로 이해하면서, 그는 아버지와 아들의 관계를 영원한 종속관계(subordination)로 발전시켰다.

보다 발전된 위격 중심의 삼위일체 교리는 초대 동방의 캅파도키아 교부들의 신학에서 발견할 수 있다. 캅파도키아 교부들의 삼위일체에 대한 해석 방법은 삼위일체의 기본적인 표현인 "하나의 본질(mia ousia),

---

146) A.I.C. Heron, "The Filioque Clause", in *One God in Trinity*, edited by Peter Toon and James D. Spiceland (London: Samuel Bagster and Sons, 1980), 71.
147) B. Lohse, *A Short History of Christian History*, 46.
148) *Ibid.*, 47.

세 위격(treis hypostases)" 중 하나의 본질보다 세 위격에 대한 신학적 발전을 모색하였다는 것이다. 나뉠 수 없는 한 분 하나님은 세 분의 위격 속에 공존한다는 것이다. 여기서 중요한 동방 교부들의 신학적 업적이 출현하는데, 캅파도키아 교부들은 처음으로 우시아(ousia)에서 휘포스타시스(hypostasis)를 구분하여 우시아(ousia)는 하나의 본질 개념으로 사용하고, 휘포스타시스(hypostasis)를 세 분의 위격을 표현하는 개념으로 삼위일체론을 더욱더 세밀하게 발전시키면서 위격(person) 중심의 삼위일체론을 형성한다.

위격에 대한 그들의 연구에서 가장 독특한 특징은 곧 삼위 하나님의 존재의 근거를 성부 하나님의 위격(hypostasis)에 두었다는 것이다. 비록 캅파도키아 교부들은 성자나 성령이 성부에게 종속된다는 사실을 받아들이지는 않지만, 그럼에도 불구하고 그들은 성부의 위격(hypostasis)이 삼위일체의 최고 원천(principle), 혹은 최고의 근원(origin)으로 간주되어야만 한다고 분명하게 언급하고 있다. 현대 동방 신학의 권위자인 지줄라스(J.D. Zizioulas)는 캅파도키아 교부들의 위격 중심의 삼위일체론을 다음과 같이 묘사하고 있다. 삼위일체 하나님 "존재의 세 모형은 그 실체에 은혜를 입고 있는 것이 아니라 한 인격, 즉 아버지에게서 은혜를 입고 있다."149) 그러므로 동방의 삼위일체론은 위격(hypostasis)과 분리된 본질(ousia)은 존재하지 않으며, 위격은 본질보다 선행하며 삼위일체 하나님의 존재의 근거이다.150) 그래서 닛사의 그레고리우스(Gregory of Nyssa)는 다음과 같이 기록하고 있다: "성부의 한 인격에서 성자는 아들이 되며, 성령은 발출한다." 닛사의 그레고리우스(Gregory of Nyssa)는 삼위일체 안에서의 단일성의 궁극적인 배경은 성부라고 주로 주장하고 있다. "세 인격은 하나의 본질을 갖고 있는데, 그 세 인격의 일체성의 배경은 바로 성부이다."151) 그러므로 동방신학의 전통은 캅파도키아

---

149) J.D. Zizioulas, *Being as Communion*, 43.
150) *Ibid.*, 44.
151) 이러한 동방 교부들의 삼위일체론은 서방의 신학자들에 의해 비판을 받아왔

교부들의 신학을 따라서 신성의 근원으로 "성부의 위격을" 강조한다.

(2) 서방교회의 삼위일체론 : 본질(substantia) 중심의 삼위일체

서방 삼위일체론의 발전은 터툴리아누스부터 시작되는 데, 그는 하나님에 대하여 두 가지 측면에서 접근한다.152) 하나는 하나님의 "영원한 존재성"을 추구하는 것이고, 다른 하나는 역사의 계시 속에 나타나신 성부와 성자와 성령의 구속 사역을 수행하는 경륜적 하나님을 말하고 있다. 터툴리아누스는 경륜적 삼위일체(economic)에서 한 하나님이 셋으로 사역하심을 예수의 말씀 속에서 설명하고 있다. "나와 아버지는 하나이다"(요 10:30)라는 예수의 말씀에서 하나(One)를 "혼자"(single) 혹은 "개인적"(individual)153)이 아닌 "한 본질"(una substantia, One Substance)이라고 말한다.154) 즉, 한 하나님은 어떤 숫자적이나 개별적으로 구분되는 것이 아니고 본질적으로 구별되어지는 한 본질(una substantia)인 것이다. 여기서 터툴리아누스의 삼위일체론은 삼위의 관계성을 강조하기 보다는 신성의 단일성을 강조했다는 것이다.155)
하나의 신적 본질(One Substance)에 기반을 두고 삼위일체론을 발전시킨 대표적 서방 신학자는 아우구스티누스(Augustinus)이다.156) 아

다. 성부의 위격을 다른 두 위격들의 존재의 근원이라고 하는 것은, 곧 성자와 성령의 위치를 성부 하나님께 종속시키려는 "종속론"의 위험성이 있다. 그리고 아버지의 위격으로부터 시작된 아들과 성령의 각 위격은 유일하고 특별한 개인적인 존재로 활동하실 수 있다는 것은, 곧 "삼신론"(tritheism)의 위험성이 내재되어 있다고 볼 수 있다. 위격 중심의 삼위일체론에 의해 야기된 "종속론"과 "삼신론"의 위험성을 해결하기 위해서 캅파도키아 교부들은 상호공유 혹은 상호침투(perichoresis) 라는 개념을 그들의 삼위일체론에 도입한다.

152) 이종성,『삼위일체론』, 237.
153)) Tertullian, *Aganinst Praxeas*, Ch. 3 (ANF, 599).
154) *Ibid*., Ch. 25 (ANF, 621).
155) *Ibid*., Ch. 2 and 4 (ANF, 598-600).
156) J.P. Mackey는 "하나님의 존재의 근원으로 아우구스티누스는 아버지의 위격

어구스티누스도 캅파도키아 교부들과 마찬가지로 성부 하나님은 삼위의 관계성 속에서 성자와 성령의 근원(origin) 혹은 처음(principle)이라고 말하고 있다.157) 하지만 캅파도키아 교부들과는 달리 아우구스티누스는 "처음 이라는 말을 위격에 관해서만 쓰고, 본질에 관해서는 쓰지 않는다."158) 아우구스티누스에 의하면 아버지와 아들은 하나이다. 그러나 아우구스티누스가 말하는 하나(One)는 위격의 하나가 아니라 본질의 하나이다. 즉 영원 가운데 계신 삼위일체 하나님은 곧 하나의 본질(One Substance)이라는 것이다. 이종성교수는 이것에 관해 다음과 같이 서술하고 있다: "아우구스티누스의 신관의 출발점은 하나님을 절대자, 단일자, 분할될 수 없는 자, 모든 범주를 초월한 자라는 점을 강조하는 데 있다. 그는 성서의 가르침을 충실히 따랐으나, 하나님을 더 깊게 그리고 바르게 이해하기 위해서 당시에 철학에서나 다른 종교에서 쓰고 있던 개념까지 동원하여 성서적 하나님의 유일성과 절대성을 강조하려고 했다. 그때 교회가 전통적으로 가르쳐온 삼위일체론은 대체로 아버지와 아들과 성령의 삼자 관계를 위주로 해서 전개되었다. 그러나 아우구스티누스는 그 점을 인정하면서도 하나님의 자체 이해에서 출발했다. 그래서 먼저 하나님을 절대 단일자로 이해했다."159)

서방의 삼위일체론은 하나님의 본질로부터 위격을 해석하는 본질 중심의 삼위일체론이다. 이와 같은 신학적 배경에서 서방교회는 휠리오크베(filioque) 교리를 정립하였는데 동일본질(homoousios)이신 아버지와 아들은 성령의 발출(procession)에 참여하신다는 것이다. 반대로 동방의 삼위일체는 경륜적 삼위일체를 바탕으로 본질보다 위격의 우위성을 강조하고 있다. 위격의 우위성은 캅파도키아 교부들에 의해 더욱 발

보다는 하나의 신적 본질을 선택하였다"고 말한다. J.P. Mackey, *The Christian Experience of God as Trinity* (London: SCM Press, 1983), 154f.
157) 성 아우구스티누스, 『삼위일체론』, 5, 14, 15.
158) *Ibid.*, 16.
159) 이종성, 『삼위일체론』, 268.

전이 되는데 캅파도기아 교부들은 아들과 성령의 근원으로서 성부 하나님을 언급하고 있다. 신성에 대한 단일한 근원인 성부 하나님에 대한 이해는 휠리오크베(filioque) 이론을 반박할 수 밖에 없는데, 왜냐하면 휠리오크베(filioque)는 신성의 두 가지 원천, 즉 성부와 성자에 대하여 언급하고 있기 때문이다. 이러한 삼위일체에 대한 두 가지 다른 이해는 휠리오크베(filioque) 이론에 대한 양보할 수 없는 동방과 서방 교회의 갈등을 초래하였다. 서방교회는 제3차 톨레도 회의(589년)에 공식적으로 휠리오크베(filioque) 이론을 받아들인 이후에 675년경에 휠리오크베 이론을 니케아 신경에 공식적으로 삽입함으로써 휠리오크베(filioque) 교리를 완성하였다. 반면에 다메섹 요한(John of Damascus, 750-850)과 포티우스(Photius) 같은 동방 신학자들은 휠리오크베(filioque) 이론을 반대하였다. 동방의 삼위일체론과 서방의 삼위일체론을 보다 쉽게 구분하기 위해서 휠리오크베(filioque) 논쟁과 관련된 동방과 서방의 신학적 주제들을 다음의 몇 가지로 열거해 보려고 한다.

3. 휠리오크베 논쟁(Filioque Controversy)의 주요 주제들

1) 에큐메니칼 공의회의 권위에 대한 강조

동방교회는 초대 에큐메니칼 공의회(the ancient Ecumenical Councils)에서 만들어진 니케아-콘스탄티노플 신조서의 권위를 중요시하고 있다. 동방과 서방 교부들의 합의 하에 신조서에 고백 되어진 모든 신앙고백들은, 특히 "성령은 성부로부터 발출되신다", 성령께서 동방과 서방 공교회들의 신앙을 인도하시기 위하여 영감을 주셨다고 믿고 있다. 그리고 만일 신조서의 어떤 내용을 바꾸거나 첨가할 것이 있으면 초대의 에큐메니칼 공의회와 같은 권위 하에서 가능하다는 것이다. 동방교회는 초대 공의회의 권위를 가지고 서방교회의 휠리오크베 교리를 비난하면서, 휠리오크베 교리는 권위 있는 공의회를 통하지 않고 서방교회의 단

독적인 삽입에 지나지 않으므로 휠리오크베 교리는 신학적으로나 권위적으로 효력이 없다는 것이다.160)

로마 카톨릭 교회(the Roman Catholic Church)도 동방교회와 같이 초대 공의회의 권위를 인정하고 있다. 하지만 이들은 교황과 서방 카톨릭 교회의 전통 가운데 만들어진 모든 공의회도 초대 에큐메니컬 공의회와 똑같은 권위를 갖고 있다고 주장한다. 그러므로 후대에 서방교회의 신조서에 삽입된 휠리오크베 교리의 권위와 정통성을 주장한다.

2) "성령의 보내심"(sending)과 "아버지와 아들의 영"에 대한 해석

동방교회와 서방교회의 휠리오크베(filioque, 그리고 성자로부터) 교리에 대한 주된 차이는 요한복음 15장 26절에 대한 이해의 차이에서 시작된다. "내가 아버지께로 너희에게 보낼 보혜사 곧 아버지께로서 **나오시는** 진리의 성령이 오실 때에"라는 구절에서 서방교회는 경륜적 삼위일체와 내재적 삼위일체의 통일성을 강조하면서 구원의 경륜 가운데서 아버지와 아들로부터 **나오시는** 성령은 내재적 삼위일체의 관계 속에서도 똑같이 성령은 영원히 아버지와 아들로부터 발출되신다는 것이다. 또한 신약 성경에서 성령은 "아버지의 영" 혹은 "아들의 영"으로 나타나시기 때문에 성부와 성자는 성령의 발출에 함께 참여하신다는 것이다.161)

동방교회도 성령이 구원의 경륜 안에서 성자로부터 나아가심과 "그리스도의 영"되심을 부인하지 않는다. 그들도 성령이 구원사적으로 성부와 성자의 파송(sending)을 받는 것을 인정하고 성령은 "아버지와 아들의 영"으로서 아버지와 아들의 뜻을 구원의 경륜 속에서 나타내신다.162) 하지만 아들과 성령의 관계에 있어서 경륜적 삼위일체와 내재적

---

160) A.I.C. Heron, "The Filioque Clause," 68-71.
161) *Ibid.*, 67-68.
162) A.I.C. Heron, "Who Proceeds from the Father and the Son: The Problem

삼위일체의 구별을 강조하는 동방 신학은 경륜적으로 나타나신 성령의 이중발출(double procession)이 내재적 삼위일체에서는 발생하지 않는다는 것이다.163) 즉 동방교회는 캅파도키아 교부들의 전통을 따라 성부의 주권을 신성의 유일한 뿌리와 근원으로 보면서 성자가 성부에게서 출생하듯이, 성령도 성부로부터만 단일하게 발출(proceeding)한다고 믿는다.

3) "신성"의 근원 : 성부의 위격이냐? 본질이냐?

휠리오크베 논쟁의 가장 핵심적인 신학적 이유는 동방교회와 서방교회가 삼위일체에 대한 접근 방식이 근본적으로 다르다는 것이다. 비록 동방과 서방 모두 니케아-콘스탄티노플 신조서에서 형성된 근본적인 삼위일체 신학을 고백하지만 삼위일체를 해석하는 해석학적 방법론이 다르다. 동방교회는 삼위일체의 "한 본질"(una ousia)과 "세 위격체"(treis hypostases)를 해석하기 위해서 근본적으로 "본질"보다는 "위격"에 강조점을 두고 있다. 또한 동방교회는 니케아 이전의 경륜적 삼위일체에서 강하게 나타난 군주신론적 삼위일체론을 근본적으로 반대하지만 동방의 삼위일체론 안에는 군주신론적 요소가 강하게 나타나고 있다. 이러한 경향은 특히 동방의 삼위일체론을 완성한 캅파도키아 교부들의 신학에서 볼 수 있는데 그들은 군주신론적 삼위일체에 영향을 받으면서 하나님의 주권(monarchia)과 "신성의 근원"은 "성부의 위격"이라고 강조하면서 삼위 안에 한 하나님의 통일성을 강조하고 있다.164)

---

of the Filioque", 154-56.
163) 내재적 삼위일체와 경륜적 삼위일체를 이해함에 있어서 동방교회는 두 가지 다른 해석을 하고 있다. 그 하나는 성부에 관해서, 즉 성부 하나님이 경륜적 삼위일체의 관계 속에서 제일의 원천이고 근원이듯이 내재적 삼위일체 안에서도 성부가 모든 신성의 근원이라고 강조한다. 다른 하나는 휠리오크베를 이해하는데 있어서 동방교부들은 내재적 삼위일체와 경륜적 삼위일체를 분리시키는 오류를 범하고 있다.

이러한 성부의 위격 중심의 삼위일체론은 서방의 휠리오크베 교리를 받아들일 수 없는 것이다. 왜냐하면 성령의 발출은 성부의 주권적 사역인데 만일 성자가 성령의 발출에 참여 한다면 하나님의 단일한 주권(곧 성부의 주권)은 무너지고 마는 것이다. 동방교회는 성자가 두 번째 원리라거나 혹은 성부와 더불어 한 원리라는 주장을 반박하면서 서방의 휠리오크베 교리를 비난한다.

동방교회가 삼위일체를 설명하는데 "성부의 위격"을 중심으로 발전시켰다면, 서방교회에서는 삼위의 신성이 즉 "본질"이 단일성의 원리이다. 서방교회는 하나의 신적 본질에 기반을 두고 삼위일체를 설명하고 있는데, 하나의 신적 본질 안에 세 위격들이 내부적인 관계를 설명하고 있다. 그러므로 서방교회는 신적 본질의 단일성을 크게 강조하면서, 그 단일성 안에 셋의 개념을 풀이하고 있다. 삼위의 "위격"보다 "본질"의 단일성을 강조하는 서방교회는 성령의 발출에 있어서 성령의 나오심(proceeding)을 성부의 고유한 주권(monarchia)으로 해석하지 않는다. 성부와 성자는 각자의 위격으로 구분되기 이전에 단일한 본질이시므로 "신성의 근원"을 성부의 위격에만 국한시킬 수 없는 것이다.165) 성령이 성부에게서 나오신다는 말은 "성령의 발출"은 분리될 수 없는 단일한 본질이신 성부와 성자의 이중 발출(double procession)인 것이다.

4. 휠리오크베 논쟁(filioque controversy)에 대한 삼위일체적 전망

1) 내재적 삼위일체에서 위격의 페리코레시스(perichoresis)

동방교회와 서방교회의 휠리오크베 논쟁은 근본적으로 내재적 삼위일체 안에서 성부와 성자와 성령의 관계에 관한 논의이다. 동방교회는 삼위 간의 내적 관계를 묘사하기 위해 성부는 무출생자로서 "무출생

---
164) 제럴드 브레이, 『신론』, 184-91.
165) 유해무, 『개혁교의학』, 405.

성"(unbegottenness)을 성자와 성령의 관계에서 갖고 계시고, 성자와 성령은 성부와의 내재적 관계에서 "출생성"(begottenness)과 "발출"(procession)의 신적 속성을 각각의 휘포스타시스(hypostasis) 안에 소유하고 계신다. 하지만 삼위에서 성부의 수위성은 무출생성에 의해 보장되므로 성부는 신적 존재(ousia)의 근원으로 간주된다. 다시 말해서 성부는 그 존재의 근원을 누구에게도 의존하지 않으시지만 성자와 성령은 그 존재의 근원을 성부와의 영원한 존재 관계에서 성부에게 의존한다. 그러므로 성부만이 온전히 신성의 근원이 되실 수 있는 것이다. 캅파도키아 교부들의 삼위일체를 중심으로 발전한 동방의 삼위일체는 성부의 위격을 중심으로 "성부와 성자의 관계"와 "성부와 성령의 관계"는 어느 정도 설명을 하였지만, 신성의 근원을 성부의 위격에만 한정하고 있기 때문에 성자와 성령을 성부께 종속시키는 종속론의 문제가 남아 있다. 또한 삼위의 관계를 설명하는데 있어서 동방교회의 진짜 문제는 "성자와 성령의 관계"의 불확실성에 있다.

이러한 동방교회의 종속론적 삼위일체의 문제점을 서방교회는 휠리오크베 교리를 통하여 극복하고자 시도하였다고 볼 수 있다. 휠리오크베 교리를 동방 신학의 문제점에 대한 하나의 대안으로 제시한 서방교회는, 하나님을 우선적으로 "성부의 위격"에 두지 않고 단일 존재로 보고 그 안에 세 위격이 있다고 생각했다. 서방교회는 하나님의 통일성을 강조하기 위해서 위격들이 논리적으로 신적 본성에 의존하고 있다고 생각했다.166) 서방교회의 삼위일체론에서 하나님은 성부의 위격이 아니고 삼위의 존재 양식의 근원이 되신 하나의 본질이다. 성부와 성자의 위격의 동일본질(homoousios)로부터 출발한 서방의 휠리오크베 교리는 본질적인 면에서 "성부와 성자의 동등한 관계"와 동방교회에서 해결하지 못한 "성자와 성령의 관계"를 설명하고 있다. 비록 서방교회의 삼위일체론이 본질에 강조점을 두고 있는 것은 사실이지만, 휠리오크베 교리의

---

166) 제럴드 브레이, 『신론』, 195-208.

근본 원리는 본질에 있는 것이 아니고 "성부와 성자의 관계"와 "성자와 성령의 관계"에 대한 하나의 신학적 대안이라 할 수 있다. 이러한 관계적 개념의 위격(persona)은 아우구스티누스의 삼위일체론에서도 찾아볼 수 있다. 아우구스티누스는 "성부가 페르소나이시요, 성자가 페르소나이시요, 성령이 페르소나이시므로, 확실히 세 페르소나가 계시다"라고 말하므로 삼위일체 안에 세 분의 위격(persona)이 계심을 확신하고 있다.167) 그리고 위격은 오직 그들의 관계성 안에서만 정의되고 구분될 수 있다고 아우구스티누스는 말하고 있다: "또 하나님에 대한 말이 그 모두가 그의 본질에 관한 것도 아니다. 관계에 대해서 말할 수도 있기 때문이다. 성자에 대한 성부의 관계나 성부에 대한 성자의 관계 같은 것이다… 오직 아들이 있기 때문에 아버지를 성부라고 부르며, 따라서 아들도 오직 아버지가 있기 때문에 성자라고 부르는 것이므로, 이 명칭들은 본질에 대해서 쓰는 것이 아니다… 상호 관계에 대해서 쓰는 것이기 때문이다."168) 그러므로 휠리오크베 교리는 "성부와 성자의 동등한 관계"를 설명하고 있기 때문에 본질 중심의 삼위일체론에서 발전된 것이 아니라 위격들의 동등한 관계성에 대한 하나의 삼위일체적 대안이었다.169) 하지만 휠리오크베 교리가 "성령의 두 가지 원천"을 암시하는 것과 "성령의 위격"을 격하시켰다는 동방교회의 비난을 피하기 어려울 것이다.

이에 대한 하나의 삼위일체적 대안으로 동방의 캅파도키아 교부들이 그들의 삼위일체론에서 성부와 성자와 성령의 내재적으로 동등한 관계성 설명하기 위해서 발전시킨 페리코레시스(perichoresis) 개념을 도입하고 싶다. 영국의 복음주의 신학자 알리스터 맥그라스는 다음과 같이 perichoresis를 설명하고 있다: "perichoresis의 개념은 세 인격들이 각자의 개체성을 유지하는 한편 각각의 인격이 다른 두 인격의 생명을 공유

---

167) 성 아우구스티누스, 『삼위일체론』, 7, 4, 8.
168) *Ibid.*, 5, 5, 5.
169) 아우구스티누스는 그의 *삼위일체론* 제5권부터 제7권까지 위격과 위격의 관계성에 대해 자세히 설명하고 있다.

함을 의미한다. 이 생각을 표현하기 위하여 '존재 공동체'a community of being라는 이미지가 자주 상용된다. 존재 공동체 안에서 각 인격은 각각의 독특하게 구별되는 정체성을 유지하면서도, 다른 인격들을 통찰하며 또한 다른 인격들에 의하여 통찰된다."170) 아우구스티누스는 주장하기를 구약의 이스라엘 백성들과 신약에서 나타나신 하나님은 유일하신 성부 하나님 단독의 행위도 아니요, 성자와 성령 하나님의 독자적인 나타나심도 아닌 삼위일체 하나님의 나타나심이라는 것이다.171) 이러한 삼위 하나님의 상호 공유적인 위격의 관계에 대한 새로운 이해는 존재 방식의 측면에서 서방교회의 휠리오크베 교리를 보완할 수 있는 하나의 삼위일체적 대안이 될 수 있을 것이다. 하나님은 본질적으로 한 하나님이시지만, 위격적으로 성부와 성자와 성령의 "존재 공동체"(a community of being)를 형성하시며 각 위격은 각각의 독특하게 구별되는 정체성을 유지하면서도, 어느 한 위격도 다른 두 위격들과는 분리되어서 존재하실 수 없다는 것이다. 또한 영원 속에서 상호 공유적 관계로 존재 하시는 삼위의 하나님은 그 모습 그대로 계시의 역사 속에서도 상호 공유적 관계로 서로 도우시고 사랑하시며, 공유하시므로 우리들의 구원을 이루신다는 것이다. 이러한 맥락에서 영원하신 상호 공유적 삼위일체 하나님에 대한 이해는 구원의 역사 속에서 사역하시는 아들(곧 말씀)과 성령의 동등한 관계를 말해주고 있다.

2) 경륜적 삼위일체에서 아들과 성령의 상호 보완적 관계

서방의 휠리오크베(filioque) 교리는 동방의 삼위일체 속에 내재된 성부의 위격에 대한 성자와 성령의 종속적 위험성과 성자와 성령의 관계에 대한 침묵을 극복하기 위한 하나의 신학적 대안이라고 말하였다. 하지만 서방교회의 휠리오크베 교리도 삼위일체 하나님의 내재적 관계

---

170) Alister E. McGrath, 『역사 속의 신학』, 390.
171) 성 아우구스티누스, 『삼위일체론』, 2, 10-18.

에서 성령의 위치에 대해서 명쾌한 해답을 주지 못하는 것이 사실이다. 그러므로 휠리오크베(filioque) 교리를 보완하는 하나의 신학적 대안으로 상호 공유적 개념인 페리코레시스(perichoresis)의 도입을 제안하였다. 내재적으로 상호공유의 관계 속에서 존재하시는 삼위일체 하나님은 그 자신을 그대로 구원의 역사 속에서도 상호공유의 관계로 자신을 계시하신다는 것이다.172) 하나님은 구원의 경륜에서 각기 다른 시점에서 다른 "존재의 양식"으로 나타나신 것이 아니라, 삼위일체적 관계 가운데 존재하시는 세 분의 위격은 하나님의 모든 계시적 행위에 상호공유의 관계로 위격적으로 참여하시는 것이다.173) 내재적인 성부와 성자와 성령의 상호공유의 관계는 경륜적인 창조 사역과 구원 사역에도 상호공유의 관계로 참여하셨다는 것이다. 무엇보다도 중요한 것은 이러한 내재적 상호 교통의 관계 속에서 존재하시는 성자와 성령께서, 우리의 구원을 이루어 나아가시는 과정에서도 서로 도우시며 사랑하시는 상호공유의 역동적 관계로 사역하신다는 사실이다. 실제로 서방의 필리오크베(filiouqe) 교리는 성자의 탄생을 가능하게 했던 성령의 사역에 대하여 침묵하고 있다는 것이 또 하나의 문제이다. 성자는 성령으로 잉태되었을 뿐만 아니라, 지상에 있을 때 성령을 받았다. 다시 말해서 구원사적

---

172) 칼 라너(Karl Rahner)는 그의 책 "The Trinity"(1970)에서 "존재론적 하나님"과 "경륜적 혹은 계시적 하나님"을 분리("isolation")시키는 아우구스티누스적 서방신학(Augustinian Western Theology)의 문제점을 지적하면서 존재론적 삼위일체와 경륜적 삼위일체의 통일성(unity)를 추구하고 있다. "내재적 삼위일체"와 "경륜적 삼위일체"의 관계에 관한 연구로 다음 문헌들을 참조하라. K. Rahner, *The Trinity* (trans. Joseph Donceel, London: Burns&Oates, 1970); E. Jungel, "The Relationship between Economic and Immanent Trinity," *Theology Digest* 1976(24), 179-84; G.D. Badcock, "The Doctrine of the Holy Spirit in Contemporary Trinitarian Theology: A Critical Appraisal of the Idea of the Unity of the Economic with the Immanent Trinity," unpublished Ph.D Dissertation (Edinburgh: Edinburgh University, 1991); M.C. Shin, "A Dialogical Trinitarian Pneumatology," unpublished Ph.D thesis (Aberdeen: Aberdeen University, 1997), 145-62.
173) Alister E. McGrath, 『역사 속의 신학』, 391.

으로 부활하신 성자가 성령을 파송하시기 전에, 성령이 먼저 성자를 파송했다.

휠리오크베(filioque) 교리가 온전히 주장되기 위해서는 신약 성경 속에서의 성령과 성자가 상호 공유(perichoresis)의 관계 속에서 구원의 사역을 완성하신다는 것을 간과해서는 않된다. 공관 복음서는 삼위일체의 상호 공유적 관계 속에서 성령님을 성자 예수 그리스도의 탄생과 지상 사역을 이끄는 모습으로 묘사하신다. 즉, 성령이 메시아 위에 머물 것이라는 것은 메시야가 성령의 강림에 의해 결정된다는 것이다. 마태와 누가에 의하면 성령이 예수 위에 머물게 된 것은 그의 성육신 사건부터이다. 마태복음 1:20절에 기록되기를 "저에게 잉태된 자는 성령으로 된 것이라"고 성경은 말씀한다. 즉, 성육신의 사건은 성부 하나님께서 계획하시고 성령의 능력 가운데서 성자께서 우리의 인간성을 취하신 삼위일체적인 사건이다. 성령은 예수의 세례 때도 예수의 머리 위에 비둘기 같이 임하시므로 하나님의 아들임을 성령이 확증하셨는데, 이것 역시 삼위일체 하나님의 역사인 것이다(마 3: 16-17). 시험을 받으실 때(마4:1), 그의 공생애를 시작하실 때(마12:28) 등등 공관복음서에서 성령은 삼위일체적 교제 속에서 그리스도의 사역을 이끄는 관계로 묘사된다.

그러나 바울과 요한에게 있어서 성령은 아들 예수 그리스도에 의해서 보냄을 받으시고, 성자의 뜻 가운데 활동하신다. 요한은 기록하기를 "내가 아버지께 구하겠으니 그가 또 다른 보혜사를 너희에게 주사"(요 14:16), 또한 "내가 아직 너희와 함께 있어서 이 말을 너희에게 하였거니와 보혜사 곧 아버지께서 내 이름으로 보내실 성령 그가 너희에게 모든 것을 가르치고 내가 너희에게 말한 모든 것을 생각나게 하리라"(요 14:25-26)고 기록하고 있다. 예수는 삼위일체적 교제 속에서 아버지로부터 성령을 파송 하시고 성령은 아들 예수 그리스도와의 교제 속에서 모든 제자들을 말씀으로 양육시키시는 것이다. 바울은 그리스도를 "생명을 주는 영이 되었다"라고 말하였다. 그는 성령을 "그리스도의 영",

또는 "아들의 영"으로 묘사하므로, 구원의 사역 속에서 아들이 성령의 사역을 주도하시는 관계로 말씀하고 있다(롬 8:9; 고후 3:17; 갈 4:6; 빌 1:19).

성자와 성령은 영원 전에 상호공유의 관계로 존재하신 것과 마찬가지로, 계시된 구원의 역사 속에서도 동등한 자격으로 서로 도우시며 상호공유의 관계로 구원의 사역을 수행하고 계신다. 이러한 성자와 성령의 상호공유적 관계를 삼위일체 신학 안에 회복시키는 것을 휠리오크베 논쟁(filioque controversy)에 대한 하나의 삼위일체적 대안이라고 말하고 싶다.174)

---

174) 현대 신학자들은 동방과 서방 신학의 흐름을 수용하는 새로운 방법을 모색하고 있는데 그것은 성령은 성부로부터 성자를 통해서 발출되시며, 성자는 성부로부터 성령을 통해서 나오신다고 표현하고 있다. WCC(ed. L. Vishcher), *Spirit of God, Spirit of Christ* (Geneva: World Council of Churches, 1981).

제 5 장
삼위일체적 기독론(Trinitarian Christology)[175]
- 케노틱 기독론과 성령 기독론에 대한 삼위일체적 비판 -

복음주의 기독론은 사도신경에서 진술되었고, 니케아-콘스탄티노플 신조 (기원후381년)에서 다듬어졌으며, 칼케돈 신조(기원후451년)에서 완성된 전통적 기독론을 믿고 고백한다. 칼케돈 신조서에 나타난 기독론은 이성적 영혼과 육체를 가지시고 우리와 같이 완전한 인간(눅 2:7, 40, 52; 요 19:28; 마 4:2, 11)이신 바로 그 예수 그리스도가 영원 전부터 성부와 동일본질(homoousion)의 삼위일체적 관계로 존재하셨던 하나님(요 1:1-2)이심을 고백하는 전통적인 기독교 신조서이다.[176] 그리고 이 신조서는 예수 그리스도에 관해서 두 가지로 설명하고 있다. 그 하나는 독생자 예수 그리스도가 성부와 동일본질(homoousios)이심을 강

---

175) 이 글은 한국복음주의신학회 조직신학분과회 『조직신학연구』(2002): 136-65에 발표되었던 논문이다.
176) 칼케돈 신조에서 완성된 기독론은 신성과 인성이 완전하여 성부와 동일본질 (homoousios)이시며 참 하나님이시고, 성령으로 잉태되사 모든 면에서 우리와 같은 이성적 영혼과 육체를 가지셨지만 죄는 없으신 참 인간이신 한 분 예수 그리스도를 믿고 고백한다. 또한 한 위격 안에 완전한 신성과 완전한 인성의 양성이 혼합 없이(without composition), 혼동 없이(without confusion), 전환 없이(without conversion), 분리 없이(without separation) 두 가지 본성을 지니고 계시다는 사실을 고백하고, 양성의 구별이 연합으로 제거되지 않고, 각 성의 속성들이 한 위격 안에서 보존되고 협력하신다는 것을 고백한다.

조하는 그리스도의 신성에 관한 것이고, 다른 하나는 예수 그리스도와 인간의 관계를 설명하는 그리스도의 인성에 관한 것이다. 칼케돈 신조는 삼위일체 교리를 바탕으로 그리스도의 신성과 인성을 증명하였는데, 그리스도의 신성을 설명하기 위하여 아버지와 아들이 동일본질 (homoousios)이심을 강조하였고, 그리스도의 인성을 설명하기 위하여 아들과 성령의 삼위일체적 관계 속에서 아들이 동정녀 마리아로부터 성령으로 잉태 되시므로 완전한 인간이 되셨음을 증명하고 있다. 즉, 성부와 성자와 성령의 삼위일체적 관계는 예수 그리스도의 하나님되심과 그의 완전한 인간되심을 가장 논리적으로 표현하고 있는 것이다.

초대시대부터 현대까지 예수의 신성과 인성에 대하여 혼란을 초래한 많은 사람들이 있었다. 초대교회에 나타난 양자론자들은 예수의 인성을 강조하기 위해서 신성을 부인하고 인간 예수가 하나님의 양자로 입양되었다는 입장을 표방하면서 한 인간 예수 안에 신성한 하나님의 영이 선재하여 예수의 인성과 결합했다고 주장했다. 또한 역동적 단일신론(Danamic Monachians)의 대표자인 사모사타의 바울은 예수와 로고스를 구별하였다. 그는 예수님을 마리아의 몸에서 출생한 여는 사람과 다름없는 인간으로 보았고, 로고스를 비인격적 신적 이성으로 이해하면서 이 로고스가 그리스도의 세례 당시부터 그의 속에 온전히 거함으로써, 그에게 주어진 위대한 사명을 감당할 수 있게 했다고 가르쳤다. 주후 361년경 라오디게아의 감독이었던 아폴리나리우스는 그리스도가 참된 인성을 취하셨지만 인간의 정신이나 의지는 소유하지 않았다고 가르침으로서 그리스도의 온전한 인성을 부인하였다.177)

현대에도 예수의 신성과 인성을 이해하는 데 있어서 오류를 범한 두 이론이 나타났다. 하나는 예수께서 참 인성을 취하시고 온전한 인간이 되시기 위해서 신적인 속성을 포기하셨다는 케노틱 기독론(kenotic Christology)이다.178) 케노틱 기독론은 독일을 중심으로 19세기 경부터

---

177) 웨인 그루뎀, 『조직신학(중)』, 노진준역 (서울: 은성, 1996), 61-2.
178) 케노시스 이론에 관하여 다음의 글들을 참조하라. Ronald Feenstra, Reconsidering

발전하였는데, 영원히 선재하셨던 그리스도께서 지상에 계시는 동안 신성의 일부 혹은 전부를 포기하셨다는 이론이다. 다른 하나는 20세기 후반에 등장한 성령 기독론(Spirit Christology)이다.179) 성령 기독론은 영

Kenotic Christology, in *Trinity, Incarnation, and Atonement: Philosophical and Theological Essays*, edited by Ronald Feenstra and Cornelius Plantinga Jr. (Notre Dame: University of Notre Dame Press, 1989), 128-152; Gottfred Thomasius, Christ's Person and Work, in *God and Incarnation in Mid-Ninetenth Century German Theology*, trans. and edited by Claude Welch (New York: Oxford University Press, 1965); John Macpherson, *Christian Dogmatics* (Edinburgh: T&T Clark, 1898); Wolfhart Pannenberg, *Jesus God and man*, trans. Lewis L. Wilkins and Duane A. Priebe (Philadelphia: Westminster Press, 1977); H.R. Mackintosh, *The Doctrine of the Person of Jesus Christ* (Edinburgh: T.&T. Clark, 1912); 권문상, 자기 비우심 기독론 재평가: H.R. Mackintosh의 신학을 중심으로, *개혁신학* 11 (2001. 2.), 111-126.

179) 최근에 기독론을 성령론적 관점으로 해석하려는 시도가 일어나고 있다. 성령과 관련하여 전통적 기독론을 재해석하려는 시도는 크게 두 가지로 나뉘어진다. 그 하나의 경향은 전통적인 로고스 기독론의 근본 이해를 수용하면서 로고스 기독론이 충분히 나타내지 못하는 그리스도에 대한 이해를 성령 개념과 관련하여 표현하려는 경향이다. 다른 하나의 경향은 그리스도의 선재 및 성육신을 강조한 로고스 기독론에 대하여 비판을 가하면서 전통적인 기독론을 재해석하려는 시도이다. 이러한 시도는 결국 예수 그리스도의 실질적인 신성은 부정되고, 오직 하나님의 영을 충만히 받아 하나님의 구원역사를 수행한 인간 예수 그리스도의 사역이 강조된다. 성령 기독론은 다음과 같은 신학자들에 의해서 주장되고 있다. See Geoffrey W.H. Lampe, *God as Spirit* (London: SCM Press, 1983); John Hick, An Inspiration Christology for a Religiously Plural World, in S.T. Davis(ed.), *Encountering Jesus: A Debate on Christology* (Atlanta: John Knox, 1988), 5-38; P. Newman, *A Spirit Christology: Recovering the Biblical Paradigm of Christian Faith* (Lanham, MD: University Press of America, 1987); M. Lodahl, *Shekhinah/Spirit: Divine Presence in Jewish and Christian Religion* (New York: Paulist Press, 1992); J. Mackey, *New Testament Theology in Dialogue: Christology & Ministry* (Philadelphia: Westminster Press, 1987); R. Haight, The Case of Spirit Christology, TS 53(1992), 257-87; Philip J. Rosato, *The Spirit as Lord* (Edinburgh: T&T Clark, 1981) and Spirit Christology: Ambiguity and Promise, *Theological Studies* 38 (1977), 423-49; N. Hook A Spirit Christology, *Theology* 75(1972), 226-232 and *Christ in the Twentieth Century A Spirit Christology* (London: Lutterworth Press, 1968)..

원 전에 성부와 성자와 성령의 삼위일체적 관계 속에서 삼위일체 하나님의 한 위격으로 존재하셨던 성자 예수 그리스도의 선재성과 신성을 부인한다. 그리고 이 이론은 예수 그리스도를 단지 영으로서 임재 하시는 하나님의 능력을 부여 받은 한 인간으로 간주한다. 예수 그리스도를 한 신적인 인간으로만 이해한 성령 기독론은 현재 종교다원주의자들과 민중 신학자들이 주로 그들의 신학적 기초로 사용하는 중요한 주제이다. 그들은 예수가 본질적으로 하나님은 아니지만, 그 안의 성령(하나님의 영)의 특별한 내주하심이 예수를 신적으로 살 수 있게 하였다고 주장한다.

예수 그리스도의 신성과 유일성을 부인하는 케노틱 기독론(kenotic Christology)과 성령 기독론(Spirit Christology)에 대처할 유일한 길은 칼케돈의 신앙고백을 다시 회복시키는 것이라 말하고 싶다. 필자는 칼케돈의 기독론을 삼위일체적 기독론이라고 재정의하고자 하며, 특히 삼위일체적 기독론을 논하고자 할 때 먼저 독일의 루터란 신학자인 토마시우스가 지지하는 케노틱 기독론과 영국의 성공회 신학자 Lampe가 주장하는 성령 기독론을 삼위일체적 기독론의 관점에서 비판하고자 하며, 21세기 기독론의 새로운 대안으로 삼위일체적 기독론을 제시하고자 한다.

1. 케노틱 기독론(kenotic Christology)

17세기 초에 독일에서 그리스도의 속성교류이론에 대한 논쟁이 루터교 신학자들 사이에 발생하였는데, 이들은 예수가 이 땅에 한 인간으로 사시는 동안 전지(omniscience)와 같은 신의 속성을 사용했는지에 관한 논쟁에 초점을 맞추었다. 이 논쟁에서 어떤 이들은 그리스도가 그의 신적 권능들을 비밀리에 사용했다고 보았고, 다른 이들은 예수는 신의 속성들을 절대로 사용하지 않았다고 주장했다. 그러나 이들은 성육신 기간동안에 그리스도가 전지와 전능과 같은 신의 중요한 속성들을 소유했다는 사실에 대해서는 의심을 하지 않았다.180) 왜냐하면 논쟁의 주안점은 그 권능들의 사용에 대한 질문이었기 때문이었다.

하지만 19세기에 들어서면서 이 논의에 대한 보다 근본적인 접근법이 발전되기 시작하였는데, 그것은 역사적 예수 연구와 공관복음서에 대한 새로운 문학적 접근으로 예수의 인간되심과 삶에 관심이 집중되면서 예수의 인성을 분명하게 나타낼 수 있는 견고하고도 생생한 묘사에 대한 연구를 하기 시작한 것이다.181) 예수의 삶과 그의 인성을 강조하려는 신학적 분위기는 그의 신성과 신적 속성 같은 개념을 구시대의 유물로 전락시키고 말았다. 이러한 상황에서 일단의 독일 신학자들은 전통적인 기독론이 견지해온 성육신을 토대로 좀더 철저하게 예수의 인성과 삶에 관한 탐구를 하면서 그리스도의 신성보다는 인성에 좀더 많은 관심을 기울이기 시작한 것이다. 그래서 역사적 인간 예수와 하나님의 관계, 예수의 온전한 인성과 그의 신적 속성의 관계에 대한 문제들이 중심적인 기독론의 주제로 부상하게 되었다. 하지만 이들에 의해 전통적 신학의 출발점인 그리스도의 신성(이것은 또한 삼위일체론의 출발점

---

180) Alister E. McGrath, 『역사 속의 신학』, 463. 신적 로고스의 케노시스(kenosis) 개념은 교부들의 신학의 그리스도론에서 사용되어졌으나 중요한 역할을 하지는 못했다. 아타나시우스, 니사의 그레고리, 알렉산드리아의 시릴, 어거스틴 등이 로고스가 인간의 본성을 취하고 육체로 오심을 표현하기 위하여 이 개념을 사용하였으나, 신적 본성이나 속성의 일부 또는 전부를 포기하는 것을 의미하기 위하여 사용하지는 않았다. 교부들의 신학은 인간의 구속을 위해서는 그리스도의 참된 신성이 필수적이라고 믿었기 때문에, 성육신에서 로고스의 그 어느 신적 속성이 포기되어진다는 것은 상상하기 힘들었다.

181) 성서비평학의 발전과 더불어 근대 이후의 가장 중요한 성서신학의 주제는 예수의 생애에 대한 탐구이다. 이러한 성서비평학은 예수의 생애에 대한 현대적 관심을 처음으로 야기시켰으며, 기적, 동정녀 탄생, 부활, 그리고 재림 등의 교리를 점차적으로 포기하였다. 비평학자들은 역사의 예수가 교회의 신앙의 그리스도와는 다른 분이라는 것, 그리고 예수 자신은 자기가 신적인 권위를 가지고 있다고 주장하지 않았다는 사실을 증명함으로써 전통적 신학의 거부하였다. 특히 전통적인 양성 교리를 비판하면서 예수 그리스도의 신성을 정면으로 부인하였다. Cf. David Friedrich Strauss, *The Life of Jesus: Critically Examined* (London: SCM Press, 1972) and Albert Schweitzer, *The Quest of the Historical Jesus* (London: Adam &Charles Black, 1963).

이기도 하다)에 대한 변호는 약화되었고, 예수 그리스도는 한 인간(a man)으로 전락되고 말았다.182) 이 새로운 입장을 케노티시즘(kenoticism, 신성포기설) 혹은 케노틱 기독론(kenotic Christology)이라 부르고, 이것이 나타내는 전반적인 입장을 케노시스 신학(kenosis Theology)이라고 부른다.183)

케노틱 기독론은 독일의 신학자들에 의해 발전되기 시작하였는데, 이들은 빌립보서 2: 5-7절의 본문184)을 가지고 케노시스(kenosis)라는 개념으로 그리스도의 양성을 형이상학적 논증을 통하여 신학적으로 증명하려 하였다. 이들은 케노시스라는 용어를 빌립보서 2:7절의 에케노센(ekenosen)에서 찾았는데 이 말은 자기를 비워(emptied himself)로 번역되어 있다. 그들은 이 본문의 말씀을 그리스도께서 자기를 비우시고 위엄을 포기하시어 그의 신적 특권도 주장하지 아니하시고 종의 형체를 취하셨다는 것이다.185) 필자는 독일의 루터파 저술가인 토마시우스

---

182) See Donald Macleod, 「그리스도의 위격」, 김재영 역 (서울: IVP, 2001), 281-303; B.B. Warfiled, Systematic Theology, "A Review of the Doctrine of the Person of Christ", *Princeton Theological Review* 11 (1913), 154-5; 웨인 그루뎀, 『조직신학(중)』, 노진준 역 (서울: 은성, 1996), 54-58.

183) 웨인 그루뎀, 『조직신학(중)』, 55. 겸허에 해당되는 케노시스(kenosis)라는 용어는 본래 이중적 의미로 쓰인다. 원래 그것은 루터파 신학자들이 신인의 자기 제한(self limitation), 즉 자신을 낮추기 위해 그의 신적 속성의 실제적 활용을 제한하는 것을 지칭하기 위해 사용했다. 그러나 겸허론자들은 로고스가 성육신 당시 그의 이행적(transitive) 속성, 또는 모든 속성들을 포기하시고 단순한 잠재성(potentiality)의 상태로 위축되었다가 인성과 연합하면서 신인적 인격으로 다시 발전하였음을 의미했다.

184) 너희 안에 이 마음을 품으라 곧 그리스도 예수의 마음이니 그는 근본 하나님의 본체시나 하나님과 동등됨을 취할 것으로 여기지 아니하시고 오히려 자기를 비어 종의 형체를 가져 사람들과 같이 되었고 사람의 모양으로 나타나셨으매 자기를 낮추시고 죽기까지 복종하셨으니 곧 십자가의 죽으심이라(빌 2:5-7).

185) 그러나 이 설에 해석상의 문제가 제기된다. 만약 우리가 그가 포기하신 것을 하나님의 본체(the form of God)로 보고, 그 본체를 엄밀하게 하나님의 본질적 또는 특수적 속성으로 간주한다면 겸허설이 가능하다. 그러나 문제는 본문에서 에케노센은 하나님의 본체를 받지 않고 하나님과 동등 됨을 받은 것

(Gottfried Thomasius)의 케노시스 이론을 중심으로 다루고자 한다.186)

케노틱 기독론은 토마시우스에 의해 조직적인 형태를 갖추게 되었고 또한 이후 모든 케노시스 이론이 그의 케노티시즘에 근거하여 발전하였다. 토마시우스의 케노틱 기독론의 중심 이론의 하나는 전통적인 기독론과 자유주의자들이 주장하는 인간 예수 이해 사이에서 적어도 종합이나 화해를 이끌어 내기를 원한 것이고, 다른 하나는 종합이나 화해의 신학적 방법론으로 신적 속성의 케노시스 이론을 도입한 것이다. 그는 그리스도께서 온전한 인간이 되시기 위하여 그 자신이 하나님이심을 유지하면서 그의 신적 속성의 일부를 포기하셨거나 비우시는 방법을 택하셨다는 것이다. 특별히 이 이론은 전통적 칼케돈의 그리스도의 한 위격 안에 존재하는 신성과 인성을 수용하면서, 로고스의 자기 제한이라는 가정이 없이는(without the supposition of a self-limitation of the divine Logos) 칼케돈 기독론의 비밀을 풀수 없다고 주장하였다.187) 성육신은 신의 속성까지도 배제하는 자기 비하의 상태까지 내려가는 것이므로, 그리스도는 자발적으로 신성의 일부 특권을 포기했거나 비우셨다고 주장하였다. 그래서 토마시우스는 그리스도가 절대 권능, 거룩, 진리, 사랑과 같은 하나님의 절대적, 본질적 속성과 전능, 편재, 전지와 같이

이다. 그러므로 그리스도께서 포기하신 것은 하나님의 본체가 아니라 하나님과 동등됨이다. 따라서 본 뜻은 겸허설이 주장한 대로 존재의 한 형식이 다른 것으로 바꾸어지는 질적 변화를 말하는 것이 아니라 상태의 변화로서, 그리스도께서 하나님의 본체로서 계시면서도 스스로 낮아지셔서 하나님의 형상 대신 종의 형상을 취하신 순종의 모범을 가리킨 것이다.

186) 토마시우스에 대한 상세한 연구와 비평을 위해 다음의 논문을 참조하라: 권문상, 독일의 케노시스 기독론 평가: 토마시우스를 중심으로, 한국복음주의신학회 조직신학 분과 제2차 논문 발표회 (2001. 3); Ronald Feenstra, Reconsidering Kenotic Christology, in *Trinity, Incarnation, and Atonement: Philosophical and Theological Essays*, edited by Ronald Feenstra and Cornelius Plantinga Jr. (Notre Dame: University of Notre Dame Press, 1989), 128-152.
187) Gottfred Thomasius, Christ's Person and Work, in *God and Incarnation in Mid-Ninetenth Century German Theology*, trans. and edited by Claude Welch (New York: Oxford University Press, 1965), 89-90.

신성에 비본질적인 상대적 속성을 구별하고, 로고스는 스스로 참된 인성을 취하시기 위해 성육신 하면서 그 신적 자의식을 견지하면서도 후자의 속성을 포기했다고 주장하고 있다. 이러한 자기 축소의 결과로 그리스도는 전적으로 인성의 조건들 속에서 사셨다는 것이다.

좀더 심화된 케노시스 이론은 토마시우스의 동료인 게스(Gess)에 의해서 주장되었는데, 그는 토마시우스 보다 훨씬 더 철저하게 케노시스 이론을 확대하였다. 게스는 주장하기를 로고스는 그의 모든 신적 속성을 철저히 무력화 했기 때문에 그의 지상 생애 동안 문자 그대로 그 우주적 기능과 영원적 의식을 중지하였다.[188] 심지어 삼위일체의 내적인 관계에까지도 영향을 주어서, 그리스도의 지상 생활 동안에 성부에 의한 성자의 영원한 나심(generation)이 잠시동안 그 활동을 멈추었다는 것이다. 그러므로 예수의 의식은 순수한 인적 영혼의 인식으로 화했고, 실제로 한 인간이 되신 그리스도의 참된 인성이 그 범죄 가능성에 까지 보장되었다는 것이다. 한편 도르너(Dorner)는 케노시스 이론의 약점을 보완하고자 점진적 성육신론(theory of gradual Incarnation)을 제안하였다. 그에 의하면, 성육신은 예수의 잉태 순간에 완성된 행위가 아니고 로고스가 궁극적으로 완전한 연합이 실현되는 부활까지 인간 예수 그리스도에게 독특한 방법에 의해서 점진적으로 합일되었다는 주장이다. 즉, 그는 그리스도의 인성을 신성에 대한 특별한 수용성을 갖춘 새로운 인간성으로 이해했다. 하나님의 자기를 내어 주심의 원리인 로고스가 이 인성과 결합하셨는데, 결합 정도는 점차 증가하는 인성의 신성 수용도에 따라 단계마다 결정되었고, 부활의 단계에 이르러 최종 단계에 도달했다는 점진적 성육신론을 주장하였다.

독일의 케노시스 신학자들에게서 살펴본 바와 같이, 케노틱 기독론은 다음의 몇 가지 특징을 가지고 있다. 첫째, 케노틱 기독론은 그리스도의 선재성(pre-existence)과 신성을 부인하지 않으면서, 그리스도의

---

188) 도널드 맥클라우드, 『그리스도의 위격』, 김재영 역 (서울: IVP, 2001), 282.

인성의 사실성과 역사성을 제대로 평가하고, 그의 자기 부인과 자기 희생의 위대함을 강조하려 하였다. 다시 말해서, 전통적 기독론에서 주장하는 선재하신 로고스 개념에서 출발하면서 로고스 기독론이 품고 있는 인성에 대한 약점을 보완하고자 신적 속성의 일부를 제한시키면서 역사적 예수의 실제적 삶에 초점을 맞추었다고 할 수 있다. 둘째, 케노시스 이론은 그리스도의 역사성을 보전하려는 시도에서 출발하였다. 역사적 예수에 대한 탐구가 시작됨과 거의 같은 시기에 발전하기 시작한 케노시스 이론은 역사적 예수에게 온전한 실재성을 부여하려고 노력하였다.189) 인간성은 그것에 의해 하나님이 인간으로 보이려는 단순한 겉옷이 아니다. 예수의 인간성은 그 어떤 다른 인간됨의 표현과 같이 참되고 온전한 것이며, 우리와 같은 유한성과 제한에 종속하는 것이었다. 케노시스 이론은 주장하기를 선재해 계신 성자 하나님께서 인간이 되기 위하여 자신을 제한하셔야 했는데, 이로써 그는 온전한 인간이 되실 수 있었다. 셋째, 케노시스 이론은 그리스도의 십자가 만이 아니라 성육신의 중요함을 일깨워주고 있다. 예수의 역사적인 삶 자체가 하나님에 의한 희생의 행위였으며, 그럼으로써 그리스도의 성육신은 경건과 헌신과 순종에 대한 자극과 격려가 된다. 그러나 케노틱 기독론은 앞으로 삼위일체적 기독론의 관점에서 살펴보겠지만 여러 가지 중대한 신학적 문제점들을 가지고 있다.

2. 성령 기독론(Spirit Christology)

최근에 공관복음서에 나타나신 예수 그리스도를 이해함에 있어서 예수의 선재성(pre-existence)과 신성(deity)을 강조하기 보다는 예수를 성령 충만한 사람, 성령에 의해 영감 된 인간으로 보는 관점이 새롭게 전개되었는데, 이러한 시도를 아래로부터의 기독론 혹은 성령 기독론

---

189) 버나드 램, 『복음주의 기독론』, 홍성훈역 (서울: 소망사, 1995), 88.

(Spirit Christology)이라 부른다. 성령 기독론은 성령론 지향적인 기독론을 주장하며, 이 기독론은 신약 성서가 종종 구약 성서의 중심 개념인 주의 영의 측면에서 그리스도를 묘사한다는 사실을 강조하고 있다. 성령 기독론에 의하면, 복음서 내에서의 예수의 독특성은 그의 성령 충만한 실존 안에 있으며 예수의 참 정체성은 전례가 없는 성령과의 관계라는 차원에서만 설명될 수 있다는 것이다.

성령 기독론(Spirit Christology)이란 2세기 사도 교부들(Apostolic Fathers)에 의하여 표현된 영과 관련한 그리스도를 이해하는 개념이다.[190] 이그나티우스 같은 사도 교부들은 대체로 그리스도를 하늘에 속한 영이 육신을 입고 지상에서 활동하다가 모든 사역을 마치고 다시 하늘로 올라간 분으로 이해했다. 성령 기독론은 칼케돈 신조에 의하여 확립된 삼위일체적 기독론 보다 훨씬 초기의 기독론이었다. 이러한 사실에 근거하여 어떤 신학자들은 성경과 초대교회에서 가장 오래된 기독론은 성령 기독론이며, 로고스 기독론(Logos Christology)은 헬라 철학의 영향을 받아 진행된 초대교회의 교의학적 반성의 결과로 등장한 것으로 본다. 그래서 그들은 성경과 초대교회의 기독론으로 돌아가 성령 충만이라는 측면에서 예수를 이해할 때, 전통적인 기독론이 안고 있는 근본적인 한계를 극복할 수 있다고 주장한다. 이와 같이 예수의 온전한 인간 됨에서 출발하는 성령 기독론은 예수가 완전한 하나님이라는 전제에서 시작하는 로고스 기독론(Logos Christology) 혹은 성육신 기독론(God Incarnate Christology)이 갖고 있는 약점을 보완할 수 있는 매력적인 대안으로 제시되면서, 신학자들의 지속적인 관심과 연구의 대상이 되어왔다.

---

190) 1세기 팔레스타인에서는 성령에 의하여 기름부음을 받은 메시아에 대한 강한 기대와 함께 메시야로 오신 예수 그리스도를 성령의 담지자로 이해하는 경향이 있었다. 이러한 개념에 대한 초기 접근은 양자론(adoptionism)으로 알려져 있는데, 이 견해는 특히 에비온주의(Ebionitisim)와 관련된 것으로, 예수는 보통 인간이지만 세례와 더불어 곧바로 신의 특별한 카리스마적 은총을 받았다는 견해이다.

최근에 들어와서 이와 맞물린 또 다른 두 가지 요인으로 인해 성령 기독론에 대한 새로운 관심이 고조되고 있다. 그것은 첫째, 기독론에 대한 전통적인 접근(로고스 기독론)을 받아들이기에 어려움을 가졌던 많은 사람들은 성령의 담지자로서의 예수에 대한 관심을 증대 시키면서 기독론의 새로운 패러다임에 대한 효과적인 모델로서 성령 기독론을 선호하고 있다. 둘째, 20세기의 성령운동으로 성령에 대한 관심이 집중되면서 신학자들이 예수와 성령의 관계를 연구하며, 더 나아가 기독론과 성령론을 병합하여 기독론적 성령론(Christological Pneumatology)과 성령론적 기독론(Pneumatological Christology)을 조화시키려는 노력을 기울이고 있기 때문이다. 전자의 대표적인 예는 Lampe,[191] N. Hook,[192] 그리고 John Hick[193]에게서, 후자의 경우는 Walter Kasper,[194] James Dunn,[195] P.J. Rosato,[196] 그리고 Tom Smail[197] 같은 학자들에게서

---

[191] G.W.H. Lampe, *God as Spirit* (London: SCM Press, 1983) and The Holy Sprit and the Person of Christ, in Christ, *Faith and History: Cambridge Studies in Christology*, eds. S.W. Sykes and J. P. Claryton (Cambridge: Cambridge University Press, 1972), 111-130.

[192] N. Hook, A Spirit Christology, *Theology* 75 (1972), 226-32 and *Christ in the Twentieth Century a Spirit Christology* (London: Lutterworth Press, 1968).

[193] John Hick, 『하느님은 많은 이름을 가졌다』 (서울: 도서출판 창, 1991), 『성육신의 새로운 이해: 다원주의 시대의 기독론』 (서울: 이화여자대학교 출판부, 1997) 그리고 An Inspiration Christology for a Religiously Plural World, in S.T. Davis(ed.), *Encountering Jesus: A Debate on Christology* (Atlanta: John Knox, 1988), 5-38.

[194] Walter Kasper, *Jesus the Christ*, trans. by Matthew O'Connell (London: Harper&Row Publishers, 1984).

[195] James D.G. Dunn, Rediscovering the Spirit, The Expository Times 94 (1982), 9-18, *Jesus and the Spirit* (Philadelphia: Westminster, 1975), *Unity and Diversity in the New Testament* (London: SCM Press, 1977), and *Christology in the Making* (London: SCM Press, 1980)

[196] P.J. Rosato, *The Spirit as Lord* (Edinburgh: T&T Clark, 1981) and Spirit Christology: Ambiguity and Promise, *Theological Studies* 38 (1977), 423-49.

[197] Tom Smail, *Reflected Glory* (London: Hodder&Stoughton, 1975), The Doctrine

찾아볼 수 있다.

본 논문은 특별히 Lampe의 견해를 중심으로 성령 기독론을 분석해 보고자 한다. 캠브리지 대학의 신학과 교수였던 Lampe는 전통적 로고스 기독론(말씀-육신 기독론)을 헬라 철학의 영향으로 인해 복음이 변질된 결과로 보고 이에 대한 대한으로 새로운 성령 기독론의 모델을 제시했다. Lampe는 전통적인 로고스 기독론의 문제점을 다음의 두 가지로 지적한다.

첫째, 로고스 기독론의 약점은 예수의 인간 됨을 충분히 표현하지 못하므로 부적절한 기독론적 모델이라고 주장한다.198) 로고스 기독론은 하나님의 영원하신 위격인 아들이 이 땅에 와서 인간의 본성(human nature)을 취하여 예수 그리스도의 경험의 단일한 주체가 되었고, 예수는 오직 하나의 인격체(hypostasis, person)를 가졌는데 이 인격체는 로고스, 신적 인격체(divine person)이다. 성육신은 신성(divine nature)을 소유한 이 신적 인격체인 선재하신 제2위 하나님, 로고스가 또 하나의 인적 인격(human person)을 취하신 것이 아니라, 다만 인성(human nature)을 자신의 인격체 안에 취하신 것이다. 그러므로 예수의 인격체를 구성하는 중심은 신적인 인격이며, 선재하신 로고스가 취하신 인성은 인격체가 없는 인성, 곧 비인격적 인성(anhypostatic human nature)이 된다. 만약 영원하신 성자께서 성육신을 통하여 비인격적인 인성을 취하셨다면 그는 온전한 의미에서 인간으로 간주될 수 없을 것이다. Lampe가 보기에 로고스 기독론은 아무리 로고스인 아들이 인간성을 취했다고 하더라도 사회적, 문화적인 환경 속에 사셨던 예수의 인격(person)을 형이상학적인 인간성으로 추상화시켜 버린다는 것이다.199)

---

of the Holy Spirit, in Theology Beyond Christendom, edited by John Thompson (Allison Park PA, Pickwick Publications, 1986), 87-110, and *The Giving Gift* (London: Hodder&Stoughton, 1988).
198) Lampe, "The Holy Spirit and the Person of Christ," 123-24.
199) Lampe, *God as Spirit*, 144.

결과적으로 로고스 기독론은 말씀이 사람이 되었지만 구체적이고 개별적인 인간은 아니었다(The Word became man, but not a man)는 이상한 이해를 갖게 한다. Lampe에 의하면 이러한 전통적인 교리는 예수가 인간적 인격체를 가지고 있지 않다는 것을 의미할 수밖에 없음으로 예수의 완전한 인간 됨을 이해하기 어렵게 만든다고 비판한다. 그 결과로 전통적인 기독론은 인간성을 보존하기 위하여 케노시스 이론을 탄생시키면서 그리스도의 신성을 포기하거나 축소시킬 수밖에 없는 결정적인 약점을 안고 있다는 것이다.

둘째, 구원론적 관점에서 로고스 기독론은 그리스도와 신자의 관계를 표현하는데 적절하지 않다. 복음서와 바울의 서신서에 따르면 예수의 부활 사건이후 신자들은 그리스도가 자기들과 함께 하신다는 확신을 가졌다(요 17:21, 23; 갈 2:20).[200] 그래서 바울은 그리스도의 내적인 현존과 영 개념을 상호 교환하여 사용하였다. 바울에게 있어서 영은 신자들과 교회를 이끌어 가는 생명의 원리라고 여겨졌으며, 그 영은 선재하였고 승천하신 하나님의 아들의 내재적 거주의 양식이었다. 따라서 영 개념은 그리스도와 그리스도인의 관계를 표현하는데 아주 유용하게 활용될 수 있다는 것이다. 그러나 교회는 로고스 개념을 통해서 그리스도 안에 있는 하나님(God-in-Christ)과 그리스도인 안에 있는 하나님(God-in-Christ's people)의 구분에 더 큰 관심을 기울임으로써 그리스도와 그리스도인의 관계를 설명해야 하는 과제를 충실히 감당하지 못하였다.[201]

Lampe에게 있어서 기독론의 과제는 예수와 하나님의 관계, 그리고 예수와 현재 그리스도인의 관계를 적절히 설명하는데 있다고 본다. 이

---

200) "… 내가 아버지 안에 있는 것같이 저희도 다 하나가 되어 우리 안에 있게 하사… 곧 내가 저희 안에…" (요 17: 21, 23), "내가 그리스도와 함께 십자가에 못 박혔나니 그런즉 이제는 내가 산 것이 아니요 오직 내 안에 그리스도께서 사신 것이라 이제 내가 육체 가운데 사는 것은 나를 사랑하사 나를 위하여 자기 몸을 버리신 하나님의 아들을 믿는 믿음 안에서 사는 것이라" (갈 2:20).
201) Lampe, "The Holy Spirit and the Person of Christ", 121.

관계를 해결하는 데는 로고스 기독론 보다 성령 기독론이 훨씬 유리하다고 Lampe는 주장한다.202) 그러므로 Lampe가 주장하는 성령 기독론을 다음의 몇 가지 개념으로 요약할 수 있다.

첫째, Lampe는 성령 기독론이 로고스 기독론 보다 그리스도의 인성을 손상시키는 일 없이 그리스도와 하나님의 관계를 잘 설명할 수 있는 유리한 점이 있다고 주장한다. 성령의 영감(inspiration)과 성령에 사로잡힘을 강조하는 성령 기독론은 성육신과 본질을 강조하는 로고스 기독론 못지않게 예수 그리스도의 위격 안에서 하나님이 인간성을 취했음을 강조한다. 하지만 예수와 하나님의 관계는 칼케돈 신조가 정의 하듯이 위격적 결합(hypostatic union)으로 볼 것이 아니라, 하나님의 인도와 영감을 따라 자유롭게 신뢰하고 순종하는 관계로 보아야 한다.203) 예수는 하나님의 영(성령)에 사로잡힌 사람으로서 신적 동기를 부여 받아 하나님과 하나됨으로 예수 안에 하나님의 내재가 완전히 이루어 졌으며, 동시에 완전한 의미에서 인간일 수 있다는 것이다.204) 이러한 이론에 따라 Lampe는 로고스 개념이 표현하지 못하는 그리스도의 위격 안에서 이루어진 신성과 인성의 온전한 통일을 자신의 영 개념이 무리 없이 표현할 수 있다고 주장한다. Lampe가 로고스 기독론 대신 성령 기독론을 제안하는 이유가 여기에 있다.

둘째, Lampe는 성령 기독론이 그리스도인의 하나님 경험을 표현하는데 가장 적합하다고 제안한다. 그가 생각하기에 영은 지혜나 말씀(Logos)처럼 독립적인 실체로 간주될 염려가 없다고 한다. 영은 흔히

---

202) Lampe(*God as Spirit*, 11)는 영(혹은 성령)을 다음과 같이 이해하고 있다: 하나님의 영은 성부 하나님과 성자 혹은 말씀이신 하나님과 구분되는 신적 실체(hypostasis)를 가리키는 것으로 이해될 수 없다. 도리어 하나님의 영은 그의 인간 피조물 안에서, 인간 피조물을 향하여 활동하시는 하나님 자신을 가리키는 것으로 이해되어야 한다. 우리는 영으로 나타나고 경험되는 하나님을 말하게 된다. 즉 하나님의 영은 하나님 자신의 인격적(personal) 지향활동(outreach)이다.
203) Lampe, "The Holy Spirit and the Person of Christ", 125.
204) Lampe, *God as Spirit*, 61.

영감과 능력 및 활력을 주고 또 내재하시는 하나님의 활동 자체로 경험된다는 것이다. 즉 하나님의 영은 초월적인 하나님이 인간 안에 내재적인 방식으로 함께하시는 사실을 표현하는 개념으로서 사람들로 하여금 현존하시는 하나님의 실재와 인격적인 관계를 맺도록 한다는 것이다. 이런 관점에서 볼 때 그리스도를 영 개념으로 설명하는 성령 기독론은 그리스도가 어떻게 하나님과 그리스도인들을 맺어 주는지 잘 설명할 수 있다는 것이다.205) 그러므로 예수의 성령 체험의 참 의미는 예수가 다른 일반 사람들과는 다르다는 것이 아니라 그리스도인의 경험이 그리스도를 통해서 즉 그리스도의 영을 통해서 하나님과 연결된다는 사실에서 찾아야 한다. 이런 의미에서 예수는 그리스도인들의 경험의 원형(archetype)이요 규범(norm)이다.206)

셋째, Lampe는 로고스 기독론에 비해 성령 기독론은 예수 그리스도의 온전한 인성을 밝히는데 별 문제가 없다고 주장하는데, 그 이유는 성령 기독론은 예수 그리스도의 경험의 인격적 주체가 성육신한 로고스(아들)가 아니라 한 인간(a man)이라는 점에서 출발하기 때문이라는 것이다. 그의 견해에 따르면 선재하신 신적인 중개자가 한 인간성을 취하여 자신의 인격체에 결합시켰다는 경직된 본질론적 개념으로 성육신을 이해할 것이 아니라, 예수라는 한 인간이 하나님의 성령에 의해 완전히 사로잡힌 다이내믹한 사건이라는 관점에서 성육신을 이해해야 한다는 것이다. Lampe의 성령 기독론은 예수를 실체적으로 하나님이라고 부르지 않는다. 예수는 신적인 존재가 아니라 성령의 능력에 자유롭게 반응함으로 신적으로(divinely) 행동 했지만 그는 여전히 인간인 것이다. Lampe의 견해에 따르면 영원한 삼위일체적 관계에 존재하시는 성자가 선택자들의 죄를 대속하시기 위해서 온전한 인간이 되신 것이 아니라, 반대로 예수라는 한 인간이 하나님의 성령에 의해 완전히 사로잡혀 신적인 인간이 되었다는 것이다. 그러므로 성육신은 세상 속에서 성령으

---

205) *Ibid.*, 61.
206) Lampe, "The Holy Spirit and the Person of Christ", 126-28.

로 역사하시는 하나님이 예수라는 인간 안에서 특별한 형태로 충만하게 내재하시게 된 사건인 것이다.

넷째, Lampe는 인간 예수 안에서 주의 영 혹은 하나님의 영이 활동하는 것을 발견한다. 예수 안에서 주의 영은 하나님과 인간 사이에 새롭고도 전례가 없던 관계를 형성한다. 성령 기독론적인 관점에서, Lampe는 하나님의 보편적인 구원의 의도가 유일한 역사적 인간인 예수를 낳게 했다는 것에 초점을 맞춘다. 이러한 방법을 통해, 성령은 다른 이들로 하여금 하나님의 내적인 생명 속으로 들어올 수 있도록 가능성의 문을 활짝 열어 놓는다. 예수의 삶에 충만했던 그 성령을 이제는 다른 이들도 쉽게 접할 수 있게 되었는데, 이는 이들로 하여금 예수와 똑같이 하나님과 내적인 생명을 공유하도록 하기 위해서 이다. 결국 Lampe는 주장하기를 예수를 삼위 하나님 안의 제2 위격으로서 영원 전부터 선재 하는 로고스로 이해하는 전통적 입장은 결국 예수의 참된 인간 됨을 온전히 밝힐 수 없는 아주 경직되고 추상적인 본질론적 개념으로 왜곡된 기독론으로 귀결되고 만다고 주장한다.207) 전통적 기독론의 이러한 경직된 본체론적 형이상학에 의하면 그리스도는 신성과 인성의 두 본성을 소유한다고 말하지만, 그가 두 인격체(hypostasis)를 가졌다고 볼 수는 없다는 점을 지적하면서 전통적 기독론은 결과적으로 예수의 인성을 비인격적인 것으로 보는 anhypostatic 교리로 치우치게 되었다고 비판한다.

마지막으로 Lampe는 예수가 하나님의 영에 의하여 완전히 사로잡히고 영감을 받아 활동 했다는 관점에서 출발한 성령 기독론은 여전히 그리스도의 유일성을 보전할 뿐 아니라 예수의 하나님 되심을 간접적으로 선언한다. 예수 안에 성령의 내주 하심과 충만 하심의 정도가 다른 모든 인간에 비해 독특하다는 관점에서 예수의 유일성을 설명할 수 있으며, 이 내재하는 성령이 예수를 인도하여 신적으로(divinely) 행동하

---

207) Lampe, *God as Spirit*, 132f.

게 하신다는 점에서 예수의 신성을 간접적으로 설명할 수 있다. 곧 예수는 본질적으로 신은 아니지만 그 안의 성령의 특별한 내주하심이 예수를 신적으로 살 수 있게 하였다는 것이다. Lampe는 이렇게 본질적인 신성(substantial divinity) 대신에 간접적 신성을 선택함으로써 전통적 기독론이 안고 있는 형이상학적인 난제들을 피해 보려 하였다.208)

Lampe의 성령 기독론은 예수의 본질적인 유일성보다 그의 보편성을 더 부각시킬 수 있는 새로운 기독론의 모델을 찾고 있는 종교다원주의자들과 민중신학자들에게 상당한 영향을 주었는데, 그 대표적인 다원주의자가 바로 존 힉(John Hick)이다.209) 존 힉은 예수 그리스도가 영생에 이르는 유일한 길이라는 정통 기독교의 주장은 인류의 큰 다수가 구원 받을 수 없다는 결론을 도출 시키면서 로고스 기독론을 거부한다. 그는 성육신한 하나님 혹은 육체로 오신 하나님이라는 사상이 문자적 의미가 아니라, 심오한 신화로 해석할 것을 주장한다.210) 이 신화는 예수가 우리의 충분한, 효율적인 구원하는 신 접촉점 이라는 것을 전달해 주는 언어방식이라는 것이다. 더불어 존 힉은 예수 그리스도가 문자적으로 성육신하신 하나님이 아니라 하나님의 성령을 전적으로 의식한 자로 본다. 그는 종교 간의 대화를 위하여 예수 그리스도 중심의 전통적 기독론에서 탈피하여 다른 종교들 뿐만 아니라 세속적 신앙 속에서도 작용하는 성령의 사역에 민감히 반응하는 성령 기독론을 제창하였다.

Lampe와 힉이 주장하는 성령 기독론은 단지 성령은 창조세계 안에서 하나님이 내재하시는 한 양식을 의미할 뿐이다. 그들의 성령 기독론은 삼위 하나님의 한 위격이신 성령에 대한 전통적 이해를 거부할 뿐

---

208) Lampe, "The Holy Spirit and the Person of Christ", 125.
209) 존 힉은 An Inspiration Christology for a Religiously Plural World라는 논문에서 예수 안의 하나님의 임재를 성령론적 관점에서 해석하려고 시도하였다. John Hick(ed.), *The Myth of God Incarnate* (London: MacMillan, 1973). 또한 민중신학자들이 주장하는 성령 기독론을 위해서 성공회대학교 권진관교수가 쓴 『성령, 민중의 생명』 (서울: 나눔사, 2001)을 참조하라.
210) 웨인 그루뎀, 『조직신학(중)』, 58-9.

만 아니라, 하나님 안의 위격적 구분을 부인하는 사벨리우스적 양태론이다. 그러므로 성령 기독론이 가지고 있는 문제점들을 극복할 수 있는 유일한 길은 성부와 성자와 성령의 내재적 관계를 밝힐 수 있는, 즉 성령에 대한 예수의 관계는 그의 성육신과 세례 이전부터 이미 존재했던 본질적인 관계를 설명해 줄 수 있는 삼위일체적 기독론 뿐인 것이다.

3. 삼위일체적 기독론 : 현대 기독론에 대한 삼위일체적 제안

케노틱 기독론과 성령 기독론을 주장하는 학자들은 칼케돈 신조가 성립되기까지의 논쟁 과정을 충분히 알고 있으며, 그 결과로 이루어진 두 본성 교리의 기독론적 동기와 거기에 함축된 뜻을 파악하고 있고, 역사적 예수 라는 현대의 신학적 관점에서 전통적 기독론을 비판하고 재해석하고자 한다. 그러나 케노틱 기독론과 성령 기독론은 두 본성 교리에 대한 평가 및 재해석에 있어서 서로 다른 신학적 전제를 가지고 칼케돈 기독론을 해석하려 했다. 영국의 Lampe가 발전시킨 성령 기독론은 두 본성 교리를 폐기하고, 그리스도의 인성을 성령론적 입장에서 보다 구체적으로 나타내는 방식으로 기독론이 새롭게 제시되어야 한다는 입장이다. 반면에 독일의 토마시우스가 체계적으로 발전시킨 케노틱 기독론은 두 본성 교리의 근본 의도와 내용을 수용하면서 속성의 케노시스 개념으로 현대 신학 사조에 보다 설득력 있게 양성론을 설명해 보려는 입장이다. 필자는 먼저 케노틱 기독론과 성령 기독론이 가지고 있는 신학적 문제점들을 삼위일체적 관점에서 분석 비판한 후에 칼케돈 기독론에 대한 하나의 신학적 제안으로 삼위일체적 기독론에 관하여 논하고자 한다.

1) 케노틱 기독론(kenotic Christology)에 대한 삼위일체적 비판

독일의 케노틱 기독론은 현대의 이성적이고 과학적 사고 위에 어떻

게 예수 그리스도가 완전한 인간인 동시에 하나님이셨는가? 라는 전통적 교리를 변증하고자 나타났지만, 그 신학의 기초를 삼위일체론에 두지 않고 형이상학적 사고에 바탕을 둠으로써 예수 그리스도의 신성을 축소시키거나 변질시키는 오류를 범하고 말았다. 그리스도의 신성에 대한 불완전한 이해는 곧 삼위일체론의 파기를 의미하며 하나님의 존재 자체에 대한 부정이다. 왜냐하면 전통적인 삼위일체론 안에는 오직 하나의 신성만 존재하며 이 신성은 나뉘어지거나 분리되거나 축소되거나 포기될 수 없기 때문이다. 그러므로, 삼위일체적 관점에서 볼 때, 케노틱 기독론은 하나님의 유일한 신성과 존재 자체에 대한 도전이고, 동시에 성부와 성자와 성령의 상호공유적 관계(perichoretic relationship)의 파기를 의미한다.

삼위일체적 관점에서 케노틱 기독론 특히 토마시우스의 케노틱 기독론은 다음과 같은 문제점들을 가지고 있다. 첫째, 케노틱 기독론은 본래 이 이론이 의도했던 신성과 인성의 관계를 논리적으로 정립하고자 하였으나 그 의도했던 문제를 해결하지 못하였다. 케노시스 이론은 위격의 단일성 안에 신성을 희생시키지 않으면서 인성의 실재성을 보전하려 하였다. 그러나 신적 속성을 제한함으로 온전한 인간이 되실 수 있다는 케노시스 이론은 전통적 기독론이 품고 있는 신성과 인성의 문제점을 그대로 두고서 오히려 예수 그리스도를 완전한 하나님도 완전한 인간도 아닌 제3의 존재로 전락시키는 오류를 범하고 말았다. 또한, 하나님과 인간의 절대적 차이를 약화시키면서 하나님이 그 신적 속성을 포기하시므로 인간으로 변형될 수 있다는 범신론적 경향을 띠면서 철저하게 반삼위일체론적 경향을 가지고 있다.

둘째, 케노틱 기독론은 그리스도가 온전한 인간이심을 강조하기 위해서 신성에 대한 잘못된 해석을 함으로써 결국에는 삼위일체론을 부인하는 결과를 초래하였다. 예수 그리스도께서 온전한 인간이 되시기 위해서 필연적으로 그의 신적 속성 중의 일부를 포기하셔야 했다면, 그는 더 이상 하나님이 될 수 없거나 최소한 완전한 하나님보다 못한 열등한 존재가 되셨을 것이다.211) 삼위일체적 관점에서 볼 때 만일 삼위일체의 제2위이신 성자가 온전한 인간이 되시기 위하여 신적 속성의 일부를 포기 하셨다면, 동시에 성부와 성령도 그들의 신적 속성의 일부를 포기하셔야만 했을 것이다. 왜냐하면 삼위일체론 안에는 오직 하나의 완전한 신성만 존재하고 각 위격들은 상호침투(perichoresis)하시기 때문이다. 하나의 신성이시면서 위격의 상호공유적(perichoretic) 관계로 존재하시는 삼위일체 하나님은 모든 신적 본질들을 공유하신다. 칼케돈 기독론의 신학적 근거가 되는 삼위일체론을 완성한 어거스틴은 신성에 대하여 다음과 같이 설명하고 있다: 단일한 본질이신 한 하나님께는 한 신성과 한 영광이 있을 뿐이며, 내재적으로 하나의 신성과 영광으로 존재하시는 하나님은 그 자신 그대로를 계시하셨다. 다시 말해서, 만일 예수께서 진정한 인간이 되시기 위해서 그의 신적 속성의 일부를 포기하셔야 했다면, 동시에 성부와 성령도 그들의 신적 속성을 포기할 수 밖에 없다는 것이다. 어거스틴에 의하면, 성자 없이 성부는 하나님이 아니며, 성부 없이 성자는 하나님이 아니고, 성부와 성자 없이 성령은 하나님이 아니시다. 한 본질과 한 신성 혹은 한 하나님이라는 말은 곧 성부와 성자와 성령의 동등한 관계성을 떠나서는 존재할 수 없다. 하나님은 성부 없는 성자로 해석할 것이 아니며, 성자 없는 성부로 해석해서도 안되고, 성부와 성자 없는 성령으로 해석할 수 없는 것이다.

셋째, 삼위일체적 관점에서 볼 때 케노틱 기독론은 창조와 구원의 교리와 관련하여 상당한 문제점을 갖고 있다. 창조와 구속 사역에서 오직 성부께만, 또는 오직 성자나 오직 성령께만 돌려지는 사역이란 없다. 세상을 향하여 하나님과 세 위격은 한 원리를 제시하신다. 삼위의 외적 사역들은 불가분리이기 때문에 삼위는 항상 함께 사역하신다. 만일 토마시우스의 케노틱 기독론이 주장하는 것처럼 예수께서 지상에 계실 동안에 그의 신성의 전지, 전능, 편재와 같은 속성을 포기하셨다면 성부와

---

211) 이 이론은 초대 교회의 아리우스주의와 아주 흡사하다.

성령께서도 그들의 창조와 구속 사역에서 얼마 동안은 그와 같은 속성들을 포기하실 수 밖에 없었을 것이고, 이 세상은 얼마 동안은 하나님의 섭리 없이 움직일 수 밖에 없는 혼란의 상태에 빠졌을 것이다. 윌리엄 템플은 이와 같은 문제점을 다음과 같이 말하고 있다: 우리 주님이 지상에서 생활하시는 동안에 우주의 나머지 부분에서는 무슨 일이 일어나고 있었는가?… 창조하시는 말씀이 자기를 비워서 아기 예수 안에 계신 것 이외에는 전혀 존재하지 않았다고 말하는 것은 일정 기간 동안 세계의 역사가 창조하시는 말씀의 통제로부터 벗어나서 멋대로 있었으며, 그 기이한 30년 동안에 이 지구와 우주 전역에서 일어난 일은 '말씀 없이' 일어났다고 주장하는 것이다.212) 그러므로 케노시스 이론은 구속사적 관점에서 역사상의 예수와 신앙상의 그리스도를 분리시키는 치명적인 오류를 범하였다.213) 만일 예수 그리스도가 지상에 있는 동안 신적 속성들을 전혀 가지고 있지 않았다면, 그는 신적 기능들을 전혀 수행할 수 없었을 것이고, 신적 기능들을 수행할 수 없다는 말은 결국 삼위일체적 관계의 파기와 함께 하나님의 존재 자체를 부인하는 결과를 초래하고 말 것이다. 단언 하지만, 전지하시고, 전능하신 하나님이 없는 상황에서 어떻게 구원의 역사가 가능한지 아무도 예측할 수 없는 것이다.

마지막으로 케노틱 기독론은 처음에 의도했던 칼케돈의 기독론과 성경 전체의 교리적 가르침과 상반된 주장을 하고 있다. 케노시스 이론은 신성과 인성이 완전하여… 참 하나님이시고… 참 인간이신 한 분 예수 그리스도를 믿고 고백한다는 칼케돈 신조와 정면으로 대치되며, 신성과 마찬가지로 인성이 각각 심지어 위격적 연합(hypostatic union)에서도 각각의 고유한 특성들을 보유하고 있다는 전통적 기독론과도 아주 다르다. 웨인 그루뎀은 주장하기를 성경의 전체적인 문맥과 성경 전체

---

212) W. Temple, *Christus Veritas* (London: Macmillan, 1926), 142f. 재인용 Donald Macleod, 『그리스도의 위격』, 286.
213) Donald Macleod, 『그리스도의 위격』, 288.

체의 교리적 가르침을 고려해 볼 때 영원하신 하나님의 아들이 얼마동안 하나님의 신성(전능, 전지, 무소부재 같은 속성)을 포기하셨다는 기록은 어디에서도 찾아 볼 수 없다.214) 결국 케노시스 이론은 예수 그리스도의 온전한 신성을 부인하고 그를 하나님보다 조금 못한 존재로 만들어 버림으로써 예수님이 지상에 계시는 동안 완전한 하나님이셨음을 부인하게 된다.215)

이와 같이 토마시우스의 케노시스 이론은 삼위일체의 근본 개념을 파기하며, 우리가 믿고 고백하는 참 하나님이시며 참 인간이신 한 분 예수 그리스도에 대한 신앙을 변질시켜 버린다. 자기의 신적 속성들을 비우신 인간화된 성자는 더 이상 삼위일체적 관계 안에 거하시는 신적 존재일 수 없다. 영원히 성부와 모든 신적 속성에 있어서 동등한 관계를 가지고 계신 성자께서 성육신으로 말미암아 구원의 경륜 속에서 신적 속성의 일부를 포기하셨다면, 근본적으로 삼위일체론에서 강조하는 내재적 삼위일체와 경륜적 삼위일체의 통일성을 부인하는 것이다. 그리고 만일 성자께서 구원의 경륜 가운데서 참으로 전능하시지도, 전지하시지도, 편재하시지도 아니하셨다면, 과연 우리의 구속을 하나님으로서 완성하신 그리스도의 속죄 사역에 심각한 문제가 발생할 것이다. 결국에 케노시스 이론은, 아리우스주의가 주장하는 것처럼, 예수 그리스도의 온전한 신성을 부인하고 그를 하나님보다 조금 못한 존재로 만들어 버린다.

삼위일체적 기독론은 토마시우스의 케노틱 기독론을 원칙적으로 부인한다. 예수 그리스도는 그가 인성을 취하는 그 순간에도 성부와 성령과의 관계를 끊지 않으셨다. 다시 말해서, 영원한 상호공유적 관계로 존재하시면서 하나의 신적 본질을 가지고 계시는 성부와 성자와 성령은 아들의 성육신에도 그 영원한 신적 속성과 위격의 상호공유적 관계(perichoretic relationship)를 유지하고 계신다. 예수 그리스도는 그의 지

---

214) 웨인 그루뎀, 『조직신학(중)』, 57.
215) *Ibid.*

상 사역에서 끊임 없이 자신과 아버지 하나님의 상호공유적 관계에 대하여 말씀하셨고, 성경은 또한 예수의 지상 사역 동안 그 안에 충만한 성령의 임재에 대하여 말씀하고 있다. 그리스도의 완전한 신성은 기능적으로, 그가 한 인간으로서 신적인 일들을 수행하셨는지 아니면 하실 수 없었는지에 의해서 결정되는 것이 아니라, 아들과 아버지의 관계와 아들과 성령의 삼위일체적 관계 안에서 결정된다. 하나님의 거룩한 신성은 성부와 성자와 성령의 삼위일체적 관계 없이는 존재가 불가능하기 때문이다. 누가는 성자의 탄생에도 성부와 성령께서 함께 계셨음을 다음과 같이 기록하고 있다: "… 가로되 성령이 네게 임하시고 지극히 높으신 이의 능력이 너를 덮으시리니 이러므로 나실 바 거룩한 자는 하나님의 아들이라 일컬으리라"(눅 1:35). 또한 요한은 태초에 말씀(성자)과 하나님과의 관계를 말씀하면서 그리스도의 신성을 변증하고 있고, 구원의 경륜에서도 말씀과 하나님의 관계를 설명하고 있다: "태초에 말씀이 계시니라 이 말씀이 하나님과 함께 계셨으니 이 말씀이 곧 하나님이시니라… 말씀이 육신이 되어 우리 가운데 거하시매 우리가 그 영광을 보니 아버지의 독생자의 영광이요 은혜와 진리가 충만하더라"(요 1:1, 14).

결론적으로 예수 그리스도가 하나님이심은 복음서가 증거 하는 기능적 사역 전에 본질적으로 성부와 성자와 성령과의 삼위일체적 관계 가운데서 입증될 수 있다. 예수는 영원 전에 성부와 성령과의 관계 가운데서 이미 하나님이신 것이다. 또한 영원 전에 존재론적으로 성부와의 상호공유적 관계에 계신 성자 예수 그리스도는 성육신 때에도 그의 신적 속성들을 포기하신 것이 아니고, 오히려 성부와 성령과의 상호공유적 관계를 통해서 완전한 하나님과 완전한 인간이 되셨다.216)

---

216) 아버지와 아들의 상호공유적(perichoretic) 관계: 마3:17 이는 내 사랑하는 아들이요 내 기뻐하는 자라, 요5:20아버지께서 아들을 사랑하사, 요10:17 아버지께서 나를 사랑하는 것은, 요10:15 아버지께서 나를 아시고 내가 아버지를 아는 것 같으니, 요12:49 내가 내 자의로 말하는 것이 아니라 나를 보내신

2) 성령 기독론에 대한 삼위일체적 비판

　　교회사에 계속 등장했던 성령 기독론 안에 항상 도사리고 있는 위험은, 예수를 성령의 특별한 기름 부으심을 받아 하나님의 아들로 인정된 단순한 한 인간으로 보는 양자론의 한 형태에 빠지는 과오를 범하는 것이다. 이 입장에서는 인간성(human nature)이 신적인 것으로 가득 찰 수 있는 것으로 여겨지므로, 인간의 통찰력이 종종 신적 계시의 수단으로 생각되는 것이다. 그러므로 이 틀에서의 기독론은 예수를 하나님으로 이해하는 대신에 모든 또는 대부분의 사람들에게 공통적인 종교적 의식의 온전한 구현자로 묘사한다. 이 기독론은 밑으로부터(from below) 구성된 기독론이다. 그것은 대개 역사적 예수(historical Jesus)에 대해서 알려질 수 있는 것으로부터 시작하며, 신적인 것은 인간적인 것의 한계 내에서만 인식되는 것이다. 그러므로 성령 기독론의 관점 안에 신성과 인성의 실질적, 위격적 연합(hypostatic union)은 없고 대개는

아버지께서, 요17:21 아버지께서 내안에 내가 아버지 안에 있는 것 같이, 요14:9-10 나를 본 자는 아버지를 보았거늘 . . 나는 아버지 안에 있고 아버지는 내 안에 계신 것을 네가 믿느냐. 또한 성경은 예수와 성령의 상호공유적 관계를 언급하고 있다: 1)예수 그리스도의 지상 사역에서 성령의 주도적 역할(예수가 메시야이심을 증명함): 마1:18, 20 성령으로 잉태되심, 마3:16성령으로 세례를 받으심, 마4:1그때에 예수께서 성령에게 이끌리어 마귀에게 시험을 받으러 광야로 가사, 눅4:18주의 성령이 내게 임하셨으니 이는 가난한 자에게 복음을 전하게끟 마12:28내가 성령을 힘입어, 요3:34하나님의 보내신 이는 하나님의 말씀을 하나니 이는 하나님이 성령을 한량없이 주심이니라, 롬8:11 성령의 능력으로 부활하심, 2) 성령을 파송하시는 예수 그리스도(filioque): 요 14:16내가 아버지께 구하겠으니 그가 또 다른 보혜사를 너희에게 주사, 26보혜사 곧 아버지께서 내 이름으로 보내실 성령 그가 너희에게 모든 것을 가르치시고 내가 너희에게 말한 모든 것을 생각 나게 하리라, 행2:33하나님이 오른손으로 예수를 높이시매 그가 약속하신 성령을 아버지께 받아서 너희 보고 듣는 이것을 부어 주셨느니라. 성령은 그리스도의 영이시다: 롬8:9그리스도의 영이 없으면 그리스도의 사람이 아니라, 고후3:17주는 영이시니 주의 영이 계신 곳에는 자유함이 있느니라, 갈4:6하나님이 그 아들의 영을 우리 마음 가운데 보내사 아바 아버지라 부르게 하셨느니라, 빌1:19 예수 그리스도의 성령의 도우심으로 내 구원에 이르게 하는 줄 아는고로.

신성의 주입이 인성 안에서 일어나, 인간 예수 안에 하나님이 그 안에 거하신다고 이해되는 것이다.

Lampe의 성령 기독론은 삼위일체적 관점에 바라볼 때 다음과 같은 중대한 문제점들을 가지고 있다. 첫째, Lampe의 성령 기독론의 치명적인 오류는 예수를 단순히 예언자적인, 카리스마적인 인물로 하나님에 의해 받아들여진 인간으로서, 그리고 성령의 능력을 부여 받은 인간으로서 이해하는 것이다. 이러한 성령 기독론은 양자론의 위험을 피하기 어렵다. Lampe는 그의 견해가 예수가 세례 받을 때부터 성령으로 충만했던 것이 아니라 출생할 때부터 성령으로 충만했던 사람으로 이해함으로써 양자론의 위험을 효과적으로 극복했다고 믿는다.217) 그러나 그의 입장이 참으로 양자론의 위험을 피하고 예수의 독특성과 신성을 보존하고 있는지 살펴 보아야 한다. 그의 견해에 의하면 예수는 전 생애에 걸쳐서 성령으로 충만한 사람이다. 그 안의 성령의 내주는 독특한 것이었다. 그러나 그것은 다른 사람 안의 성령의 내재에 비해 충만함 정도가 다른 것이지 본질적인 면에서는 차이가 없다. 그것은 예수가 본질적으로 삼위일체 하나님의 제2 위격 이시기에 누리는 성령과의 위격적 관계로서의 내주하심이 아니다.

둘째, Lampe는 예수 안의 성령의 내주 하심의 독특성을 단순히 기능적인 관점에서 이해하고 있다. 그것은 인간 안에 나타나시는 하나님의 내주 하심의 가장 규범적인 형태이다. 그러나 그는 선재하시는 로고스로서 성육신 하신 예수의 본질론적인 실제와 중요성을 간과하고 있다. 그의 재해석의 틀 속에서 선재하시는 하나님의 아들이란 개념은 성부 하나님과 구별되는 위격체로서의 본질론적인 의미를 가지고 있지 않다. Lampe의 이론에 의하면 스스로 신적인 중개자 역할을 수행하시는 성부 하나님 외에 다른 신적 위격체는 존재하지 않는다. 결국 그는 단일신론적 신론을 선호한 나머지 삼위일체 하나님 안의 위격적 구분을 철저하

---

217) Lampe, "The Holy Spirit and the Person of Christ", 125.

게 거부하고 있다.218)

셋째, Lampe의 성령론적 기독론은 삼위일체의 제3의 위격인 성령의 독특한 위격과 역할을 인정하지 않는다. 성령은 성부와 성자와 구분되는 제3의 위격을 의미하지 않는다. Lampe의 성령 기독론 안에는 오직 한 분 하나님이 존재할 뿐이며, 이 하나님은 세상 속에서 성령 하나님으로 활동하시며, 예수 안에, 그리고 다른 인간 안에 내재하신다. 이 것은 Lampe의 신론이 초대교회의 이단의 한 형태인 단일신론적 양태론임을 입증하는 것이다. Lampe의 성령 기독론은 역사적 예수께서 육체적으로 부활하셔서 이제는 성령 안에서, 그러나 성령과는 구별된 위격적 현존으로 신자들과 함께 하신다는 것을 정면으로 부인한다. 그의 말로 옮기면, 우리가 그리스도의 임재와 성령의 내주하심을 말할 때 우리는 하나님에 대한 동일한 체험, 곧 성령으로서의 하나님에 대한 체험을 말하는 것이다.219) 그의 성령 기독론에서 승귀 하신 주님께서는 다른 모든 선한 사람들과 같이 흔적도 없이 사라져 버렸기에 부활하신 그리스도와 어떤 진정한 인격적인 관계를 갖는다는 것은 생각할 수 없는 일이다. 다만 부활하신 그리스도 대신 과거 인간 예수 안에 나타났던 성령의 내주 하심에 대한 추억만이 우리에게 남아서 우리 안에 내재하시는 하나님에 대해 예수처럼 반응하도록 영감을 줄 뿐이다.

결론적으로 Lampe가 로고스 기독론에 대한 반작용으로 제안한 이러한 기독론적 모델은 결코 좋은 대안이 될 수 없다. 그의 비본체론적인 성령론은 성령을 구별된 위격으로 보는 성경적 견해와 부합되지 않으며, 삼위일체론과도 일치하지 않는다. 그뿐 아니라 성부와 영원한 관계에 기초하고 있는 예수의 본질적인 신성을 기능적 신성으로 대체시킴으로써 예수 그리스도의 신성에 대한 올바른 기독론적 바탕을 제공하지 못하고 있다. 우리는 Lampe의 견해를 통하여 성령 기독론의 새로운 시도가 성경의 출발점으로 돌아간다는 그들의 주장과는 달리 얼마나 성경

---

218) *Ibid.*, 123.
219) Lampe, *God as the Spirit*, 117-18.

적 바탕에서 점점 더 멀어지는 방식으로 발전되어 나갈 수 있는지에 대한 좋은 예를 보게 된다. 성령 기독론을 지지하는 자유주의 신학자나 종교다원주의자들은 예수와 성령의 관계를 통해서 하나님의 현현으로 나타나신 성령이 단지 예수를 하나의 신적인 인간으로 승화시켰다고 주장한다. 그러나 삼위일체적 기독론은 예수와 성령의 관계를 통해서 예수 그리스도는 신적인 인간이 아닌 완전한 하나님이심을 증명하고 있다. 성령이 예수께 임하신 목적은, 예수의 삶 전체가 온전히 성령의 인도함을 받아서 진정한 성령의 사람 혹은 신적인 인간으로 오늘날 우리도 성령의 역사를 통해서 예수와 같이 신적인 인간이 될 수 있다는 것을 의미하지 않는다. 단지 그것은 예수 그리스도께서 성령과의 삼위일체적 관계 속에서 자신의 신성을 우리에게 보여주시기 위함이었다. 왜냐하면 우리는 삼위일체적 관계 속에서 아들 없는 성령은 생각할 수 없으며, 동시에 성령 없는 아들은 생각할 수 없기 때문이다.

3) 삼위일체적 기독론을 향하여: 21세기 기독론을 위한 삼위일체적 제안

필자는 지난 봄 학기에 기독론 강의를 하면서 칼케돈 신조가 말하고 있는 그리스도의 양성 교리를 이해하려고 참으로 많은 노력을 기울였다. 하지만 기존의 기독론에 관한 이론들은 혼동만 가중시켰지 필자에게 명쾌한 해답을 주지는 못했다. 우리가 앞에서 살펴본 바와 같이 현대에 나타난 케노틱 기독론과 성령 기독론은 전통적 로고스 기독론이 등한시 했던 그리스도의 온전한 인간되심을 강조하기 위하여 나타났다. 하지만 그리스도의 인성을 강조하면 할수록 그리스도의 신성은 점점 약화되는 기현상을 우리는 목격하였다. 그렇다면, 칼케돈 기독론을 해석할 방법은 없는 것일까? 필자는 감히 단언 하기를 칼케돈의 기독론을 해석할 유일한 열쇠는 바로 삼위일체적 기독론 뿐이라는 것이다.

기독론은 삼위일체적으로 이해해야 한다. 기독론을 이해하는데 삼

위일체적 관점이 아닌 다른 관점을 채택한다면 그 이론은 어쩔 수 없이 한쪽으로 치우칠 수 밖에 없는 반쪽 진리(half truth)가 될 수밖에 없다. 그리스도의 신성을 강조한 로고스 기독론은 성부 하나님과 성육신 하신 로고스와의 관계에 관심을 집중시키면서 아들의 성육신에 동참하신 성령의 역할에 대하여 소홀히 하였다. 성육신에서 성령의 역할을 소홀히 한 결과는 예수의 인성에 대한 불확실한 이해이다. 한편 그리스도의 인성을 강조하기 위해 나타난 성령 기독론의 경우 영으로서의 하나님을 강조하는 반면, 삼위일체적 아버지와 아들의 관계(homoousios)를 소홀히 하였기 때문에 그리스도의 신성을 부인하는 결과를 초래하였다. 다른 한편 독일의 케노틱 기독론은 인간 예수로서의 실질적 삶을 강조하고자 절대적인 신성을 상대적으로 축소시키려는 오류를 범하였다. 케노시스 이론은 삼위일체적 관점이 아닌 형이상학적 사고를 그 출발점으로 선택하였기 때문에 실패한 기독론으로 전락하였다. 이러한 오류들은 삼위일체론과 기독론을 분리시키는데서 오는 당연한 결과이다. 교리사적으로 볼 때 삼위일체론은 기독론으로부터 출발하였고(아리우스 논쟁의 결과로 완성된 삼위일체론은 기독론적인 논쟁이었다) 기독론은 삼위일체론의 틀 안에서 완성될 수 있었다. 기독론과 삼위일체론은 동전의 양면처럼 서로 분리될 수 없으며 상호보완적 관계를 맺고있다. 모든 기독론적 진술은 언제나 삼위일체의 특정한 이해를 내포하며, 그 반대로 모든 삼위일체적 진술도 동시에 기독론의 진술을 포함한다. 그러므로 기독론 없는 삼위일체론이 있을 수 없고 삼위일체론 없는 기독론이 존재할 수 없는 것이다. 카스퍼는 다음과 같이 기독론과 삼위일체론의 연관성을 말하고 있다: 예수 그리스도 안에서 하나님과 인간 사이의 매개는 삼위일체론적으로만 이해될 수 있다. 하나이시며 동일한 위격 안에서 참으로 하나님이요 참으로 사람인 예수 그리스도는 삼위일체의 역사적 주해이다.[220] 삼위일체적 기독론이 바람직한 기독론으로 자리잡기 위하

---

[220] W. Kasper, *Jesus the Christ*, 450.

여 다음 몇 가지 삼위일체적 관점을 제안하고자 한다.

첫째, 삼위일체적 기독론은 먼저 내재적 삼위일체(Immanent Trinity)와 경륜적 삼위일체(Economic Trinity)의 통일성을 전제하면서, 내재적으로 단일한 신적 본질이시면서 성부와 성자와 성령의 상호공유적(perichoretic) 위격의 관계로 존재하시는 하나님은 구원의 경륜 가운데서도 그 자신을 그대로 계시하셨음을 고백해야 한다.221) 현대 기독론에 대한 이러한 삼위일체적 이해는 케노틱 기독론이 주장하는 신성의 비우심 혹은 포기라는 개념을 거부함과 동시에 성령 기독론이 주장하는 신적인 인간으로서의 예수 이해를 반박한다.

둘째, 삼위일체적 기독론은 전통적 로고스 기독론과 현대 기독론(특히 케노틱 기독론과 성령 기독론)이 갖고 있는 신학적 한계를 분명히 인식해야 한다. 이들의 기독론은 칼케돈의 기독론을 해석하는데 있어서 그리스도의 신성과 인성의 관계에 너무 치우치는 경향이 있었다. 필자가 앞에서 언급하였듯이 기독론의 문제는 기독론으로 해결할 수 없는 것이다. 다만 삼위일체의 문제가 기독론적으로 해석되듯이 기독론의 문제는 삼위일체적으로 풀어야 한다. 특히 그리스도의 신성과 인성의 문제는 삼위일체적 위격의 관계 안에서 풀어야 하는 것이다. 이것은 전통적 기독론이 견지해온 신성과 인성의 위격적 연합(hypostatic union) 개념과 일맥 상통한다. 여기서 필자는 동방의 캅파도키아 교부들이 발전시킨 페리코레시스(perichoresis) 개념을 도입하고자 한다. 페리코레시스는 상호침투 혹은 상호공유를 통한 위격의 내주와 순환을 의미하는

---

221) 삼위일체적 기독론은 그리스도의 신성을 증명하기 위해 내재적 삼위일체의 대표적 언어인 호모우시오스(homoousios)의 개념을 중심으로 위격의 구별을 전제한 동등성과 신성의 단일성을 증명하고자 한다. 또한 삼위일체론을 이해하는데 사벨리우스적 양태론으로 빠질 위험성을 지적하면서, 동방의 캅파도키아 교부(바실, 닛사의 그레고리, 그리고 나지안주스)들은 삼위일체의 위격을 좀더 분명하게 구분하면서 위격의 통일성을 강조하기 위하여 페리코레시스(Perichoresis)라는 상호침투 혹은 상호공유의 개념을 사용하기 시작한 것이다. 페리코레시스라는 말은 상호침투를 통한 내주와 순환을 의미하는 용어로서 삼위일체의 위격 간의 독특한 존재방식을 설명하고 있다.

용어로서 삼위일체의 위격을 좀더 분명하게 구분하면서 위격의 통일성을 강조한다. 즉 성자의 위격은 성부와의 상호공유의 관계 속에서 그의 신성을 나타내며, 동시에 성자의 위격은 성령과의 상호공유의 관계를 통해서 온전한 인간 예수가 되셨다.222) 그러므로 삼위일체의 위격적 관계 안에서 예수의 신성과 인성은 연합되며 교류가 가능한 것이다. 삼위일체적 기독론은 예수의 신성에 대한 강조를 약화시키지 않으면서 예수의 인성을 온전히 밝혀줄 수 있는 중요한 기독론적 모델이다. 그런즉, 그리스도의 신성과 인성에 관한 문제는 그리스도의 신성과 인성의 자체적 관계에 대한 연구보다도 성부와 성자와 성령의 삼위일체적 관계로 이해되어야 한다

셋째, 삼위일체적 기독론은 그리스도가 한 위격이라는 점을 확증하는데 신학적 기반을 제공한다. 삼위일체적 기독론은 성부와 성자와 성령의 삼위일체적 관계 속에 존재하시는 오직 한 위격으로서의 그리스도를 말할 뿐 그 안에 있는 신적 요소와 인간적 요소를 분리시키거나 축소시키지 않는다. 성령의 인도하심을 따라 기도하신 나사렛 예수의 대화 상대자는 신적 아들 혹은 로고스가 아니라 언제나 하늘에 계신 아버지였다. 예수 그리스도의 신적 자의식과 인간적 자의식은 직접 로고스를 지향하지 않고 삼위일체적 관계 안에서 성령으로 아버지 하나님을 지향한다. 삼위일체적 기독론은 오직 삼위일체의 한 위격이신 예수 그리스도의 중보자로서의 삶과 역할에 초점을 맞추고 있으며, 바로 그 중보자가 완전한 신성과 완전한 인성을 소유하셨음을 고백해야 한다. 동정녀 마리아로부터 성령으로 탄생하신 완전한 인간이시며 완전한 하나님이신 예수 그리스도는 언제나 삼위의 한 위격으로서 성부 하나님과의 관계 맺으셨다.

넷째, 삼위일체적 기독론은 가장 명확하게 그리스도의 신성을 확보

---

222) 여기서 삼위일체적 성령의 이해가 중요한데 성령은 아버지와 아들을 내적으로 하나가 되게 하실 뿐만 아니라, 예수의 동정녀 탄생에 주도적인 역할을 하셔서 예수 그리스도가 온전한 인간이 되실 수 있도록 역사하신다.

할 수 있는 신학적 기반을 제공한다. 로고스 기독론은 그리스도의 신성을 증명하기 위해 그리스도의 선재성(pre-existence of Christ)을 강조하고, 성령 기독론은 그리스도의 신성을 하나님의 영이 임재하는 신적 연합이라는 개념으로 해석하지만, 삼위일체적 기독론은 성부와 성자와 성령의 삼위일체적 관계 가운데서 그리스도의 신성을 입증한다. 필자가 생각하기에 전통적으로 신성에 대한 잘못된 인식이 있어 왔는데, 그것은 예수가 어떤 이적이나 신적인 능력을 행사하시거나 혹은 죄를 사하시는 능력 같은 기능적 관점으로 그리스도의 신성을 해석하려는 것이다. 신성은 그리스도가 신적인 이적과 기적을 행하시므로 얻어지는 것이 아니다. 신성은 단일하여 삼위일체의 존재론적 관계 가운데서 나타나는 것이다. 서방의 삼위일체론을 완성한 어거스틴(Augustine)은 그의 삼위일체론에서 단일한 신적 본질에 관하여 다음과 같이 말하고 있다: 삼위일체는 어쩌다 세 하나님들이 아니라 한 하나님이다. 또한 하나님은 구별되는 세 위격체로 존재 하심에도 불구하고, 본질에 있어서 하나이시다.223) 어거스틴은 하나의 본질(One Essence)로 존재하시는 하나님은 분리될 수 없는 성부와 성자와 성령의 위격적 관계 속에서 존재하신다는 것을 강조한다. 즉, 성부와 성자와 성령은 분리될 수 없는 하나의 본질로 존재하시는 한 하나님이시다. 한 본질과 한 신성 혹은 한 하나님이라는 말은 곧 성부와 성자와 성령의 동등한 관계성을 떠나서는 존재할 수 없다. 또한, 어거스틴은 강조하기를 한 본성, 한 신성, 한 위엄과 한 영광이, 더 나아가서 한 의지만이 그리고 한 활동만이 한 하나님에 귀속되지 세 위격들 개개 자신들에는 귀속되지 않는다. 어거스틴은 아버지와 아들과 성령의 위격적 관계를 인정하면서도 삼위일체의 출발점을 하나의 단일한 본질로부터 출발했다. 단일한 본질이신 한 하나님께는 한 신성과 한 영광이 있을 뿐이며, 내재적으로 하나의 신성과 영광으로 존재하시는 하나님은 그 자신 그대로를 계시하셨다.

---

223) 성 아우구스티누스, 『삼위일체론』, 제2권.

다섯째, 삼위일체적 기독론은 예수 그리스도가 역사 속에 실제로 활동하셨던 구체적인 인간이심을 확증하는데 관심을 집중해야 한다. 삼위일체적 기독론은 예수가 한 위격(person)의 주체임을 말하는 만큼 그가 실제적인 인간임을 명확히 표현해야 한다. 예수 그리스도는 인간이 가져야 할 것을 모두 가졌고 행해야 할 것을 모두 행하셨다는 전통적인 표현으로는 불충분하고 "예수 그리스도가 바로 인간이다"(Jesus Christ is a human person)라는 사실을 강조해야 한다. 예수의 온전한 인간으로 사셨음을 증명하기 위해서 삼위일체적 기독론은 공관복음서을 중심으로 발전하고 있는 현대 경륜적 삼위일체의 중요한 주제인 성자와 성령의 관계를 주목할 필요가 있다. 공관복음서에서 이해하는 성자와 성령의 관계는 성령이 예수의 참 인성과 인간적 삶의 창조자라는 것이다. 예수의 탄생 기사에서 마리아는 성령으로 아이를 잉태하였고 (마1:18), 예수의 세례 때에 성령이 비둘기 같이 임하셨으며(마 3:16; 막 1:10), 성령은 예수를 광야로 인도하사 한 인간으로 시험을 받게 하셨고(마 4:1; 막 1:12), 메시야로서의 예수는 그의 사역을 성령으로 시작하셨다 (눅 4:18). 특히 성령은 예수 탄생에 직접적으로 참여 하심으로 두 번째 사람을 동정녀 마리아를 통해서 창조하신 것이다. 삼위일체적 기독론은 예수 그리스도가 그의 탄생, 성장, 세례, 시험, 사역에서 성령과 동행하시는 것을 성령과 분리될 수 없는 삼위일체적 관계에 대한 확증으로 이해한다. 그리고 예수께서 지상 사역 동안 성령의 이끌림에 의해 행동하신 것은 그의 인성이 신성과 혼합, 분리, 변질되는 것을 막고 온전하고 거룩한 신성과 인성을 유지하기 위한 삼위일체적 사역이었다. 오직 성령의 역사 하심으로 인하여 말씀의 신성이 진정한 인성과 위격적으로 관계를 맺을 수 있고, 죄인과 같은 모습으로(롬 8:3) 오실 수 있었으며, 그럼에도 여전히 거룩하고, 악이 없고, 더러움이 없이(히 7:26) 존재하시는 거룩한 자가 되실 수 있었다(눅 1:35).

마지막으로 삼위일체적 기독론은 Lampe가 주장하듯이 로고스 기독론과 성령 기독론을 서로 배타적인 관계에 있는 것으로 이해하지 않는다. 성령 기독론의 개념으로 전통적인 로고스 기독론이 표현하지 못하는 그리스도에 대한 역동적 이해가 가능하며, 무엇보다 로고스 기독론의 약점으로 지적된 그리스도의 인성에 대한 성령론적 관점을 부각시키므로 예수 그리스도의 참 인성을 확보할 수 있다. 동시에 삼위일체적 기독론은 로고스 기독론이 갖고 있는 근본 이해를 전적으로 수용한다. 즉, 영원 전에 성부와 삼위일체의 관계 속에 존재하셨던 성자이신 로고스의 성육신은 그의 완전한 신성을 증명하기에 충분하다. 성령 기독론과 로고스 기독론을 통합하려는 시도는 성령 로고스 기독론(Pneumatic Logos Christology),224) 하나님의 말씀 임재의 기독론(The Theory of the Presence of God's Word)225) 등으로 최근에 논의가 되고 있다.226)

---

224) H. Hunter, Spirit Christology: Dilemma and Promise(I, II), 127-40, 266-277.
225) P. Schoonenberg, *The Christ*, trans. by D. Couling (New York: Herder & Herder, 1971).
226) 성령론적 기독론과 기독론적 성령론에 대한 논의는 다음과 같은 신학자들에 의해 발전되었다: W. Kasper, *Jesus the Christ*; Y.M.J. Congar, The Word and the Spirit, trans. by David Smith (London: Geoffrey Chapman, 1986); P.J. Rosato, Spirit Christology: Ambiguty and Promise, 423-49; J.D.G. Dunn, Rediscovering the Spirit, *The Expository Times* 94 (1982), 9-18 and *Jesus and the Spirit* (Philadelphia: Westminster, 1975).

제 6 장
삼위일체적 교회론[227]
- 관계적 위격의 개념을 중심으로 -

교회는 시대를 초월해서 모든 참 신자들의 공동체이다. 웨인 그루뎀에 의하면 교회는 구원 받은 사람들로 구성된다.[228] 바울은 그리스도께서 교회를 사랑하시고 위하여 자기를(엡 5:25) 주셨다고 했는데, 여기서 교회란 그리스도의 죽으심으로 구원 받은 모든 사람에게 적용되는 말이다. 본래 신약에서의 교회는 헬라어 에클레시아(ekklesia)로서, 대체로 한 지역의 그리스도인들의 회중을 의미하였다. 사도행전, 야고보서, 요한삼서, 요한계시록과 바울의 초기서신에서 교회는 항상 특정지역의 회중이었고, 골로새서와 에베소서는 바울이 '교회'에 대한 그의 용법을 일반화시켜 보편적 교회가 아닌, 그리스도를 머리로 삼고 있는 모든 지역적 몸(local body)의 신령하고 천상적인 의미를 가리켰다. 벌코프는 교회를 다음과 같이 정의하고 있다: "그리스도께서 성령의 사역을 통하여 사람들을 자신에게 연합시키고 그들에게 참된 믿음을 주어서 그 교회를 자기의 몸 곧 성도의 무리(communio fidelium 또는 sanctorum)를 구성한다는 것이다."[229]

---

227) 이 글은 한국복음주의신학회 논문집인 성경과 신학 제29권(2001): 97-124에 발표되었던 논문이다.
228) 웨인 그루뎀,『조직신학(하)』, 노진준역 (서울: 은성, 1997), 21.

교회의 기원에 대해서는, 대부분의 학자들이 오순절의 성령 강림으로부터 시작된 예루살렘 교회를 최초의 역사적 교회로 보는데 견해를 일치하고 있다. 그러나 한스 큉은 교회의 근원이 예수의 탄생과 활동과 제자 선택에서부터 예수의 죽음과 부활, 그리고 부활의 증인들에 대한 성령의 부여에 일기까지, 예수 그리스도의 사건 전체에 있다고 말한다. 즉 교회는 예수 제자들의 참으로 살아있는 분에 대한 현실의 체험에서 출발하였으며, 예수를 메시아로, 하늘에서 오는 인자로, 다윗의 아들로, 하나님의 종이며-아들로 특히 헬레니즘 문화권에서는-주님으로 인정하는 신앙 고백과 더불어 동시에 현실화된 새로운 공동체 였으며, 참으로 종말론적 사건으로서의 예수의 현존을 이해하는 마지막 시대의 구원 공동체였다.230) 따라서 교회란 '에클레시아' 라는 용어를 이어받음으로써, 참 하나님의 집회, 참 하나님의 공동체, 참 종말의 하나님 백성이다.

현대 교회론에서 가장 중요하게 논의되고 있는 것은 교회는 공동체라는 것이며 이러한 교회의 공동체 개념은 삼위일체 하나님의 "존재 공동체"에서 시작한다는 것이다.231) 그러므로 본 장은 한국 교회에 삼위일체론적 모형의 교회 공동체론을 제시하고자 한다.

---

229) 루이스 벌코프, 『조직신학(하)』, 권수경&이상원역 (서울: 크리스챤 다이제스트, 1991), 809.
230) 한스 큉, 『교회란 무엇인가』, 이홍근역 (서울: 분도출판사, 1999), 59-64.
231) 현대 삼위일체론자들은 전통적 교의신학이 기독교의 핵심적 교리인 삼위일체론을 신론의 한 분야로 취급함으로써, 기독교의 본질을 왜곡시켰다고 주장한다. 삼위일체론은 현대 신학자들에 의해 교의신학의 핵심적 교리로 부활된 후 지속적인 발전을 거듭해왔다. 주목할 것은 20세기의 삼위일체론은 동방과 서방 신학자들의 신학적 대화 가운데 재형성되고 있음을 강조하고 싶다. 동방교회와 서방교회는 그들의 신학적 대화(Theological Dialogue)를 통해서 "합의된 삼위일체 성명서"(Agreed Statement on the Holy Trinity)를 발표했다. 다음 문헌들을 참조하라: T.F. Torrance(ed.), *Theological Dialogue between Orthodox and Reformed Churches*, vol 1 and 2, (Edinburgh: Scottish Academic Press, 1985 and 1993).

1. 교회의 본질

교회란 과연 무엇인가?에 대한 질문은 현대 신학에서 중요한 논의의 대상이 되어왔다. 필자는 교회를 정의하고자 할 때 현대 신학에서 사용되는 교회의 기능에 대한 문제보다 교회의 본질적인 면을 강조하기 위해서 역동적 공동체 개념으로서 교회를 정의하고자 한다. 교회의 본질적 시작은 본질적으로 존재의 근원인 삼위일체 하나님에 대한 존재론적인 인식과 영적인 교제로부터 출발하기 때문에,232) 참된 기독교 영성은 곧 삼위일체 하나님의 상호공유적 영성을 회복하며 끊임없이 그 분과 교제를 갖는 것이라 할 수 있다. 그러므로 올바른 기독교 영성을 정의하기 위해서는 삼위일체 교리를 바탕으로 발전시키는 것이, 교의신학적 관점에서의 21세기 교회와 영성을 이끄는 길이라고 본다.

교회의 본질을 역동적 혹은 유기적 공동체로 이해하기 위해서 삼위일체론적 교회론보다 더 좋은 것은 없다. 교회 공동체의 실제적 출발은 오순절 성령이 강림하시므로 성령의 코이노니아를 통해서 실제적인 공동체가 시작되었다. 그러나 교회 공동체의 시초는 오순절 성령 강림 이전 영원하신 삼위일체의 공동체적 관계 속에서 이미 찾아볼 수 있다. 토마스 토란스(Thomas. F. Torrance)는 인간의 모든 공동체적 요소는 이미 영원하신 삼위일체 하나님의 존재로부터 출발한다고 말한다.233) 현대 삼위일체 신학자들은 동방의 캅파도키아 교부들이 발전시킨 상호공유적(perichoretic) 관계로서 위격의 개념(the concept of person)을 받아들여, 그것을 현대적 개념으로 재해석하면서 영원하신 삼위일체 하나님은 역동적인 존재 공동체라고 말한다. 한 본질이시며, 세 분의 위격체로 존재하시는 삼위일체 하나님은 영원부터 역동적으로 서로 사랑하

---

232) 심창섭, 21세기를 주도하는 기독교 영성운동:『역사신학적 관점, 기독교 영성운동』(서울: 영성, 1999), 42.
233) T.F. Torrance, The Goodness and Dignity of Man in the Christian Tradition, *Modern Theology* 1988(4:4), 320.

시고 섬기시며 교제하시는 분이라는 것이다. 이렇게 역동적인 상호공유 가운데 존재하시는 내재적 삼위일체 하나님은 창조와 구원의 역사 속, 즉 경륜적 삼위일체의 관계 속에서도 자신의 공동체적 본질을 계시하신다.

이러한 존재 공동체로서의 삼위일체 하나님에 대한 이해는 교회가 무엇인가에 대한 본질적 질문에 대한 명쾌한 해답을 제시하고 있다. 즉, 존재 공동체로서의 삼위일체 하나님에 대한 이해는 우리에게 참된 공동체의 모형으로서의 교회를 정의하고 있다. 교회는 존재 공동체로서 존재하시는 삼위 하나님 사이의 코이노니아 속에서 탄생한 것이다.234) 삼위 하나님은 각각 자신만을 위하여 존재하시는 것이 아니라 타자를 위해 섬기는 모습을 보여 준다. 성부는 성자와 성령을 위해, 성자는 성부와 성령을 위해, 성령은 성부와 성자를 섬기기 위해 존재하신다는 것이다. 즉, 하나님은 본질적으로 한 분의 하나님이시지만 위격적으로 성부와 성자와 성령의 존재 공동체(a community of being)를 형성하시며, 각 위격은 각각의 독특하게 구별되는 정체성을 유지하면서도, 어느 한 위격도 다른 두 위격들과는 분리되어서 존재하실 수 없는 관계적 존재이시다.

성부와 성자와 성령의 온전한 삼위일체적 교제의 관계는 교회 공동체적 영성의 표본이 되어 교회의 공동체 속에 투영될 뿐만 아니라, 삼위일체 하나님은 교회의 공동체 속에서 자신의 삼위일체적인 공동체 영성을 형성시켜 나가신다. 우리를 위해 자신의 몸을 주신 예수 그리스도는 교회가 곧 그리스도의 몸이라는 것을 나타낸다. 또한 그리스도의 몸으로서 교회 개념은 교회의 유기체적 특징을 잘 나타내 준다. 이러한 유기체적 교회관은 교회가 곧 성령의 은사 공동체(charismatic community)라는 것을 상기 시키신다. 또한 우리에게 오신 성령님은 우리가 공동체로 살아가고 공동체를 섬기는 구체적인 영성을 얻을 수 있도록 우리를 가

---

234) 김현진, 『공동체 신학』 (서울: 예영 커뮤니케이션, 1998), 53-4.

르치시고 인도하신다. 삼위일체 하나님 자신이 상호공유와 섬김의 존재 공동체라면, 삼위일체 하나님의 형상(image)인 우리도 이를 따라 온전한 공동체적 교회론을 가져야 할 것이다. 교회는 삼위일체 하나님과 같이 서로 사귐과 교제, 봉사와 섬김의 삶 속에서 진정한 존재의 의미를 발견해야 한다. 삼위일체 하나님은 교회가 관계적 공동체가 되도록 창조하셨고, 이러한 관계적 교회의 개념 속에서 우리는 또한 삼위일체 하나님을 볼 수 있다. 그러므로 삼위일체 하나님을 믿는 모든 성도들과 교회는 하나님의 영광스러운 교제의 관계를 반영하는 공동체 영성을 우리의 삶 속에 반영해야 할 것이다. 이러한 삼위일체적 교회론은 21세기 교회와 영성을 논하고자 할 때 꼭 다루어야 할 중요한 분야라고 본다.

2. 현대 삼위일체의 중심 주제

현대 삼위일체 논쟁은 두 가지 중요한 개념들을 중심으로 논의되고 있다. 그 하나는 위격(person)이라는 단어를 삼위일체 교리 안에서 어떻게 이해할 것인가 하는 것이고,[235] 다른 하나는 영원하신 "내재적 삼위일체"와 구원의 역사 속에 자신을 계시하신 "경륜적 삼위일체"와의 관계에 관한 것이다.[236] 현대 삼위일체론의 올바른 확립은 이 두 가지 개

---

[235] 삼위일체의 위격(person)에 대한 논의로 다음 문헌을 참조하라. A.J. Torrance, *Persons in Communion* (Edinburgh: T&T Clark, 1996); J.D. Zizioulas, *Being as Communion* (New York: St. Vladimir's Seminary Press, 1985); J.A. Bracken, *The Triune Symbol: Persons, Process and Community* (Lanham: University Press of America, 1985); V. Brummer, *Speaking of A Personal God* (Cambridge: Cambridge University Press, 1992); T.H. Speidell, "A Trinitarian Ontology of Persons in Society," *Scottish Journal of Theology* 1994(47), 283-300; F. Buri, "Trinity and Personality," *Iliff Review* 1983(40), 15-24; A.I. AcFadyen, The Call to Personhood (Cambridge: Cambridge University Press, 1990); C. Schwobel and C.E. Gunton(eds.), *Persons, Divine and Human* (Edinburgh: T&T Clark, 1991); M.C. Shin, "A Dialogical Trinitarian Pneumatology," unpublished Ph.D thesis (Aberdeen: Aberdeen University, 1997), 122-44.

념을 어떻게 해석하느냐에 그 관건이 달려있다고 해도 과언이 아니다. 먼저 현대의 삼위일체 논쟁으로부터 발전한 위격(person)의 개념을 연구하고자 한다.

1) 상호공유적 위격 중심의 삼위일체론

상호공유적 위격 중심의 삼위일체론은 동방의 캅파도기아 교부들의 삼위일체론에 영향을 받은 현대 신학자들에 의해 발전되고 있다. 현대 삼위일체 논쟁의 가장 중요한 업적 중의 하나는 위격의 개념(the concept of person)을 다른 개인들(other individuals)과 분리되는 "개인"(individual)의 개념이 아닌, 상호공유적(perichoretic) 위격의 개념으로 이해해야 한다는 것이다. 즉, 성부의 위격은 성자와 성령의 관계 속에서만 그 존재성을 유지할 수 있다. 성자의 위격도 성부와 성령과의 관계 속에서, 그리고 성령의 위격도 성부와 성자와의 관계 속에서 그 위격의 존재를 유지할 수 있는 것이다. 이러한 상호공유적 위격의 개념은 곧 예수께서 그 자신과 아버지와의 관계를 설명하실 때도 나타난다: "내가 아버지 안에 있고 아버지께서 내 안에 계시다."(요 14:11; 17:21) 또한 "나와 아버지는 하나"(요 10:30)라는 예수의 말씀 속에는 성부가 성자이고 성자가 성부라는 말씀이 아니고 아들과 아버지 사이에는 본질

---

236) "내재적 삼위일체"와 "경륜적 삼위일체"의 관계에 관한 연구로 다음 문헌들을 참조하라. K. Rahner, *The Trinity* (trans. Joseph Donceel, London: Burns & Oates, 1970); E. Jungel, "The Relationship between Economic and Immanent Trinity," *Theology Digest* 1976(24), 179-84; G.D. Badcock, "The Doctrine of the Holy Spirit in Contemporary Trinitarian Theology: A Critical Appraisal of the Idea of the Unity of the Economic with the Immanent Trinity," unpublished Ph.D Dissertation (Edinburgh: Edinburgh University, 1991); M.C. Shin, "A Dialogical Trinitarian Pneumatology," unpublished Ph.D thesis (Aberdeen: Aberdeen University, 1997), 145-62, 이승구, "존재론적 삼위일체와 경륜적 삼위일체의 관계", 차영배외, 『삼위일체론과 성령론』 (서울: 태학사, 1999), 393-433.

적으로 완성된 상호공유(perichoresis)가 있음을 암시하고 있다.

하지만 칼 바르트와 칼 라너는 위격이라는 단어가 개인적이며 분리적인 의미를 내포하고 있기 때문에 삼위 하나님을 표현하는 방식에서 위격(person)이라는 단어를 사용하기 보다는 "존재의 세 가지 양태"(three modes of being) 혹은 "실재의 세 가지 분명한 양태"(three distinct mode of subsistence)라는 표현을 사용한다. 바르트에 의하면 하나님 안에 세 위격이 있다고 하는 것은, "우리가 여기서 경계해야 할 삼신론의 최악한 말이다."237) 칼 라너도 삼위일체에서 위격이라는 표현은 관계적인 면보다는 분리적이고 개인적인 단어이기 때문에 현대 삼위일체 교리에서 위격(person)이라는 단어를 제거해야 한다고 강조한다.238) 즉 하나님이 세 분의 위격이라고 말할 때에 우리는 삼신론의 위험에 빠진다고 바르트와 라너는 지적한다.

바르트와 라너의 위격에 대한 비판에도 불구하고, 대부분의 현대 삼위일체 신학자들은 상호공유적 위격(person)의 개념을 삼위일체 교리 속에서 찾고있다.239) Herbert Wolf는 단언하기를 위격의 개념은 삼위일체 하나님으로 계시되어진 아버지와 아들과 성령의 상호공유적 관계로부터 파생된다고 말한다.240) 위격의 공유성은 터툴리안의 삼위일체론에

---

237) K. Barth, *Church Dogmatics*, I/1, 1978, 403.
238) K. Rahner, *The Trinity*, 103-105.
239) 위격의 개념을 상호관계적의 개념으로 이해하는 삼위일체 신학자들은 다음과 같다. L. Hodgson, *The Doctrine of the Trinity* (New York: Charles Scribners Sons, 1944); L. Boff, *Trinity and Society*, trans. Paul Burns (Maryknoll, N.Y.: Orbis, 1988); J. Moltmann, *The Trinity and the Kingdom of God* (London: SCM Press, 1981); A.J. Torrance, *Persons in Communion* (Edinburgh: T&T Clark, 1996); J.D. Zizioulas, *Being as Communion* (New York: St. Vladimir's Seminary Press, 1985); J.A. Bracken, *The Triune Symbol: Persons, Process and Community* (Lanham: University Press of America, 1985); T.H. Speidell, "A Trinitarian Ontology of Persons in Society," *Scottish Journal of Theology* 1994(47), 283-300.
240) H. Wolf, "An Introduction to the Idea of God as Person," *Journal of Bible and Religion* 1964(32:1), 27.

서도 발견되는 데, 그는 처음으로 계시 속에 나타나신 성부와 성자와 성령을 세 분의 페르소나(persona)라고 정의함으로써 이들의 분리될 수 없는 관계성을 설명하고 있다.241) 터툴리안은 세 분의 위격(persona)은 역동적인 관계 속에서만 존재하실 수 있다는 것을 암시한다. 공유적 혹은 관계적 개념의 위격(persona)은 어거스틴의 삼위일체론에서도 찾아 볼 수 있다. 어거스틴은 "성부가 페르소나시요, 성자가 페르소나시요, 성령이 페르소나이시므로, 확실히 세 페르소나가 계시다"라고 말하므로 삼위일체 안에 세 분의 위격(persona)이 계심을 확신하고 있다.242) 그리고 위격은 오직 그들의 관계성 안에서만 정의되고 구분될 수 있다고 어거스틴은 말하고 있다: "또 하나님에 대한 말이 그 모두가 그의 본질에 관한 것도 아니다. 관계에 대해서 말할 수도 있기 때문이다. 성자에 대한 성부의 관계나 성부에 대한 성자의 관계 같은 것이다… 오직 아들이 있기 때문에 아버지를 성부라고 부르며, 따라서 아들도 오직 아버지가 있기 때문에 성자라고 부르는 것이므로, 이 명칭들은 본질에 대해서 쓰는 것이 아니다… 상호 관계에 대해서 쓰는 것이기 때문이다."243) 비록 어거스틴이 본질 중심의 삼위일체론에 더 집중한 것은 사실이지만, 그의 삼위일체론은 위격들의 관계성에 많은 지면을 할당한 것을 볼 수 있다.244)

그러나 상호공유적 위격의 개념은 동방의 캅파도키아 교부들에 의해 보다 세밀하게 발전된다. 동방 교부들은 때때로 사회 공동체적 의식을 그들의 삼위일체론 논쟁에서 찾았다. 특히 그들은 삼위 되신 성부, 성자, 성령 하나님의 내재적(혹은 존재론적) 관계성을 설명하기 위해서 공동체적인 언어인 perichoresis를 사용하였다. 그들의 주장에 의하면 하

---

241) Tertullian, *Aganinst Praxeas*, Ch. 25 and 31.
242) 성 아우구스티누스, 『삼위일체론』, 7, 4, 8.
243) *Ibid.*, 5, 5, 5.
244) 어거스틴은 그의 *삼위일체론* 제5권부터 제7권까지 위격과 위격의 관계성에 대해 자세히 설명하고 있다.

나님은 아버지와 아들과 성령의 영원한 공동체적 관계 속에서 존재하신다는 것입니다. 영국의 복음주의 신학자 알리스터 맥그라스는 다음과 같이 perichoresis를 설명하고 있다: "perichoresis의 개념은 세 인격들이 각자의 개체성을 유지하는 한편 각각의 인격이 다른 두 인격의 생명을 공유함을 의미한다. 이 생각을 표현하기 위하여 '존재 공동체'a community of being라는 이미지가 자주 상용된다. 존재 공동체 안에서 각 인격은 각각의 독특하게 구별되는 정체성을 유지하면서도, 다른 인격들을 통찰하며 또한 다른 인격들에 의하여 통찰된다."[245]

현대 삼위일체론자들은 어거스틴과 캅파도키아 교부들의 전승을 따라서, 위격의 개념을 관계적 혹은 공동체적으로 이해하고 있다. 삼위일체 안에서의 통일성과 통일성 안에서 삼위일체를 명료하게 하기 위해서, 삼위의 관계를 상호 공유적 관계로 이해하며, 이러한 분리될 수 없는 위격들간의 상호공유는 곧 삼위일체의 공동체성(community)을 대변하고 있는 것이다. 그리고 이러한 공동체적 위격의 개념은 삼위 하나님의 서로 사랑하시고 교제하시는 관계를 보여줄 뿐 아니라, 삼위일체 하나님의 형상으로 창조된 인간은 필연적으로 공동체적 관계 속에서 존재한다는 것이다.

2) 내재적(혹은 존재론적) 삼위일체와 경륜적 삼위일체의 관계

"내재적 삼위일체"(immanent Trinity)와 "경륜적 삼위일체"(economic Trinity)의 관계성에 대한 논의는, 위격(person)에 대한 논의와 함께, 전통적 삼위일체론을 재형성(reformulation)하려는 현대 신학의 한 흐름에서 파생하였다고 볼 수 있다. 1970년대 이후로 유럽과 영국에서 뜨거워진 삼위일체 논쟁의 핵심은 "내재적 삼위일체"와 "경륜적 삼위일체"의 관계에 관한 것이었다.

---

245) Alister E. McGrath, 『역사 속의 신학』, 김홍기/이형기/임승안/이양호역 (서울: 기독교서회, 1998), 390.

내재적 삼위일체와 경륜적 삼위일체의 관계에 대한 이해는 칼 라너에 의해 현대 삼위일체 논쟁의 "뜨거운 감자"로 등장했는데, 그 관계에 대한 구분은 역사 속에서 계시를 통하여 하나님이 알려지는 방법과 하나님의 영원한 내재적 존재 방법의 차이로 이루어진다. 이 둘 사이의 관계에 관한 라너의 표현은 다음과 같은 형태로 현대 신학에서 광범위하게 인용되고 있다: "경륜적 삼위일체는 내재적 삼위일체이며, 내재적 삼위일체는 경륜적 삼위일체이다."246) 다시 말하자면, 하나님이 역사 속에서 스스로를 계시하고 경험하는 방법은 영원하신 하나님 실제의 모습과 일치한다는 것이다. 우리는 앞의 논의에서 한 하나님(One God)은 세 분의 위격(Three Persons)으로 상호 공유의 공동체적 관계로 영원히 존재하신다는 것을 알았다. 하지만 이렇게 상호 공유의 관계 속에 존재하시는 삼위 하나님은 또한 구원의 역사 속에서도 상호 공유의 관계 가운데 활동하신다는 것이다. 어거스틴은 주장하기를 구약의 이스라엘 백성들과 신약에서 나타나신 하나님은 유일하신 성부 하나님 단독의 행위도 아니요, 성자와 성령 하나님의 독자적인 나타나심도 아닌 삼위일체 하나님의 나타나심이라는 것이다.247) 여기서 라너의 명제를 다시 한번 적용할 때 영원 속에서 서로 협력하시고 사랑하시며 교제하시는 삼위의 하나님은 그 모습 그대로 계시의 역사 속에서도 서로 도우시며, 교제하시며 우리들의 구원을 이루신다는 것이다. 이러한 맥락에서 영원하신 상호공유적 삼위일체 하나님에 대한 이해는 구원의 역사 속에서 사역하시는 아들(곧 말씀)과 성령의 동등한 관계를 말해주고 있다.

한편 라너의 대명제(axiom)는 여러 각도로 다양한 신학자들에 의해서 재해석되어지고 있다.248) 바르트는 주장하기를, 하나님은 하나님

---

246) K. Rahner, *The Trinity*, 22.
247) 성 아우구스티누스, 『삼위일체론』, 2, 10-18.
248) 라너의 대명제에 대한 다양한 신학자들의 해석을 보기 위해 다음 문헌을 참고하라. R. Olson, "Wolfhart Pannenberg's Doctrine of the Trinity," *Scottish Journal of Theology* 1990(43), 213-27.

의 자기 계시에 보이신 그대로 존재한다고 강조한다. 계시자와 계시 사이에는 직접적인 일치가 있음에 틀림없다. 만약 "하나님이 자신을 주로서 계시하신다면", 하나님은 "그 자신 안에서 선행하여" 주님이어야만 한다.249) 계시는 영원 속에 존재하는 하나님의 실재를 시간 안에서 보여주는 일이다. 여기서 바르트는 영원하신 존재론적 하나님은 구원의 역사 속에 계시된 경륜적 하나님과 동일하다고 말하고 있다. 하지만 바르트의 논지는 존재론적인 하나님은 계시된 하나님의 존재의 근거가 된다는 것을 강조하므로 경륜적 삼위일체보다는 존재론적 삼위일체에 삼위 하나님의 근거를 두고 있다.250) 이종성교수는 다음과 같이 바르트의 삼위일체론을 평가하고 있다: "… 삼위의 상호관계는 본래부터 근원적으로 하나님 안에서 발견된다고 한다. 그럼으로써 먼저 내재적 (Immanent) 삼위일체론을 인정하는 동시에, 그 하나님이 계시자와 계시와 계시됨의 현상으로 나타나거나, 창조자와 화해자와 구속자로 나타남으로써 경세적(Economic) 삼위일체론도 인정하게 된다."251) 카스퍼 (Kasper)도 주장하기를 진정한 삼위일체 하나님은 경륜적 삼위일체에 의존하지 않고, 영원 이전부터 삼위일체 하나님으로 존재하시는 존재론적 삼위일체로부터 출발하여야 한다는 것이다.252) 왜냐하면 하나님의 자유와 독립성은 세상의 어떤 것으로부터도 영향을 받을 수 없고 스스로 존재하시기 때문이다.

---

249) K. Barth, *Church Dogmatics*, 1936, 548. 비록 바르트는 라너 이전에 계시 속에서 행하시는 하나님과 영원하신 하나님은 일치한다고 말하고 있지만, 우리의 논의를 위해 바르트의 논지를 라너의 명제 아래서 해석하고자 한다.
250) P. Molnar, "The Function of the Immanent Trinity in the Theology of Karl Barth: Implications for Today," *Scottish Journal of Theology* 1989 (42), pp. 367-99 and "Toward a Contemporary Doctrine of the Immanent Trinity: Karl Barth and the Present Discussion," *Scottish Journal of Theology* 1996(49), 311-57.
251) 이종성, 『삼위일체론』, 638.
252) K. Kasper, *The God of Jesus Christ*, trans. Matthew O'Connell (London: SCM Press, 1984), 273-77.

반면에 몰트만(J. Moltmann)은 그의 저서 삼위일체와 하나님의 나라에서 라너의 명제를 바탕으로 내재적 삼위일체와 경륜적 삼위일체의 통합성을 강조하고 있다.253) 하지만 그의 삼위일체의 출발점은 구원 역사에 대한 우리의 경험과 이 경험에 대한 성서의 표현이라고 강조하면서, 경륜적 삼위일체에 관한 지식이 삼위일체의 출발점이라는 것을 강조한다. 그에 따르면 십자가는 단지 구원의 섭리 위에서 이해되어지는 것이지, 내재적 삼위일체 내에서 이해되어 지는 것이 아니다. 내재적 삼위일체론으로 인도하는 신학적 성찰의 과정은 그 출발점이, 역사 안에서 이루어지는 경륜적 삼위일체로부터 출발하여야 한다는 것이다.

위에서 언급한 내재적 삼위일체와 경륜적 삼위일체의 관계성에 대한 문제는 인간의 사유 방식에 문제가 있다고 본다. 서방의 신학에서 가장 극복하기 어려웠던 것은 이원론적 사유 방식이다.254) 이러한 이원론적 사유 방식은 내재적 삼위일체와 경륜적 삼위일체의 관계성에서도 어느 한 쪽을 선택할 수 밖에 없는 것이다. 그러므로 몰트만과 같은 사회적 삼위일체론자는 삼위일체에 대한 해석에서 경륜적 삼위일체가 존재론적 삼위일체을 이끌어 낸다고 주장한다. 그러므로 영원하신 삼위일체 하나님이 마치 인간 역사의 테두리 안에서만 활동하고 계시다는 인상을 주면서, 하나님은 이 세상을 의지하고 있지 않다는 삼위일체 하나님의 독립성(independence)을 부인하고 있다. 반면에 카스퍼(W. Kasper) 같은 보다 정통주의 신학 노선에 있는 자는 내재적 삼위일체를 경륜적 삼위일체론과 구별하여 마치 내재적 삼위일체는 경륜적 삼위일체와는 아무 관계가 없는 계시의 역사를 초월하는 하나의 신비적 존재로 기독교 삼위일체를 변질시킬 위험성이 있는 것이다.

내재적 삼위일체와 경륜적 삼위일체의 관계는 어느 한쪽이 다른 한쪽과 분리되어서 이해될 수 없는 것이다. 즉, 삼위일체 하나님은 세상과 밀접한 관계를 가지고 계시면서도 세상을 초월하시며, 세상을 초월하시

---

253) J. Moltmannn, *The Trinity and the Kingdom of God*, 171-90.
254) 이정용, *The Theology of Change* (서울: 대한기독교서회, 1998), 25-27.

며 삼위로 존재하시는 하나님인 동시에 그 자신을 역사 속에 그대로 계시하시는 분이신 것이다.

3. 삼위일체적 교회론

우리는 앞에서 "21세기를 향하는 한국 교회는 삼위일체 하나님의 상호 공유적 위격의 공동체 개념을 받아들여 교회 공동체성을 회복하자"고 주장하였다. 현대 삼위일체 신학자들은 동방의 캅파도키아 교부들이 발전시킨 "상호공유적"(perichoretic) 관계로서 위격의 개념(the concept of person)을 받아들여, 그것을 현대적 개념으로 재해석하면서 영원하신 삼위일체 하나님은 하나의 신적 본질이시면서 삼위의 "위격 공동체"라고 주장하고 싶다. 하나의 본질(One Being)이시며, 세 분의 위격체(Three Persons)로 존재하시는 삼위일체 하나님은 영원부터 역동적으로 서로 사랑하시고 섬기시며 교제하시는 분이라는 것이다. 이렇게 하나의 신적 본질 안에서 역동적인 상호공유의 관계 가운데 존재하시는 내재적 삼위일체 하나님은 창조와 구원의 역사 속에서도 자신의 공동체적 본질을 계시하신다. 즉, 자신의 공동체적 삼위일체 형상(image)으로 인간을 창조하시되(창 1: 26-27; 2: 24) 구원의 섭리 가운데 나타난 교회 공동체(행 2장)와 영원하신 위격 공동체로 존재하시던 성자와 성령이 교회 공동체 속에서 상호공유의 관계 속에서 우리의 구원을 완성하고 계신다. 그리고 삼위일체 하나님의 섭리 속에서 시작한 교회도 지상에 있는 하나님 나라의 모형으로서 끊임없이 그 공동체성을 발전시키고 그 안에서 참된 하나님 나라를 체험할 수 있을 것이다. 그러므로 삼위일체론적 교회론의 한 관점에서 21세기 한국 교회의 정체성(identity)을 정의하고자 할 때, 그것은 "교회 공동체성의 회복"이며 "성자와 성령의 관계성 회복" 이라고 말하고 싶다.

1) "인격 공동체"로서의 교회

교회의 시작은 "본질적으로 존재의 근원인 삼위일체 하나님에 대한 존재론적인 인식과 영적인 교제로부터 출발"하기 때문에,255) 참된 복음주의적 교회론은 삼위일체론에 그 바탕을 두고 있다고 본다. 필자는 교회의 본질을 정의하고자 할 때 현대 삼위일체론에서 논의되고 있는 상호공유적(Perichoretic) 위격 공동체 개념을 적용시키고자 한다.

우리는 앞에서 두 가지 유형의 고전적 삼위일체론을 언급하였다. 하나는 위격을 중심으로 발전한 동방교회의 삼위일체론이다. 동방교회의 삼위일체론은 삼위 하나님의 각 위격에 대한 뚜렷한 이해를 가지고 있지만 성부의 위격 속에 성자와 성령의 위격을 종속 시키는 오류를 범하였다. 다른 하나는 서방교회를 중심으로 발전한 본질 중심의 삼위일체론이다. 본질 중심의 삼위일체론은 성자의 신성을 확고히 함으로써 기독교회에 중요한 공헌을 한 것은 사실이지만, 삼위일체 하나님의 세 위격체를 하나의 신적 본질 속에서만 이해함으로 마치 한 분의 하나님이 경륜적 사역 속에서 성부와 성자와 성령의 세 가지 양태로 나타나셨다는 양태론적 경향을 극복하기 어려웠다. 이러한 전통적인 동방과 서방교회의 삼위일체 교리는 하나님을 단일적이고 존재론적으로 이해하기 때문에 현대 교회의 공동체성에 큰 의미를 주지 못하고 있다. 다행히도 현대 삼위일체 신학자들은 동방의 캅파도키아 교부들이 발전시킨 "상호공유적"(perichoretic) 관계로서 위격의 개념(the concept of person)을 받아들여, 그것을 현대적 개념으로 재해석하면서 영원하신 삼위일체 하나님은 역동적인 "위격 공동체"라고 말한다. 다시 말해서 하나님은 본질적으로 한 하나님이시지만, 위격적으로 성부와 성자와 성령의 "위격 공동체"를 형성하시며 각 위격은 각각의 독특하게 구별되는 정체성을 유지하면서도, 어느 한 위격도 다른 두 위격들과는 분리되어서 존재하

---

255) 심창섭, "21세기를 주도하는 기독교 영성운동: 역사신학적 관점", 『기독교 영성운동』(서울: 영성, 1999), 42.

실 수 없다는 것이다. 한 본질이시며, 세 분의 위격체로 존재하시는 삼위일체 하나님은 영원부터 위격적으로 서로 사랑하시고 섬기시며 교제하시는 분이라는 것이다. 이렇게 역동적인 상호공유의 관계 가운데 존재하시는 내재적 삼위일체 하나님은 창조와 구원의 역사 속, 즉 경륜적 삼위일체의 관계 속에서도 자신의 공동체적 본질을 계시하신다.

이러한 위격 공동체로서의 삼위일체 하나님에 대한 이해는 "교회가 무엇인가?"에 대한 본질적 질문에 대한 명쾌한 해답을 제시하고 있다. "위격 공동체"로서의 삼위일체 하나님에 대한 이해는 우리에게 참된 공동체의 모형으로서의 교회를 정의하고 있다. 교회는 위격 공동체로서 존재하시는 삼위일체 하나님 사이의 코이노니아 속에서 탄생한 것이다.256) 성부는 권위자가 아니라 성자와 성령을 사랑하고 섬기며 교제하시기 위하여 존재하신다. 성자는 성부와 성령을 사랑하고 섬기며 교제하기 위해서 존재하신다. 성부는 성자가 되려고 하지 않고 성자는 성령이 되려고 하지 않는다. 또한 성령은 자신의 뜻대로 행하지 않고 그 안에 상호공유의 관계로 존재하시는 성부와 성자의 뜻을 드러낸다. 그러므로 하나의 본질과 세 분의 위격으로 존재하시는 성부와 성자와 성령은 서로의 자리를 존중하고 사랑하며 서로를 섬기시며 존재하신다. 삼위일체 하나님은 각각 자신만을 위하여 존재하시는 것이 아니라 타자를 위해 섬기는 모습을 보여 준다. 성부는 성자와 성령을 위해, 성자는 성부와 성령을 위해, 성령은 성부와 성자를 섬기기 위해 존재하신다는 것이다. 즉, 하나님은 본질적으로 한 하나님이시지만 위격적으로 성부와 성자와 성령의 "위격 공동체"(a community of Persons)로 존재하시며, 각 위격은 각각의 독특하게 구별되는 정체성을 유지하면서도, 어느 한 위격도 다른 두 위격들과는 분리되어서 존재하실 수 없는 "관계적 존재"이시다.

성부와 성자와 성령의 온전한 삼위일체적 교제의 관계는 교회 공동

---

256) 김현진, 『공동체 신학』 (서울: 예영 커뮤니케이션, 1998), 53-4.

체적 영성의 표본이 되어 교회의 공동체 속에 투영될 뿐만 아니라, 삼위일체 하나님은 교회의 공동체 속에서 자신의 삼위일체적 공동체성을 형성시켜 나가신다. 교회는 삼위일체 하나님의 어떤 한 위격의 사역이 아니라 세 위격체의 공동체적 사역이다. 우리를 위해 자신의 몸을 주신 예수 그리스도는 교회가 곧 "그리스도의 몸"(롬 12:4, 고전 12: 27, 엡 4:12)이라는 것을 나타낸다. "그리스도의 몸"이라는 교회 개념은 교회의 유기체적 특징을 설명하면서 교회가 곧 성령의 "은사 공동체"(charismatic community)라는 것을 상기 시키신다. 다시 말해서, 교회는 그리스도의 몸으로서 지체된 성도들이 성령의 역사에 따른 다양한 은사를 활용하여 아버지 하나님께 영광을 올리는 장소이다. 삼위일체적 관계에 바탕을 둔 교회를 향한 하나님의 공동체적 사역을 바울은 다음과 같이 말하고 있다: "주 예수 그리스도의 은혜와 하나님의 사랑과 성령의 교통하심이 너희 무리와 함께 있을지어다"(고후 13:13).

삼위일체 하나님 자신이 상호공유와 사랑과 섬김의 "위격 공동체"라면, 삼위일체 하나님에 의해 시작된 교회도 이를 따라 온전한 "공동체적 교회론"을 가져야 할 것이다.257) 최근에 한국 교계에서는 교회 안에 존재하고 있는 계급적, 위계적 질서에 강한 비판을 하면서 이러한 세속적인 개념들이 교회의 본질을 왜곡시킬 수 있다는 반성과 함께 교회 공동체성에 대한 새로운 관심을 보이고 있는 것이 사실이다. 교회는 삼위일체 하나님과 같이 인격적으로 서로 사귐과 교제, 봉사와 섬김의 삶 속에서 진정한 존재의 의미를 발견해야 한다. 삼위일체 하나님은 교회가 인격의 관계적 공동체가 되도록 창조하셨고, 이러한 관계적 교회의 개념 속에서 우리는 또한 삼위일체 하나님을 만날 수 있다. 우리에게 오신 성령님은 우리가 성부 하나님과 성자 하나님을 올바르게 섬길

---

257) 삼위일체론적 교회 공동체성은 다음과 같은 신학자들에 의해 논의되고 있다. 오성춘, "삼위일체 교리와 섬김의 공동체 비전", 차영배외, 삼위일체론과 성령론, 527-56; 최성수, "교회 공동체성의 근거로서의 삼위일체",『목회와 신학』(서울: 두란노서원, 2000), 214-21.

수 있도록 인도하시며, 우리가 공동체로 살아가고 공동체를 섬기는 구체적인 영성을 얻을 수 있도록 우리를 가르치시고 인도하신다. 그러므로 삼위일체 하나님을 믿는 모든 성도들과 교회는 하나님의 영광스러운 교제의 관계를 반영하는 공동체성을 우리의 삶 속에 반영해야 할 것이다.

2) 말씀과 성령 중심의 교회: 말씀과 성령의 분리를 넘어서

우리는 앞의 논지에서 내재적 삼위일체 하나님은 성부와 성자와 성령의 상호공유의 관계로 존재하심을 논의하였다. 그리고 현대 삼위일체 신학자들은 내재적으로 상호공유의 관계 속에서 존재하시는 삼위일체 하나님은 그 자신을 그대로 구원의 역사 속에서도 상호공유의 관계로 자신을 계시하신다는 것이다.258) 하나님은 구원의 경륜에서 각기 다른 시점에서 다른 "존재의 양식"으로 나타나신 것이 아니라, 삼위일체적 관계 가운데 존재하시는 세 분의 위격은 하나님의 모든 계시적 행위에 상호공유의 관계로 위격적으로 참여하시는 것이다.259) 내재적인 성부와 성자와 성령의 상호공유의 관계는 경륜적인 창조 사역과 구원 사역에도

---

258) 칼 라너(Karl Rahner)는 그의 책 "The Trinity"(1970)에서 "존재론적 하나님"과 "경륜적 혹은 계시적 하나님"을 분리("isolation")시키는 어거스틴적 서방신학(Augustinian Western Theology)의 문제점을 지적하면서 존재론적 삼위일체와 경륜적 삼위일체의 통일성(unity)를 추구하고 있다. "내재적 삼위일체"와 "경륜적 삼위일체"의 관계에 관한 연구로 다음 문헌들을 참조하라. K. Rahner, *The Trinity* (trans. Joseph Donceel, London: Burns&Oates, 1970); E. Jungel, "The Relationship between Economic and Immanent Trinity," *Theology Digest* 1976(24), 179-84; G.D. Badcock, "The Doctrine of the Holy Spirit in Contemporary Trinitarian Theology: A Critical Appraisal of the Idea of the Unity of the Economic with the Immanent Trinity," unpublished Ph.D Dissertation (Edinburgh: Edinburgh University, 1991); M.C. Shin, "A Dialogical Trinitarian Pneumatology," unpublished Ph.D thesis (Aberdeen: Aberdeen University, 1997), 145-62.
259) Alister E. McGrath, 『역사 속의 신학』, 391.

상호공유의 관계로 참여하셨다는 것이다. 무엇보다도 중요한 것은 이러한 내재적 상호 교통의 관계 속에서 존재하시는 성자와 성령께서, 우리의 구원을 이루어 나아가시는 과정에서도 서로 도우시며 사랑하시는 상호공유의 역동적 관계로 사역하신다는 사실이다.

삼위일체론적 교회론은 말씀과 성령의 이원론적 혹은 분리적 이해를 거부한다. 기독교 역사는 두 개의 주요한 흐름 속에서 그 역동성을 유지시켜 왔다.260) 하나는 서방교회를 중심으로 그 맥을 이어온 그리스도론적 성령론(Christological Pneumatology)이다. 성자 중심의 그리스도론적 성령론은 성자의 위격과 함께 상호공유의 관계로 역사하시는 성령을 수동적 종속관계로 이해하면서,261) 내재적으로 동등한 관계 속에 계셨고 계시의 역사 속에서도 상호 공유적 사역을 담당하신 성자(말씀)와 성령의 역동적 관계를 종속관계로 변질시키는 오류를 범하고 말았다. 서방교회의 종속적 개념의 성령 이해로 인해 성자 예수 그리스도와 함께 사역하시는 성령의 역동적 구원 사역은 극히 제한되었고, 성령은 형식적인 삼위일체의 한 위격(person)으로만 언급될 뿐이다.

다른 하나는 동방교회와 신비주의 운동을 중심으로 발전한 성령론적 그리스도론(Pneumatological Christology)이다. 성령 중심의 성령론적 그리스도론은 성령의 충만함 가운데 사역하시는 예수의 인간적 생애를 강조함으로써 성자 예수 그리스도를 성령의 신적 권위에 종속 시켰다. 성자의 종속 개념은 곧 기독교 신비주의 운동으로 발전되는데, 그것은 예수께서 성령에 의해 구원의 사역을 완성하셨듯이 모든 믿는 자는 성령에 의해 거듭나 성령과 하나 되셨던 예수를 닮아가는 삶을 구원의 삶으로 본다. 기독교 신비주의는 성경의 말씀 혹은 하나님 자신을 성자 없이 성령을 통해서 직접 체험하기 원하였으며, 성령의 체험을 자신들

---

260) H. Berkorf, *The Doctrine of the Holy Spirit* (London: The Epworth Press, 1964), 9-12.
261) 서방교회의 휠리오크베(filioque) 교리는 성령을 성자에게 종속 시키는 대표적인 교리이다.

의 삶 속에 적용시키며 하나님과의 연합(union)을 추구한다. 이러한 기독교 신비주의 운동은 구원의 역사 속에서 역사하시는 성자 예수 그리스도(말씀)와 성령의 상호 교제적 관계를 외면한 채 성령만을 강조하므로 극단적 신비주의에 빠지기도 하였다.262) 이와 같은 두 개의 다른 기독교 역사 중에 어느 하나를 강조한 쪽은 극단적 형식주의 아니면 극단적 신비주의, 혹은, 극단적 객관주의 아니면 극단적 주관주의에 빠진 것이 사실이다. 삼위일체적 교회론은 어느 한 쪽으로 치우치는 단편적인 신앙을 거부하고, 보다 상호 교제적 관계로서의 말씀과 성령의 신학을 강조한다. 다시 말해서, 성자와 성령은 내재적으로 상호공유의 관계 속에서 존재하셨듯이, 구원의 계시 역사 속에서도 상호공유의 관계 속에서 활동하신다는 것이다.

　　삼위일체적 교회론은 신약 성경 속에서의 성령과 성자 예수 그리스도가 상호공유적 관계 속에서 구원의 사역을 완성하신다는 것을 쉽게 찾을 수 있다. 동방교회가 예수의 생애 가운데서 나타나신 성령의 능동적 사역을 공관 복음서에서 찾았듯이, 공관 복음서는 삼위일체의 상호공유적 관계 속에서 성령님을 예수님의 탄생과 지상 사역을 이끄는 모습으로 묘사하신다. 즉, 성령이 메시아 위에 머물 것이라는 것은 메시야가 성령의 강림에 의해 결정된다는 것이다. 마태와 누가에 의하면 성령이 예수 위에 머물게 된 것은 그의 성육신 사건부터이다. 마태복음 1:20절에 기록되기를 "저에게 잉태된 자는 성령으로 된 것이라"고 성경은 말씀한다. 즉, 성육신의 사건은 성부 하나님께서 계획하시고 성령의 능력 가운데서 성자께서 우리의 인간성을 취하신 삼위일체적인 사건이다. 성령은 예수의 세례 때도 예수의 머리 위에 비둘기 같이 임하시므로 하

---

262) 초대 교회의 몬타누스나 종교개혁 시대의 재세례파 운동들은 극단적 신비주의 혹은 열광주의로 빠진 좋은 예들이다. 이들은 성령의 가장 큰 은사를 "새 계시"로 이해하면서, 성령은 성서를 넘어서 새로운 계시를 전달해 준다는 것이다. 이로써 하나님의 말씀이 체험의 기준이 되는 것이 아니라 인간의 체험이 성서 해석의 기준이 되고, 때로는 성서를 넘어서게 되는 것이다.

나님의 아들임을 성령이 확증하셨는데, 이것 역시 삼위일체 하나님의 역사인 것이다(마 3: 16-17). 시험을 받으실 때(마4:1), 그의 공생애를 시작하실 때(마12:28) 등등 공관복음서에서 성령은 삼위일체적 교제 속에서 그리스도의 사역을 이끄는 관계로 묘사된다.

그러나 서방교회가 예수의 부활로 말미암아 성령이 아버지 하나님으로부터 예수를 통해서 우리에게 주어졌음을 강조하기 위해서 바울 서신과 요한복음을 강조하듯이, 바울과 요한에게 있어서 성령은 아들 예수 그리스도에 의해서 보냄을 받으시고, 성자의 뜻 가운데 활동하신다. 요한은 기록하기를 "내가 아버지께 구하겠으니 그가 또 다른 보혜사를 너희에게 주사"(요 14:16), 또한 "내가 아직 너희와 함께 있어서 이 말을 너희에게 하였거니와 보혜사 곧 아버지께서 내 이름으로 보내실 성령 그가 너희에게 모든 것을 가르치고 내가 너희에게 말한 모든 것을 생각나게 하리라"(요 14:25-26)고 기록하고 있다. 예수는 삼위일체적 교제 속에서 아버지로부터 성령을 파송하시고 성령은 아들 예수 그리스도와의 교제 속에서 모든 제자들을 말씀으로 양육시키시는 것이다. 바울은 그리스도를 "생명을 주는 영이 되었다"라고 말하였다. 그는 성령을 "그리스도의 영", 또는 "아들의 영"으로 묘사하므로, 구원의 사역 속에서 아들이 성령의 사역을 주도하시는 관계로 말씀하고 있다(롬 8:9; 고후 3:17; 갈 4:6; 빌 1:19).

삼위일체적 교회론은 이 두 가지 측면을 상호 배치되는 것으로 이해하지 않고, 상호 보완적 관계로 이해한다. 세례 요한의 말 가운데서 "성령이 내려서 누구 위에든지 머무는 것을 보거든 그가 곧 성령으로 세례를 주는 이인줄 알라"(요 1:33)고 하였다. 예수께서 성령의 파송자(sender)가 될 수 있는 것은 오직 그가 최초로 성령을 받은 자이며 성령을 담당한 자(bearer)이기 때문이다. 다시 말해서, 예수는 성령을 받으시고 동시에 주시는 분이시다. 성자와 성령은 영원 전에 상호공유의 관계로 존재하신 것과 마찬가지로, 계시된 구원의 역사 속에서도 동등한 자격으로 서로 도우시며 상호공유의 관계로 구원의 사역을 수행하고 계신다. 이러한 성자와 성령의 상호공유적 관계를 교회 안에서 회복시키는 것을 "삼위일체적 교회론"이라고 한다.

4. 마무리 글

한국 교회에 대한 하나의 대안적 관점으로 "삼위일체적 공동체성"에 바탕을 둔 교회 공동체성에 대하여 논하는 과정에서 성부의 위격을 중심으로 삼위일체론을 발전시킨 동방교회와 본질을 중심으로 삼위일체론을 발전시킨 서방교회의 삼위일체론을 살펴보았다. 하지만 20세기에 부활하기 시작한 삼위일체에 대한 논의는 보다 동방교회의 전통을 선호하게 되었으며, 특히 동방의 캅파도기아 교부들이 그들의 삼위일체론에 도입한 perichoresis개념을 좀더 발전시킴으로써 관계적 위격의 개념을 그들의 삼위일체 논의에 도입하게 되었다. 이러한 관계적 위격의 개념은 경륜적 삼위일체와 존재론적 삼위일체의 관계에 대한 논의에서 존재론적으로 하나의 신적인 "위격 공동체"로 존재하시던 삼위일체 하나님은 그 자신 그대로 우리의 구원적 경륜 속에서 상호공유적 위격의 관계로 나타나셨다는 것이다. 그러므로 교회의 정체성은 이러한 영원하신 삼위일체 하나님의 위격 공동체에 그 근본 근거를 두고 있으며, 이러한 영원하신 위격 공동체로 존재하시는 삼위일체 하나님은 우리의 구원 역사 속에서도 어떤 한 위격이 다른 위격 위에 권위적, 계급적 혹은 종속적 개념으로 사역하시는 것이 아니라 성부와 성자와 성령의 삼위께서는 상호공유적 혹은 상호침투적 관계로 우리의 구원을 이루심을 살펴보았다.

영원하신 위격 공동체로서의 삼위일체 하나님을 우리 교회 안에 투영하고자 할 뿐만이 아니라, 경륜적 관계에서 성자와 성령의 상호공유적 관계를 회복하는 보다 본질적인 삼위일체론적 교회론을 회복시키는 것이라고 말하고 싶다. 21세기 한국 교회는 위계적이고 종속적인 교회관을 버리고 보다 영적으로 성숙한 삼위일체적 공동체성을 소유해야 할 것이다. 성자와 성령께서 영원하신 상호공유(혹은 침투, 교제)의 관계로 서로 사랑하시고 섬기시는 것과 같이 성자와 성령은 구원의 역사 속에서도 서로 도우시며 사랑하시므로 우리의 구원을 완성하신다. 하나님은 예수 그리스도의 구속 운동을 통해서 교회를 이끌어 가시지만, 예수 그리스도는 그의 교회 운동을 성령을 통하여 이 세상에 나타내셨다. 다시 말해서 성자의 완전한 구속 사역이 오순절 이후 주의 교회가 성령 공동체가 된 것이다. 성령님은 성자와 함께 직접 교회를 인도하시고, 세우시며, 그 공동체의 주인이 되셨다. 교회는 성부 하나님의 극진하신 사랑과 성령의 내주하심을 통해서, 그리고 성자의 주관 하심과 영원한 보증하심을 통해서 온전한 공동체로서 자라나간다. 이러한 삼위일체론적 공동체성을 가지고 20세기를 점검하고 도래하는 21세기를 맞이하는 것이 한국 교회의 자세일 것이다. 21세기를 바라보는 한국 교회는 성자와 성령의 이원론적 분리가 아니라, 두 위격 사이의 관계적 조화와 연합 속에서 존재 가능하며, 더 나아가서 우리 생명의 모든 차원들이 성부와 성자와 성령의 위격 공동체성으로 충만하여야 한다는 것이다.

3부 순복음 신학과 상위일체론

제 7 장
영산 조용기 목사와 삼위일체론[263]

　21세기를 맞이하여 순복음 신학과 신앙을 정립하기 위해서 영산 조용기 목사(이하 영산)의 신학사상을 논하는 것이 필수적이라 생각이 든다. 그 동안 오순절주의 학자들은 순복음 신앙의 정체성을 신학적으로 정립하려는 노력을 해왔다. 하지만 21세기를 맞이하는 현 시점에서 오순절 신앙의 정체성을 명확하게 정의하는 사람은 아마도 찾아보기 힘들 것이다. 그 이유를 필자는 꽤 오랜 시간에 걸쳐 숙고한 후에 이제까지 오순절 신학을 정립하는 방법론에 문제가 있음을 발견하였다. 신학은 어떤 한 운동을 역사적으로 연구하면서 성취되는 것이 아니라, 그 운동 가운데 나타난 중요한 인물을 찾아내서 그 인물을 중심으로 연구해야 한다. 지금까지 오순절주의 신학자들은 오순절 운동을 역사적으로 연구하고 신학적으로 정립하는데 초점을 맞추었지, 오순절 운동을 주도한 인물을 중심으로 연구하지 않았다. 결과적으로 그들은 오순절 신학을 체계적으로 정립하는데 실패하였다.
　이러한 시점에서 영산의 신앙과 신학사상을 통해서 순복음 신학을 정립하는 것은 어쩌면 당연한 수순이라 할 수 있다. 순복음 신학을 정립하기 위해서 영산의 오중복음과 삼중축복 그리고 그의 설교와 강해

---

[263] 이 글은 한세대학교 논문집인 『성령과 신학』(2003) : 112-46에 발표되었던 논문이다.

자료들을 신학적으로 정립하는 것은 21세기를 향하는 오순절 운동에 하나의 커다란 신학적 대안을 제시할 수 있는 아주 중요한 신학적 작업이다. 오순절주의자들은 영산의 신앙과 신학을 계승하여 순복음 신학을 정립하는 것을 그들의 중요한 사명으로 받아들여야 할 것이다.

영산의 목회와 신앙에 근본적으로 내재되어 있는 하나의 신학적 주제는 삼위일체 교리이다. 그는 하나님 아버지의 절대적 주권과 성자 예수 그리스도의 대속의 은혜와 성령의 강권적 역사를 누구보다도 강조한다. 동시에 그는 성부와 성자와 성령이 나뉘어질 수 없는 동등한 한 하나님(One God)이심을 강조한다.264) 영산의 목회와 신학에 이러한 삼위일체 하나님 개념은 매우 중요하다. 그러므로 필자는 영산의 신학 나아가서 순복음 신학을 정립하기 위한 하나의 신학적 방법론으로 삼위일체적 접근은 필요하다.

1. 영산과 고전적 삼위일체 교리

영산은 동방과 서방의 초대 교부들에 의해 만들어진 니케아-콘스탄티노플 신조서(Nicea-Constantinople Creed, 주후 381년)와 초대 교회의 정통적인 삼위일체 교리를 아주 정확하게 이해하고 있다. 영산은 초대 교회에서 사용된 인격(hypostasis)이라는 용어를 그대로 받아들여 성부와 성자와 성령이 분명한 인격체이심을 강조함과 동시에 성부와 성자와 성령의 동등성을 강조한다.265) 그러므로 영산의 삼위일체 신학을 정립하기 위해서는 먼저 초대 교회의 신학적 논쟁 사이에서 형성된 삼위일체 교리에 대한 연구가 선행되어야 할 것이다.

---

264) 조용기, 『빌립보서강해』 (서울: 서울말씀사, 1997), 45
265) 조용기, 『성령론』 (서울: 서울말씀사, 1998), 20.

1) 니케아 회의 이전의 삼위일체 교리

　니케아-콘스탄티노플 신조서가 완성되기까지 초대 교회는 삼위일체 교리를 정립하는데 많은 어려움을 겪은 것이 사실이다. 초대 교회는 성자 예수 그리스도를 주로 고백할 때, 하나님의 단일성(이스라엘아 들으라 우리 하나님 여호와는 오직 하나인 여호와시니)과 세 인격(그러므로 너희는 가서 모든 족속으로 제자를 삼아 아버지와 아들과 성령의 이름으로 세례를 주고)의 관계, 특히 성부(니케아 회의 이전의 교부들은 하나님의 단일성과 성부를 동일시 하였음)와 성자의 관계가 논의의 중심에 있었다.

　유대인 개종자들 중에는 예수의 신성을 부인하고 자신들이 알고 지냈던 예수가 하나님의 양자로 입양되었다는 입장을 표방하는 경우가 많았다. 이와는 반대로 영지주의자들은 구약의 하나님은 열등한 하나님이요, 예수 안에서 자신을 계시했던 하나님이 사랑의 하나님이시요 선신이라는 주장을 펼쳤다(마르시온). 초기 변증가들 중에는 역사적 예수 그리스도 안에서 신성한 영이요 선재하던 하나님의 아들이 직접 인성과 결합했다는 성령 기독론을 말하는 이들도 있었다.[266]

　교회가 확장되어 헬라 교회가 정착되자 헬라 철학이 교회의 언어에 영향을 끼치기 시작하면서, 특히 요한복음에 나오는 말씀(Logos)을 헬라 사상의 로고스론으로 해석하는 분위기가 조성되었다. 이제는 단일한 하나님만이 아니라 로고스론을 이용하여 하나님 안에 있는 다원성을 말할 수 있는 계기가 마련되었다. 이런 식의 다원론은 다시 단일성을 강조하는 군주론의 반격을 촉발하였다. 군주론은 성부의 단일성을 고수하

---

[266] 1세기 팔레스타인에서는 성령에 의하여 기름부음을 받은 메시아에 대한 강한 기대와 함께 메시야로 오신 예수 그리스도를 성령의 담지자로 이해하는 경향이 있었다. 이러한 개념에 대한 초기 접근은 양자론(adoptionism)으로 알려져 있는데, 이 견해는 특히 에비온주의(Ebionitisim)와 관련된 것으로, 예수는 보통 인간이지만 세례와 더불어 곧바로 신의 특별한 카리스마적 은총을 받았다는 견해이다

려고 성자의 신성을 파생적으로 보거나 아니면 성부의 외현 방식으로 보았다. 전자는 2세기에 강했던 것으로서, 인간 예수 안에 비인격적인 신적 능력이 역사하여 그를 세례나 부활시에 성자로 입양시켰다는 입장인데, 이는 예수를 반신반인으로 만들었다(동력적 군주신론). 후자는 200년경 유행했는데, 성부만이 독자적인 인격이시고, 성자와 성령은 성부 하나님의 외현방식으로 보면서, 성부와 성자를 구별하지 않았다. 이 주장의 대표자는 사벨리우스이다(양태론적 군주신론).267)

한편 초대 교회의 종속론은 오리겐의 삼위일체 교리에서 찾아볼 수 있는데, 오리겐은 근본적으로 하나님의 단일성과 성부를 동일시하였다. 즉, 성부 하나님만이 모든 존재의 근원이시며 그 분만이 참 하나님이시다. 성부만을 모든 신성의 원천으로 이해한 오리겐은 성자의 신성이 성부로부터 파생되었음을 말하면서 불가피하게 삼위일체의 관계 안에 등급을 두고 있다. 오늘날 내가 너를 낳았다는 관계적이고 인격적인 구분에서의 아버지와 아들의 관계를 종속적인 관계로 이해하면서, 그는 아버지와 아들의 관계를 영원한 종속관계(subordination)로 발전시켰다.268) 오리겐에 의하면 아들은 아버지로부터 성육신하시기 전부터 영원의 영역에서 아버지에 의해 낳아지신 분이므로 본질과 신분상에서 아버지와 다르다는 것이다. 또한 성자가 성부께 종속된다면, 성령도 성자 아래 있다는 위계적인 종속론을 발전시켰다.

결국 초대 교회의 군주론자들과 종속론자들은 하나님의 단일성을 유지하려고 성자의 신성을 성부에게 종속시키거나 아니면 성부의 외현 혹은 양태로 이해하였다. 이러한 군주신론의 출현 배경에는 초대 교회가 너무 경륜적 삼위일체에 치우쳐 있음을 의미하고 있다. 더욱 중요한 것은 이러한 초대교회에 나타난 반삼위일체 교리는 4세기의 이단자 아리우스의 태동에 적지 않은 영향을 주었다는 것이다.

---

267) 이종성, 『삼위일체론』, 199-206.
268) B. Lohse, *A Short History of Christian History*, 46.

2) 니케아 회의와 삼위일체 교리

고전적인 삼위일체 교리의 대미를 장식하는 것은 알렉산드리아의 장로 아리우스(Arius, 주후250-336)와 아타나시우스(Athanasius, 주후 296-373)가 격돌한 니케야 종교회의였다. 안디옥 학파의 아리우스는 아리스토텔레스의 영향을 받아서 히브리서 1장 3절에서 예수 그리스도가 하나님과 본질적으로 동일한 본체라는 표현을 논쟁의 대상으로 삼았다. 아리우스는 하나의 존재에서 다른 인격들의 구분을 용납할 수 없었고, 결국 성자는 피조물이라는 이해의 수준에서 벗어나지 못했다. 아리우스에게 있어서 성자는 성부에게서 낳아졌다는 의미는 곧 성자가 성부에 의해 시간 안에서 피조되었다는 말과 동의어로 사용되어졌다.[269] 또한, 성부와 성자와 성령의 경륜적 구분을 전제로 성자와 성령은 성부의 신성을 공유할 수 없음을 강조하였다. 이러한 유형의 신학을 경륜적 삼위일체로 부르면서 성부는 세상을 창조하기 시작하셨을 때에 혹은 시간 안에서 그의 아들과 그의 성령을 가지셨다고 주장하였다. 이 신학은 삼위일체가 영원 내에서가 아니라 오직 시간 내에서 존재한다고 간주하였다. 아리우스는 이 주장의 근거를 잠언 8:22에 대한 칠십인역에서 찾고자 했다. 잠언 8:22에 대한 칠십인역은 그가 자기 일을 위해서 태초에 나를 창조했다고 되어 있다.

반면에 삼위일체 교리의 정립을 위해 전 생애를 바친 교부 아타나시우스(Athanasius)는 경륜적 관점에서 성부와 성자를 이원론적으로 분리하는 아리우스의 이론을 비판하면서 존재론적 관점에서 하나님의 세 인격의 영원성과 통일성을 주장한다: 성부와 마찬가지로 성자도 존재하지 않았던 때가 없다. 성자의 출생은 영원하다.[270] 성자는 하나님의 의지에 의해 태어나지 않고 오직 하나님의 존재(본질)로부터 출생한다. 그러므로 성부, 성자, 성령은 영원부터 영원까지 계신다. 또한 아리우스

---

269) 베른하르트 로제, 『기독교교리사』, 69.
270) 앨리스터 맥그래스, 『신학의 역사』, 87-89.

주의자들에 대한 반론의 제3권에서 아타나시우스는 아리우스주의자들의 질문에 다음과 같이 답하고 있다. 첫째, 예수 그리스도는 아들이기 때문에 아버지로부터 분리될 수 없고 그가 존재하지 않았던 때는 없었다. 그는 항상 존재했다: 태초에 말씀이 계시니라 이 말씀이 하나님과 함께 계셨으니 이 말씀은 곧 하나님이시니라(요 1:1). 둘째, 그는 근본 하나님의 본체(빌 2:6)시요 보이지 아니하시는 하나님의 형상(골 1:15)이시기 때문에, 아들은 아버지와 동일본질(homoousios)이시다. 셋째, 아버지에게 속한 것들이 아들에게 속한다면 성자와 성부는 동일하다는 결론에 도달하게 된다: 무릇 아버지께 있는 것은 다 내 것이라(요 16:15) 그리고 내 것은 다 아버지의 것이요 아버지의 것은 내 것(요 17:10). 결국 니케아 종교회의(주후 325년)는 예수 그리스도가 하나님 동일한 본질을 소유한 하나님이심을 강조하면서 성자가 성부와 동일본질임을 선언하였다.

3) 니케아 회의 이후의 삼위일체 교리

하나님께서 자신을 우리에게 알리실 때 하나님은 자신을 각기 구별되는 삼위로서 계시하시는 한편, 동시에 그 삼위는 신적 본질에 있어서 동일하며 서로 나누어지지 않는 한 분 하나님으로서 계시하신다. 이러한 하나님의 자기 계시 안에서 우리는 두 가지 상이한 관점을 목격하게 되는데, 그것은 곧 하나 되심(oneness)과 삼위성(threeness), 통일성(unity)과 다양성(diversity) 사이의 긴장 관계이다. 이러한 삼위일체 교리의 신비에 접근함에 있어서 니케아 회의 이후의 삼위일체 교리는 정통적인 삼위일체 교리를 해석함에 있어서 두 전통의 다른 방법론 사이에서 완성된다.[271]

하나는 동방 교회의 삼위일체적 전통이다. 동방 교회의 교부들은

---

271) 신문철, "삼위일체적 교회론", 『성경과 신학』 29(2001), 97-124.

하나님을 이해할 때 각기 구별되는 삼위의 시각에서 출발하여 삼위 하나님은 한 분 하나님이심을 강조점하면서 한 분 하나님 안에 있는 삼위 사이의 내적 관계와 활동에 강조점을 둔다. 또한 그들은 삼위의 인격체가 하나가 될 수 있는 방법으로 성부의 인격을 강조하였는데, 성부의 인격(person)은 성자와 성령의 존재 근원이라는 표현을 사용함으로 삼위일체의 통일성을 주장하였다.272) 다른 하나는 서방 교회의 삼위일체적 전통인데, 서방 교회는 세 분의 인격체(Three Persons)의 관계성을 강조하기 보다는, 성부와 성자의 영원하신 관계 속에서 어떻게 성부와 성자가 하나의 본질(One Substance)이심을 증명하는 본질 중심의 삼위일체 교리를 발전시킨다. 필자는 먼저 동방교회의 삼위일체 교리를 조명한 후에 서방교회의 삼위일체 교리를 논하고자 한다.

(1) 동방교회의 삼위일체 교리

니케아 회의 이후에 교부들의 삼위일체 논쟁이 내재적 삼위일체로 전환되면서 내재적 삼위일체의 대표적 언어인 호모우시오스(homoousios)의 개념을 중심으로 한 하나님과 세 인격의 관계를 설명하고자 하였다. 하지만 인격의 구별을 전제한 동등성과 신성의 단일성을 의미하는 호모우시오스(homoousios)는 세 인격의 구별을 설명하기 위해 사용되기보다 점점 더 신성의 단일성을 설명하기 위해 사용되었다. 그리하여 다시금 삼위일체 교리를 이해하는 데 사벨리우스적 양태론으로 빠질 위험성을 지적하면서, 동방의 캅파도키아 교부(바실, 닛사의 그레고리, 그리고 나지안주스)들은 삼위일체의 인격을 좀더 분명하게 구분하면서 인격의 통일성을 강조하기 위하여 페리코레시스(Perichoresis)라는 상호침투 혹은 상호공유의 개념을 사용하기 시작한 것이다. 페리코레시스라는 말은 상호침투를 통한 내주와 순환을 의미하는 용어로서 삼위일체의 인격 간의

---

272) J.D. Zizioulas, *Being as Communion*, 27-65.

독특한 존재방식을 설명하고 있다.

　캅파도키아 교부들의 삼위일체에 대한 해석방법은 삼위일체의 기본적인 표현인 하나의 본질(mia ousia), 세 인격(treis hypostases) 중 하나의 본질보다 세 인격의 통일성에 대한 신학적 발전을 모색하였다는 것이다.273) 나뉠 수 없는 한 하나님은 세 분의 인격체으로 존재하신다는 것이다. 필자는 캅파도키아 교부들의 삼위일체 교리를 다음의 몇 가지로 정리하고자 한다.

　첫째, 캅파도키아 교부들이 삼위일체 교리의 발전에 공헌한 것 중의 하나는 ousia(본질)와 hypostasis(인격)을 구분하기 시작한 것이다(두 단어는 캅파도키아 교부들 이전에는 동의어로 사용되었음). 캅파도키아 교부들은 hypostasis(인격)가 더 이상 본질을 의미하지 않고 인격을 의미하는 반면에, ousia(본질)은 신성 그 자체에 대한 전문 용어로 사용하였다. 따라서 하나님의 단일성은 그분의 ousia(본질, 존재)이며, 삼위일체는 휘포스타세스(hypostases) 안에서 발견된다는 것이다. 그리고 각각의 휘포스타시스 안에서 우시아가 충만하게 나타난다고 보았다.

　둘째, 캅파도키아 교부들의 삼위일체 교리의 특징은 삼위 하나님의 존재의 근거를 성부 하나님의 인격(hypostasis)에 둔다는 것이다. 비록 캅파도키아 교부들은 성자나 성령이 성부에게 종속된다는 사실을 받아들이지는 않지만, 그럼에도 불구하고 그들은 성부의 인격(hypostasis)이 삼위일체의 최고 원천(principle), 혹은 최고의 근원(origin)으로 간주되어야만 한다고 말하고 있다. 현대 동방 신학의 권위자인 지졸라스(J.D. Zizioulas)는 캅파도키아 교부들의 인격 중심의 삼위일체 교리를 다음과 같이 묘사하고 있다. 삼위일체 하나님 존재의 세 모형은 그 실체에 은혜를 입고 있는 것이 아니라 한 인격, 즉 아버지에게서 은혜를 입고 있다. 닛사의 그레고리우스는 삼위일체 안에서의 단일성의 궁극적인 배경은 성부라고 주로 주장한다. 세 인격은 하나의 본질을 갖고 있는데, 그

---

273) 앨리스터 맥그래스,『신학의 역사』, 110-11.

세 인격의 일체성의 배경은 바로 성부이다.

　셋째, 캅파도키아 교부들은 이전에 행해졌던 것 보다 더 분명하게 삼위일체 안에서 인격들의 특성을 규명하였다. 바실은 성부에게는 아버지되심, 성자에게는 아들되심, 그리고 성령에게는 나오심 혹은 성화를 귀속시켰다. 이러한 인격 간의 상호 관계적 구별은 성부가 성자가 되고 성자가 성령이 되는 양태론적 경향을 막아줄 뿐 아니라, 성부와 성자와 성령의 영원하고 분리될 수 없는 관계를 설명하고 있다. 즉, 성부는 성자와의 관계에서 아버지되심의 속성을 소유하고 계시고, 성자도 성부와의 관계에서 만이 아들되심의 독특한 속성을 소유할 수 있다. 또한 성령께서도 성부와의 관계에서 나오심의 독특한 속성을 소유하고 계신 것이다.

　마지막으로 성부가 성자 안에 거하시고 또한 성자가 성부 안에 거하시는 삼위일체 하나님의 독특한 내재적 존재방식을 설명하기 위해 캅파도기아 교부들은 페리코레시스(Perichoresis)라는 상호침투적 용어를 사용하였다. 페리코레시스라는 말은 다마스커스(Damascus)의 요한이 사용한 이후 동서교회 양쪽에 걸쳐 삼위 하나님의 일체를 설명하는 핵심 개념으로 사용되었다. 이 페리코레시스라는 말은 상호침투를 통한 내주와 순환을 의미하는 용어로 성부가 성자 안에 침투해서 거하시고, 성자가 성부 안에 침투해서 그 속에 거하시는 하나님의 독특한 존재 방식에 대한 성서적 표현에 상응하는 용어이다. 그들의 주장에 의하면 하나님은 아버지와 아들과 성령의 영원한 공동체적 관계 속에서 존재하신다는 것입니다. 영국의 복음주의 신학자 알리스터 맥그라스는 다음과 같이 페리코레시스를 설명하고 있다: "페리코레시스의 개념은 세 인격들이 각자의 개체성을 유지하는 한편 각각의 인격이 다른 두 인격의 생명을 공유함을 의미한다. 이 생각을 표현하기 위하여 '존재 공동체'(a community of being)라는 이미지가 자주 상용된다. 존재 공동체 안에서 각 인격은 각각의 독특하게 구별되는 정체성을 유지하면서도, 다른 인격들을 통찰하며 또한 다른 인격들에 의하여 통찰 된다."

(2) 서방교회의 삼위일체 교리

니케아 회의 이후 발전되기 시작한 내재적 삼위일체 교리(하나님의 이 세상에 대한 경륜 이전에 계시는 하나님의 영원한 삼위일체적 존재 방법)는 서방의 대표적 신학자 어거스틴(Augustine)에 의해 완성된다. 어거스틴은 399년부터 419년에 걸쳐서 15권으로 이루어진 삼위일체 교리(De Trinitate)을 썼다. 어거스틴은 이 책에서 삼위일체 내의 인격들의 본질이 하나이시라는 호모우시오스(homoousios) 교리를 더 역설하면서, 인격들을 분리될 수 없는 관계적으로 구별하고 있다.

어거스틴의 삼위일체 교리는 반아리우스주의적 경향에서 시작된다. 반 아리우스주의적 신학은 그로 하여금 그리스도의 인성보다는 신성을 강조하는데 보다 열심을 내게 하면서, 성부와 성자와 성령이 그 신적 본질에 있어서 하나임을 강조하는 데로 나아가게 하였다.274) 따라서 어거스틴의 삼위일체의 특징은 한 분 하나님으로서 삼위의 동등한 신적 본질을 강조하는 것이다. 또한 어거스틴은 삼위일체 논의 가운데서 양태론적 경향을 피하기 위해서 한 본질 이신 하나님은 결코 오직 성부이거나 오직 성자이거나 오직 성령이거나 한 것이 아니라는 것을 강조하면서, 하나 되신 하나님은 성부와 성자와 성령이었으며 언제나 그러하실 것이라고 말한다.

필자는 어거스틴의 삼위일체 교리를 다음의 몇 가지로 정리하고자 한다. 첫째, 어거스틴은 캅파도키아 교부들이 제시한 인격간의 구별이 삼신론적 신관을 내포하고 있음을 인식하면서, 삼위란 삼신들이 아니라 한 하나님이시며, 그 하나님이 삼위로 계시지만 본질의 단일성은 해소되지 않는다고 강조한다. 어거스틴에 의하면 아버지와 아들은 하나(요 10:30)이다. 그러나 어거스틴이 말하는 하나(One)는 인격의 하나가 아니라 본질의 하나이다. 즉 영원 가운데 계신 삼위일체 하나님은 곧 하

---

274) *Ibid.*, 112-15.

나의 본질(One Substance)이시라는 것이다.

어거스틴은 아버지와 아들과 성령의 인격적 관계를 인정하면서도 삼위일체의 출발점을 하나의 단일한 본질로부터 출발했다. 단일한 본질이신 한 하나님께는 한 신성과 한 영광이 있을 뿐이며, 내재적으로 하나의 신성과 영광으로 존재하시는 하나님은 그 자신 그대로를 계시하셨다. 그러므로 오직 성부께만, 또는 오직 성자나 오직 성령께만 돌려지는 사역이란 없다. 세상을 향하여 하나님과 세 인격은 한 원리를 제시하신다. 삼위의 외적 사역들은 불가분리이기 때문에 삼위는 항상 함께 사역하신다.

둘째, 어거스틴은 그의 삼위일체 교리에서 한 본성과 한 신성을 강조하면서 하나님은 한 하나님이심을 주장하지만, 동시에 그는 분리될 수 없고 양태론적으로 이해될 수 없는 세 인격의 구별성과 관계성을 강조한다: "또 하나님에 대한 말이 그 모두가 그의 본질에 관한 것도 아니다. 관계에 대해서 말할 수도 있기 때문이다. 성자에 대한 성부의 관계나 성부에 대한 성자의 관계 같은 것이다… 오직 아들이 있기 때문에 아버지를 성부라고 부르며, 따라서 아들도 오직 아버지가 있기 때문에 성자라고 부르는 것이므로, 이 명칭들은 본질에 대해서 쓰는 것이 아니다… 상호 관계에 대해서 쓰는 것이기 때문이다. 성자 없이 성부는 하나님이 아니며, 성부 없이 성자는 하나님이 아니고, 성부와 성자 없이 성령은 하나님이 아니시라는 것이다." 한 본질과 한 신성 혹은 한 하나님이라는 말은 곧 성부와 성자와 성령의 동등한 관계성을 떠나서는 존재할 수 없다. 다시 말해서, 하나님은 성부 없는 성자로 해석할 것이 아니며, 성자 없는 성부로 해석해서도 안되고, 성부와 성자 없는 성령으로 해석되어서도 안된다. 어거스틴은 "성부가 페르소나시요, 성자가 페르소나시요, 성령이 페르소나이시므로, 확실히 세 페르소나가 계시다"라고 말하므로 삼위일체 안에 세 분의 인격(persona)이 계심을 확신함과 동시에 한 하나님을 말하고 있는 것이다.

셋째, 성부와 성자가 본질적으로 하나이시면서 인격적으로 구별되심을 강조하기 위해서 어거스틴은 사랑의 원리를 그의 삼위일체 교리에 도입하였다.275) 사랑은 하나님의 본질(요한일서 4:16)이시며 성부의 신적 본질과 성자의 신적 본질을 묶어 주는 하나의 끈이다. 어거스틴의 사랑의 역학 안에는 사랑하는 자와 사랑 받는 자가 있어야 한다. 사랑하는 자는 그의 사랑을 받는 자 없이는 존재할 수 없으며, 성부가 자기의 사랑을 실천하고자 한다면 성자를 필요로 한다.

어거스틴은 성자 없이 성부가 존재할 수 없으며 성부 없이 성자가 존재할 수 없다는 것을 그의 사랑의 역학 안에서 강조하였다. 그러므로 사랑 안에서 성부와 성자는 서로 분리될 수 없으며, 두 인격의 활동은 서로 일치하며 서로를 보완해 준다. 그리고 사랑하는 성부와 사랑 받는 성자는 사랑의 연합 안에서 인격적으로 구별됨과 동시에 본질적으로 하나가 된다. 이러한 어거스틴의 삼위일체 교리는 영산의 삼위일체 교리에 적지 않은 영향을 끼쳤다.

2. 영산의 삼위일체적 신학

영산은 자신의 목회철학 전반에 걸쳐 면면히 흐르는 실제적 관심이 삼위일체론이었음을 다음과 같이 말하고 있다: "지금 회고해 보면 폐병 3기로 죽음의 문턱에서 절대절망의 늪으로 빠져 들어갈 때 구원을 베풀어 주셨던 예수님은 제 인생의 전부요, 예수 그리스도의 십자가는 제 설교의 핵심이었습니다. 그리고 항상 제 곁에서 능력으로 채우시고 인도하시는 보혜사 성령께서 설교의 동반자가 되어 주셨습니다. 또한 절대 주권자이신 창조주 하나님께서는 저의 인생에 있어서 좋으신 아버지였습니다. 저는 이러한 삼위일체 하나님에 대한 깨달음과 체험에서 비롯된 말씀을 전했습니다."276)

영산은 삼위일체의 기본적 표현인 하나의 본질(una essentia), 세

---

275) 제럴드 브레이, 『신론』, 203-4.
276) 조용기, 『조용기목사 설교집』, 3-4.

인격(tres personae)을 해석하는 데 있어서 어느 하나에 우선권을 두지 않는다. 영산은 그의 삼위일체 교리에서 하나의 본질(One Essence)로 존재하시는 하나님은 분리될 수 없는 성부와 성자와 성령의 인격적 관계 속에서 존재하신다는 것을 강조한다. 영산은 성부 하나님과 성자 예수 하나님과 보혜사 성령 하나님께서는 각각 인격을 가지고 계시지만, 그 본질과 실체에 있어서는 한 분이신 삼위일체 하나님이심을 강조하면서, 성부와 성자와 성령은 분리될 수 없는 하나의 신적 본질로 존재하시는 한 하나님이심을 고백한다.277) 필자는 영산의 삼위일체적 신학을 삼위일체적 신론으로부터 시작하고자 한다.

1) 삼위일체적 신론 성경의 하나님은 성부와 성자와 성령이시다.

오늘날 교의신학에서 삼위일체 교리는 신론의 중심 주제로 자리를 잡아가고 있다. 전통적인 교의신학이 삼위일체론을 신론의 한 부분으로 간주한 데 반하여, 현대 신학자들은 삼위일체론을 신론 그 자체로 이해하고 있다. 한 예로, 동방교회의 삼위일체론에 영향을 받은 몰트만(Moltmann)과 같은 신학자는 전통적 교의신학이 하나님을 삼위일체적이 아닌 군주신론적으로 이해하고 있음을 비판하면서, 삼위일체 교리를 신학의 중심부로 끌어 들인 중요한 신학자이다.278) 현대 신학자들이 삼위일체 교리를 중요하게 생각하는 이유는 삼위일체 교리가 다른 모든 교리들을 결정하는 구심점이 되기 때문이다. 초대교회는 그리스도가 누구이신가를 증명하기 위해서 먼저 삼위일체 교리에 대한 논의를 하였고, 그 후에 속죄론과 구원론을 논하였다. 모든 교리는 삼위일체 교리에 의해서 그 성격이 결정 되어 진다. 따라서 삼위 하나님에 대한 잘못된 인식은 곧 신학 체계 전반에 비기독교적인 요소들을 불러들일 수 있는 아

---
277) 조용기,『요한복음 강해(상)』(서울: 서울말씀사, 2001), 20.
278) J. Moltmann, *The Trinity and the Kingdom of God*, trans. By Margaret Kohl (London: SCM Press, 1981), 16-20.

주 위험한 일이다. 삼위일체에 대한 모호한 이해는 우리 믿음의 근원이 되시는 예수 그리스도에 대하여 비성경적인 이론을 제공한다.279)

삼위일체 교리의 중요성을 누구보다도 잘 인식하고 있는 영산은 먼저 삼위께서 참되신 한 하나님이시요, 이 삼위를 떠나서 하나님은 결코 알려질 수 없다고 말한다. 아들을 아는 것이 곧 아버지를 알고 하나님을 아는 것이다. 또한, 아버지와 아들에 대한 것을 알게 해 주시는 분은 성령이시다.280) 다시 말해서, 하나님을 아는 것은 그분을 바로 삼위로

---

279) 현대에 예수 그리스도를 이해하는 데 있어서 오류를 범한 두 이론있다. 물론 이들은 반삼위일체적이다. 하나는 예수께서 참 인성을 취하시고 온전한 인간이 되시기 위해서 신적인 속성을 포기하셨다는 케노틱 기독론(kenotic Christology)이다. 케노틱 기독론은 독일을 중심으로 19세기 경부터 발전하였는데, 영원히 선재하셨던 그리스도께서 지상에 계시는 동안 신성의 일부 혹은 전부를 포기하셨다는 이론이다. 독일의 케노틱 기독론은 현대의 이성적이고 과학적 사고 위에 어떻게 예수 그리스도가 완전한 인간인 동시에 하나님이셨는가? 라는 전통적 교리를 변증하고자 나타났지만, 그 신학의 기초를 삼위일체론에 두지 않고 형이상학적 사고에 바탕을 둠으로써 예수 그리스도의 신성을 축소시키거나 변질시키는 오류를 범하고 말았다. 그리스도의 신성에 대한 불완전한 이해는 곧 삼위일체론의 파기를 의미하며 하나님의 존재 자체에 대한 부정이다. 왜냐하면 전통적인 삼위일체론 안에는 오직 하나의 신성만 존재하며 이 신성은 나뉘어지거나 분리되거나 축소되거나 포기될 수 없기 때문이다. 그러므로 삼위일체적 관점에서 볼 때, 케노틱 기독론은 하나님의 유일한 신성과 존재 자체에 대한 도전이고, 동시에 성부와 성자와 성령의 상호공유적 관계(perichoretic relationship)의 파기를 의미한다.
다른 하나는 20세기 후반에 등장한 성령 기독론(Spirit Christology)이다. 성령 기독론은 영원 전에 성부와 성자와 성령의 삼위일체적 관계 속에서 삼위일체 하나님의 한 위격으로 존재하셨던 성자 예수 그리스도의 선재성과 신성을 부인한다. 그리고 이 이론은 예수 그리스도를 단지 영으로서 임재 하시는 하나님의 능력을 부여 받은 한 인간으로 간주한다. 예수 그리스도를 한 신적인 인간으로만 이해한 성령 기독론은 현재 종교다원주의자들과 민중 신학자들이 주로 그들의 신학적 기초로 사용하는 중요한 주제이다. 그들은 예수가 본질적으로 하나님은 아니지만, 그 안의 성령(하나님의 영)의 특별한 내주하심이 예수를 신적으로 살 수 있게 하였다고 주장한다. 하지만 성령 기독론은 예수를 성령의 특별한 기름 부으심을 받아 하나님의 아들로 인정된 단순한 한 인간으로 보는 반삼위일체론의 한 형태인 양자론에 빠지는 과오를 범한 것이다.
280) 조용기, 『요한복음강해(하)』 (서울: 서울말씀사, 2000), 112-15.

아는 것이다. 세분 중 어느 한 분만을 떼어 놓고 하나님을 알 수 없다. 영산은 삼위일체 하나님을 다음과 같이 설명하고 있다: "하나님은 성부 하나님, 성자 하나님, 성령 하나님의 삼위가 한 하나님이십니다. 이것은 대단한 신비입니다. 분명히 세 인격을 가지고 세 가지의 사역을 하시나 그 분은 곧 한 분이시며 같은 분이십니다. 하나님의 속에는 아버지 하나님이 계시고 또한 우리를 구원하신 아들 예수님이 계시고 그리고 이것을 성취하시는 성령이 계시는 것입니다."281)

영산의 삼위일체 신학에서 하나님이라는 이름은 성부, 성자, 성령께 공히 적용되며, 인격이란 삼위의 상호 연관 중에 하나님 안에서 이루어지는 구별을 말한다. 인격은 상관적인 이름이고, 본질은 절대적인 이름이다. 그리고 성부, 성자, 성령의 이름은 맹목적인 이름이 아니라, 실제적으로 존재한다. 영산은 성부와 성자와 성령의 인격에서 시작하여 삼위일체 교리를 펼쳐 나간다.282) 영산은 인격 구분에서 전 신성을 이해한다. 그는 요한복음 10장 38절, 14장 9절과 11절, 17장 21절을 근거로 삼위일체 교리에 공재 개념을 도입했다. 이 말은 인격들의 상호공재와 상호침투를 의미한다. 영산은 예수님께서 하나님 안에 계시고 하나님께서는 예수님 안에 계시다고 말씀한다.283) 각 위는 본질의 상이성으로 분리되어 있는 것이 아니라, 비공유적 속성을 통한 상호 관계성으로 구별되는 동시에 그 관계성을 통하여 단일성을 이룬다.

삼위일체이신 하나님을 이해하는데 흔히 발생하는 큰 오류는 성부와 성자와 성령을 동일하지만 다른 역할을 하는 한 하나님으로 생각하는 것이다. 영산에 의하면 성부와 성자와 성령은 각각 구별되신다. 즉, 성부는 성자가 아니시고, 성자는 성령이 아니시며, 또한 성령은 성부나 성자가 아니시다. 내가 아버지께 구하겠으니 그가 또 다른 보혜사를 너희에게 주사 영원토록 너희와 함께 있게 하시리니 저는 진리의 영이라

---

281) 조용기, 『빌립보서강해』, 45.
282) 조용기, 『성령론』, 20.
283) 조용기, 『요한복음강해(하)』, 114.

(요 14:16-17). 영산은 이 본문에서 보혜사 성령은 성자 예수 그리스도와 동일한 권세와 능력과 영광을 가시신 하나님이시지만 예수 그리스도와는 다른 분이심을 강조한다.[284] 또한 성자께서 성부 하나님께 구하겠다는 표현에서 알 수 있듯이 성자와 성부 역시 동일한 인격체는 아니시다.

영산은 마태복음 28장 19절의 세례의 단일성을 근거로 삼위께서 함께 한 하나님이심을 증거한다.[285] 그리스도는 스스로 하나님이시다. 그러나 성부와의 관계에서는 성자이다. 영산은 초대 교회의 전통을 따라, 하나님을 인격적으로 이해한다. 하나님의 본질은 인간의 이해를 뛰어넘는 신비이다. 아무리 뛰어난 언어를 동원하더라도 정확히 하나님을 묘사할 수 없다. 그래서 영산은 하나님의 본질에 대해서 말하지 않는다. 다만 하나님을 예수님을 통한 인격의 관계에서 이해하려고 한다. 이점에서 영산은 삼위일체 하나님을 이해하는데 철학적이고 사변적인 신개념을 뛰어넘어 성경을 중심으로 삼위일체 하나님을 이해하고 있다. 하나님은 본질상 알려질 수 없고, 오직 그의 인격들을 통해서 알려질 수 있는 것이다.

2) 삼위일체적 기독론

영산의 삼위일체적 신학은 예수 그리스도 중심적이다. 그의 저술에는 성경의 권위가 근본적으로 복음의 주체인 그리스도에게 뿌리박고 있다는 것을 명백하게 보여준다. "나는 성경을 읽고 또 읽으면서 한 가지 놀라운 사실을 발견했습니다. 성경에서 강조하는 것은 체계적인 철학이나 의학 이론, 또는 종교적인 의식이 아니었습니다. 인상적으로 반복되는 한 가지 주제는 예수 그리스도였습니다."[286] 영산은 모든 성경의 말

---

284) Ibid., 116-17.
285) 조용기, 『성령론』, 20.
286) 조용기, 『4차원의 영적세계』 (서울: 서울말씀사, 1996), 17.

쏨이 예수 그리스도를 증거하고 있다고 이해한다. 왜냐하면 성경은 하나님의 계시의 말씀이며 그리스도는 하나님의 계시의 완성이라고 간주했기 때문이다. 그러므로 그는 성경을 그리스도 중심적인 것으로 이해한다.

예수 그리스도 중심적인 영산의 삼위일체적 신학은 사도신경에서 진술되었고, 니케아-콘스탄티노플 신조서 (기원후381년)에서 다듬어졌으며, 칼케돈 신조서(기원후451년)에서 완성된 전통적 기독론을 믿고 고백한다. 칼케돈 신조서에 나타난 기독론은 이성적 영혼과 육체를 가지시고 우리와 같이 완전한 인간(눅 2:7, 40, 52; 요 19:28; 마 4:2, 11)이신 바로 그 예수 그리스도가 영원 전부터 성부와 동일본질(homoousion)의 삼위일체적 관계로 존재하셨던 하나님(요 1:1-2)이심을 고백하는 전통적인 기독교 신조서이다.287) 그리고 이 신조서는 예수 그리스도에 관해서 두 가지로 설명하고 있다. 그 하나는 독생자 예수 그리스도가 성부와 동일본질(homoousios)이심을 강조하는 그리스도의 신성에 관한 것이고, 다른 하나는 예수 그리스도와 인간의 관계를 설명하는 그리스도의 인성에 관한 것이다. 영산은 칼케돈 신조를 따라서 그리스도의 신성과 인성을 증명하였는데, 그리스도의 신성을 설명하기 위하여 아버지와 아들이 동일본질(homoousios)이심을 강조하였고,288) 그리스도의 인성을 설명하기 위하여 아들과 성령의 삼위일체적 관계 속에서 아들이 동정녀 마리아로부터 성령으로 잉태되시므로 완전한 인간이 되셨음을 증명하고 있다.289) 성부와 성자와 성령의 삼위일체적 관계는 예수 그리스도의 신

---

287) 칼케돈 신조에서 완성된 기독론은 신성과 인성이 완전하여 성부와 동일본질(homoousios)이시며 참 하나님이시고, 성령으로 잉태되사 모든 면에서 우리와 같은 이성적 영혼과 육체를 가지셨지만 죄는 없으신 참 인간이신 한 분 예수 그리스도를 믿고 고백한다. 또한 한 위격 안에 완전한 신성과 완전한 인성의 양성이 혼합 없이(without composition), 혼동 없이(without confusion), 전환 없이(without conversion), 분리 없이(without separation) 두 가지 본성을 지니고 계시다는 사실을 고백하고, 양성의 구별이 연합으로 제거되지 않고, 각 성의 속성들이 한 위격 안에서 보존되고 협력하신다는 것을 고백한다.
288) 조용기,『요한복음 강해(상)』, 20:『빌립보서 강해』, 45.

성과 그의 인성을 가장 논리적으로 표현하고 있는 것이다. 영산은 예수 그리스도의 완전한 신성과 인성을 다음과 같이 고백한다: "그리스도가 종의 형체를 취하실 때 그는 영원부터 영원까지 그의 신성을 보유하시면서 인성을 취하셨습니다. 따라서 그리스도의 품격에는 신성과 인성의 두 성품이 포함된 것입니다(요 1:1, 14, 갈 4:4, 딤전 3:16)."290)

3) 삼위일체적 성령론

현대 삼위일체 논쟁 중에서 두 가지의 독특한 신학적 관점이 표출되었다. 하나는 삼위일체 교리를 논하면서 휠리오크베 논쟁(filioque controversy)이 다시 부활한 것이고, 다른 하나는 휠리오크베 논쟁을 해결하기 위한 하나의 방편으로 성령의 인격(person)에 대한 관심이 부각된 것이다. 많은 신학자들은 전통적인 서방교회가 성령의 인격을 격하시키며, 성령을 성자께 종속시켰다고 본다. 성령을 성자께 종속시키는 신학은 존재론적으로 인격적인 상호공유(perichoresis)의 관계로 존재하시면서 역사의 구원 사역에서도 서로 인격적인 관계를 맺으시고 도우시므로 우리의 구원을 완성하시는 성자와 성령의 인격적이며 상호공유적 관계를 분리시키는 신학적 오류를 범한 것이다. 그래서 현대 신학은 존재론적으로 인격적인 상호공유적인 관계를 갖고 계신 성자와 성령의 관계를 구원의 역사 속에서 함께 일하시는 성자와 성령의 상호역동적 관계로 이해하려고, 그 동안 도외시 되어왔던 성령의 인격에 대한 깊은 연구를 하고 있다.

영산의 신학 중에서 가장 뚜렷하면서 현대 신학에 공헌 한 것을 말하라면 필자는 서슴없이 그의 성령론을 들것이다. 많은 신학자들이 성령을 단지 신적인 힘이나 능력 정도로 인식하고 있을 때, 영산은 그 누구보다도 더 담대하게 성령의 인격성을 강조하였다.291) 영산의 신학에

---

289) 조용기, 『성령론』, 52-54.
290) 조용기, 『빌립보서 강해』, 46.

서 가장 핵심적인 요소 한 가지를 말한다면 그것은 바로 성령님은 인격적인 존재라는 것이다. 성령님이 인격적인 존재라는 것은 영산의 목회와 신학의 가장 핵심적인 부분이요, 그의 설교와 강해집에서 수없이 강조되고 있다. 영산은 그의 최신의 저서 성령론에서 다음과 같이 성령의 인격을 강조하고 있다: "성도들은 성령님이 하나님의 영이신 것과 우리가 예수 그리스도를 구세주로 영접할 때 그 마음속에 오셔서 거하신다는 사실을 잘 알고 있다. 그러나 성령님께서 인격을 지니신 분이시라는 사실을 알고 날마다 교제하며 살아가는 성도가 얼마나 될까? 우리는 성령님께서 인격을 지니신 하나님으로서의 교제의 대상이라는 사실을 결코 잊어서는 안된다."292) 이와 같이 영산은 삼위일체의 한 인격체로서 성령을 이해하기를 성령은 소유의 도구가 아니라 인격적인 교제의 대상이며 사역의 동역자이다. 또한 그는 역사적으로 성령을 비인격화시키면서 성령을 그 자신이 인격체가 아니신 하나의 힘이나 비인격체로 이해는 모든 견해들을 비판하면서, 현대의 그리스도인들 가운데 무의식적인 차원에서 성령을 인격적인 존재가 아닌 비인격체로 이해하는 경향에 대해서 경고하고 있다: 우리가 무의식중에 성령님을 어떤 힘이나 에너지, 능력 정도로 인식하고 하나의 수단과 방편으로 이용하려 하고 있는 것은 아닌가?293) 영산은 성령을 비인격화시키는 모든 경향들에 강한 경종을 울리면서 성령을 단순한 체험의 대상이 아닌 인격적인 하나님이요 동역자로서 이해하고 있다.

성령이 인격체라는 목회신학적인 영산의 강조는 현대 삼위일체 교리 논쟁에 지대한 영향을 줄 수 있는 핵심적인 요소라 생각 된다. 왜냐하면 성령의 인격에 대한 삼위일체적 이해 없이는 삼위일체론의 정립은 불가능하기 때문이다 현대 삼위일체 신학자들은 서방의 이위일체론(즉 성령의 인격을 무시하고 성부와 성자의 관계성만을 강조하는 신론)에

---

291) 조용기, 『성령론』, 21-26.
292) *Ibid.*, 7.
293) *Ibid.*

강한 비판을 가하면서 성령의 인격을 회복시키고자 노력하고 있다. 더욱이 성령의 인격에 대한 삼위일체적 이해는 성경에 나타난 성령과 성자의 상호보완적 관계를 잘 설명해 준다.

4) 삼위일체적 구원론

영산이 이해하는 하나님은 그의 피조물과 인격적인 관계를 맺으시는 삼위일체 하나님이시다. 삼위 하나님께서 우리의 구원과 관련하여 어떻게 인간과 관계를 맺으시는가 하는 것은 영산의 목회철학 전반에 걸쳐 면면히 흐르는 실제적 관심이었다. 영산의 신학은 구원의 신비를 삼위일체적 관계 가운데서 이해하고 있다. 타락한 인간이 성부에게로 나올 수 있는 것은 오로지 보이지 아니하는 성부 하나님의 보이는 형상이신 성자 그리스도를 통해서 이며, 또한 타락한 인간은 성령에 의해서만 그리스도에게로 이끌려 나오게 된다.294) 이러한 면에서 영산에게 있어서 구원은 삼위일체 하나님의 사역의 결과이다.295)

하나님의 창조와 구속의 행위는 삼위로서의 행위이며 하나님은 이러한 창조와 구속의 행위 속에서 자신을 삼위 하나님으로 계시하신

---

294) 조용기, 『주기도문 강해』 (서울: 서울 말씀사, 1998), 30-37.
295) 영산에게 있어서 삼위 하나님에 대한 지식은 삼위 하나님의 구원 활동을 통해서 얻을 수 있는 것이다. 영산은 삼위 하나님의 활동을 이해함에 있어서 위의 영역으로부터 시작하기 보다는 아래의 영역으로부터 삼위 하나님의 활동에 대한 이해를 시작하고 있다. 즉, opera ad intra에서부터 시작하기보다는 opera ad extra에서부터, Immanent Trinity에서부터 시작하기보다는 Economic Trinity에서부터 시작하고 있다. 그러므로 영산에게 있어서 우리의 하나님에 대한 지식은 하나님께서 그의 밖으로 드러내시는 활동(opera ad extra)으로서 아래의 영역에 나타내신 것을 통해서 위의 영역에 숨겨진 것, 곧 하나님 자신 안에(God in se) 숨겨진 것으로 올라가야 하는 것이다. 다시 말해서, 영산에게 있어서 하나님의 행위로서 창조와 구속에서 자신을 나타내신 것을 통하지 않고는 하나님을 알 수 있는 길은 없다. 하나님께서 창조와 구속 그리고 능력의 사역을 통하여 자신을 나타내신 것이 계시이며, 계시 또한 하나님의 opera ad extra인 것이다.

다.296) 영산에게 있어서 구원은 하나님께서 그 자신 밖으로 자신을 드러내시는 사역이며, 이러한 사역 속에서 하나님은 삼위로서 사역하심으로 자신을 삼위 하나님으로 나타내고 계시는 것으로 이해되어 진다. 영산은 삼위 하나님의 신적 본질의 통일성을 말함에 있어서도 어떤 철학적 상상을 통해서 말하기 보다는 성경의 증거에서부터 출발하고 있다. 성자의 외적 사역과 성령의 외적 사역에서 드러난 신적 본질에 근거해서 삼위 하나님의 신적 본질의 통일성을 말하고 있는 것이다.

구속주로서 하나님을 아는 지식은 선포된 복음 안에 나타내어지는데, 이 복음은 삼위 하나님의 사역으로서의 구속 사역에 관한 것이다.297) 복음 안에서 인간의 구원을 위한 성부의 뜻이 선포 되어 진다: "하나님께서는 우리의 뜻이 아니라 하나님 자신의 기쁘신 뜻으로 우리를 예정하셨습니다… 하나님께서는 그의 성도들을 미리 정하고 미리 택하셨는데, 이것은 그 기쁘신 뜻을 따라 하신 것입니다."298) 신적 활동의 기원으로서 성부의 뜻은 구속의 시작이다. 그러나 이는 그리스도 예수 안에서 나타내어진다. 성부의 선택은 그리스도 안에 있는 복음 안에 나타내어지며, 나타난 뜻의 기원이 된다. 영원하고 불변하고 절대적인 성부의 숨은 뜻은 시간과 공간의 역사성의 한계 속에서 그리스도를 통하여 나타난다. 인간은 복음의 약속이 주어짐을 통해서 그리스도에게로 나아가며, 그럼으로 성부에게로 나아갈 수 있다.299) 그러나 타락한 인

---

296) 영산의 삼위일체 교리를 이해함에 있어서 이와 같은 접근 방법은 삼위일체 교리에 관해서는 영산이 서방 신학의 전통보다는 동방 신학의 전통을 따른 것으로 이해되어 진다. 삼위일체 교리와 관련하여 서방의 어거스틴이 하나님의 한 분되심을 강조하였다면, 동방의 캅파도기아 교부들은 삼위로서의 하나님에 강조점을 두었다고 할 수 있다. 전자가 하나님 자신 안에 있는 것으로부터 출발하여 하나님 자신 밖으로 나타내어진 것으로 이해의 방향을 옮겼다면, 후자는 반대로 하나님께서 자신 밖으로의 활동에서 자신을 나타내신 것에서부터 하나님 자신 안에 숨겨진 것으로 이해의 방향을 옮겼다고 할 수 있을 것이다.
297) 조용기, 『에베소서 강해』 (서울: 서울말씀사, 1997), 15-26.
298) Ibid., 19-21.
299) Ibid., 21-22.

인간은 그 스스로는 복음의 약속을 믿음으로 받아들임으로 그리스도에게로 나아갈 수 없다. 인간이 믿음으로 그리스도에게 나아갈 수 있는 것은 오로지 성령께서 그들의 마음을 열어 그리스도 안에 있는 복음의 약속을 깨닫게 하시고 그럼으로 그리스도에게로 나아오도록 이끌어 주셔야만 가능하다. 성령으로 아니하고는 아마도 그리스도에게로 나아올 수 없고 그리스도에게로 나아오지 아니하고는 아무도 성부에게로 나아갈 수 없는 것이다.300)

5) 삼위일체적 영성

영산의 영성은 삼위일체적 영성이다. 영산의 삼위일체적 영성은 하나님은 오직 하나(One)시며, 성부와 성자와 성령의 위격으로 존재하신다는 것을 믿는다. 영원 전부터 계시던 세 위격(Three Persons)의 한 하나님(One God)은 계시 속에 나타나셔서 구원의 사역 속에서 아버지의 영성, 아들의 영성, 성령의 영성으로 구원의 사역을 완성하신다.301) 하지만 삼위일체 하나님의 영성은 존재의 공동체로서 그 안에서 모든 것을 공유하고 연합하며, 상호 교통함을 알 수 있다. 아버지는 아들과 성령의 상호 교통의 관계 속에서 창조와 그 후의 모든 것을 지배하면서 인류에게 구원을 허락해 주시는 위대한 영성을 지니고 계신다. 아버지가 계획하신 구원을 완성하기 위하여 아들이 아버지와 성령의 상호 교통의 관계로 성육신하셨다(마 1:18-20; 눅 1:34-35). 성육신한 아들은 영원 전부터 성부와 성령 하나님과 함께 계셨다(요 1: 1-5). 그리고 아들 예수 그리스도의 사역 가운데서도 아버지와 성령은 함께하셨다(마 3: 16-17; 눅 4:21). 성령은 아들 예수께서 이룩하신 구원을 결실하도록 아들을 통해서 아버지로부터 보내심을 받으셨다(요 14:16). 영산의 삼위일체적 영성이란 인류의 구원을 위해 계시되신 삼위일체 하나님을

---
300) *Ibid.*, 25.
301) 조용기, 『주기도문 강해』, 40-45.

믿고, 그 분의 형상을 회복시키는 것이라 하겠다.

이러한 영산의 삼위일체적 영성은 종교적 신비주의와는 분명히 구별이 된다. 종교적 신비주의는 인간 자신의 수양과 노력에 의한 천지인 합인설을 강조하지만, 영산의 영성은 인격자이신 삼위일체 하나님과 교제하며 관계를 맺고 사는 삶을 의미한다. 이러한 삼위일체 하나님과의 인격적인 관계의 삶은 아버지 하나님의 사랑을 체험하게 되며, 성령의 능력(empowerment)과 충만함을 받아서, 그리스도를 믿고 그를 본받는 능력 있고 역동적인 삶을 살게 되는 것이다. 더 나아가서 영산의 영성은 삼위일체 하나님과의 인격적인 관계의 체험을 통하여 변화된 삶을 살며, 구체적인 삶의 현장 곧 사회적 현실 속에서 하나님의 나라를 이룩하는 것이다. 그러므로 영산의 영성은 종교적 신비주의가 추구하고 있는 열광주의, 금욕주의, 반지성주의, 극단적 개인주의, 주관적 체험주의, 분리주의, 등과 같은 것들을 지양하며, 오로지 삼위일체 하나님과의 올바른 인격적 교제의 관계를 회복시킨다.

3. 영산과 순복음 신학

우리는 앞에서 삼위일체 교리의 발전 과정과 영산의 삼위일체 교리를 논하였다. 그리고 그 논의 속에서 영산의 신학을 삼위일체적 관점에서 분석하며 정리하였다 필자는 영산의 삼위일체적 신학을 정립하고, 순복음 신학의 정체성을 확립하는 중요한 신학적 작업 중의 하나가 성자와 성령의 관계를 올바로 정립하는 것이라 생각 된다. 역사적으로 성령은 성자께 종속적인 관계로만 이해되었지, 성경에 나타난 상호 보완적 관계로 이해되지 못하였다.[302] 21세기 순복음 신학을 위한 삼위일체적 전망은 어느 한 쪽으로 치우치는 단편적인 신앙을 거부하고, 보다 상호 교제적 관계로서의 성자(말씀)와 성령의 신학을 강조하여야 한다.

---

302) 핸드릭스 벌코후, 『기독교와 성령의 역사』, 이창우역 (서울: 기독교문서선교회, 1986), 11-14, 162-63.

영산은 한 순간이라도 성자와 성령을 분리해서 이해하지 않고 있음을 다음과 같이 말하고 있다: "예수님께서는 이 땅에 오셔서 하나님 아버지의 뜻을 온전히 이루셨다. 예수님께서는 그 모든 일을 성령님의 능력을 힘입어 행하셨다."303) 영산은 예수께서 그의 전 생애 동안 행하신 모든 이적과 기적이 성령의 능력으로 행하셨음을 강조한다.304) 동시에 영산은 예수의 부활과 승천 이후 성령의 오심과 성령의 모든 역사는 성자 예수 그리스도와 밀접한 관계를 맺고 계시다는 사실을 강조한다: "제자들과 함께 계시면서 그들에게 하나님의 여러 가지 진리의 말씀을 해 주시던 예수님께서 승천하시면 보혜사 성령께서 강림하십니다. 성부 하나님께서 예수 그리스도 이름으로 보내실 성령은 자기 자신에 대해서 말씀하시지 않으시고 오직 예수 그리스도에 대해서 말씀하십니다. 즉 성령께서는 예수 그리스도의 십자가 보혈의 공로와 구원에 대해서 증거하십니다."305) 영산은 성자와 성령이 내재적으로 상호 관계 속에서 존재하셨듯이, 구원의 계시 역사 속에서도 상호공유의 관계 속에서 함께 활동하신다는 것을 말하고 있다.

영산의 삼위일체적 신학에 나타나는 성자와 성령의 상호보완적 관계는 현대 삼위일체 논쟁의 두 가지 중요한 개념 속에서 좀더 분명히 이해할 수 있다. 하나는 내재적(존재론적) 관점에서 인격(person)이라는 단어를 어떻게 이해할 것인가 하는 것이고,306) 다른 하나는 경륜적 관

---

303) 조용기, 『성령론』, 51.
304) Ibid., 51.
305) 조용기, 『요한복음 강해(하)』, 123.
306) 삼위일체의 인격(person)에 대한 논의로 다음 문헌을 참조하라. A.J. Torrance, *Persons in Communion* (Edinburgh: T&T Clark, 1996); J.D. Zizioulas, *Being as Communion* (New York: St. Vladimir's Seminary Press, 1985); J.A. Bracken, *The Triune Symbol: Persons, Process and Community* (Lanham: University Press of America, 1985); V. Brummer, *Speaking of A Personal God* (Cambridge: Cambridge University Press, 1992); T.H. Speidell, A Trinitarian Ontology of Persons in Society, *Scottish Journal of Theology* 1994(47), 283-300; F. Buri, Trinity and Personality, *Iliff Review* 1983(40), 15-24; A.I. AcFadyen, The Call to Personhood (Cambridge:

계 속에서 우리의 구원을 이루어 나가시는 성자와 성령의 관계를 어떻게 이해할 것인가 하는 것이다.

1) 내재적 관계 속에서 상호보완적 관계로서의 인격(person)

현대 삼위일체 논쟁의 가장 중요한 업적 중의 하나는 삼위 하나님의 존재론적인 인격의 개념(the concept of person)을 다른 개인들(other individuals)과 분리되는 개인(individual)의 개념이 아닌, 상호공유적(perichoretic) 인격의 개념으로 이해해야 한다는 것이다. 성부의 인격은 성자와 성령의 관계 속에서만 그 존재성을 유지할 수 있다. 성자의 인격도 성부와 성령과의 관계 속에서, 그리고 성령의 인격도 성부와 성자와의 관계 속에서 그 인격의 존재를 유지할 수 있는 것이다. 이러한 상호공유적 인격의 개념은 곧 예수께서 그 자신과 아버지와의 관계를 설명하실 때도 나타난다: "내가 아버지 안에 있고 아버지께서 내 안에 계시다"(요 14:11; 17:21). 또한, "나와 아버지는 하나"(요 10:30)라는 예수의 말씀 속에는 아들과 아버지 사이에는 진정한, 완성된 상호공유가 있음을 암시하고 있다.307)

하지만 칼 바르트와 칼 라너는 인격이라는 단어가 개인적이며 분리적인 의미를 내포하고 있기 때문에 삼위 하나님을 표현하는 방식에서 인격(person)이라는 단어를 사용하기 보다는 존재의 세 가지 양태(three modes of being) 혹은 실재의 세 가지 분명한 양태(three distinct modes of subsistence)라는 표현을 사용한다. 바르트에 의하면 하나님 안에 세 인격이 있다고 하는 것은, 우리가 여기서 경계해야 할 삼신론

Cambridge University Press, 1990); C. Schwobel and C.E. Gunton(eds.), *Persons, Divine and Human* (Edinburgh: T&T Clark, 1991); M.C. Shin, A Dialogical Trinitarian Pneumatology, unpublished Ph.D thesis (Aberdeen: Aberdeen University, 1997), 122-44.

307) 조용기, 『요한복음강해(하)』, 114-15.

의 최악한 말이다.308) 칼 라너도 삼위일체에서 인격이라는 표현은 관계적인 면보다는 분리적이고 개인적인 단어이기 때문에 현대 삼위일체 교리에서 인격(person)이라는 단어를 제거해야 한다고 강조한다.309) 하나님이 존재론적으로 세 분의 인격이라고 말할 때에 우리는 영원하신 세 분의 하나님을 인정하게 되기 때문에 삼신론의 위험에 빠진다고 바르트와 라너는 지적한다.

바르트와 라너의 인격에 대한 비판에도 불구하고, 대부분의 현대 삼위일체 신학자들은 상호공유적 인격(person)의 개념을 삼위일체 교리 속에서 찾고 있다.310) 하버트 월프(Herbert Wolf)는 인격의 개념은 삼위일체 하나님으로 계시되어진 아버지와 아들과 성령의 상호공유적 관계로부터 파생된다고 말한다.311) 인격의 관계성은 터툴리안의 삼위일체 교리에서도 발견되는 데, 그는 처음으로 계시 속에 나타나신 성부와 성자와 성령을 세 분의 페르소나(persona)라고 정의함으로써 이들의 분리될 수 없는 관계성을 설명하고 있다.312) 터툴리안은 세 분의 인격(persona)은 역동적인 관계 속에서만 존재하실 수 있다는 것을 암시한

---

308) K. Barth, *Church Dogmatics*, I/1, eds. G.W. Bromiley and T.F. Torrance (Edinburgh: T&T Clark, 1978), 403.
309) K. Rahner, *The Trinity*, trans. Joseph Donceel (London: Burns&Oates, 1970), 103-105.
310) 인격의 개념을 상호관계적의 개념으로 이해하는 삼위일체 신학자들은 다음과 같다. L. Hodgson, *The Doctrine of the Trinity* (New York: Charles Scribners Sons, 1944); L. Boff, *Trinity and Society*, trans. Paul Burns (Maryknoll, N.Y.: Orbis, 1988); J. Moltmann, *The Trinity and the Kingdom of God* (London: SCM Press, 1981); A.J. Torrance, *Persons in Communion* (Edinburgh: T&T Clark, 1996); J.D. Zizioulas, *Being as Communion* (New York: St. Vladimir's Seminary Press, 1985); J.A. Bracken, *The Triune Symbol: Persons, Process and Community* (Lanham: University Press of America, 1985); T.H. Speidell, A Trinitarian Ontology of Persons in Society, *Scottish Journal of Theology* 1994(47), 283-300.
311) H. Wolf, An Introduction to the Idea of God as Person, *Journal of Bible and Religion* 1964(32:1), 27.
312) Tertullian, *Against Praxeas*, Ch. 25 and 31.

다. 관계적 개념의 인격(persona)은 어거스틴의 삼위일체 교리에서도 찾아볼 수 있다. 어거스틴은 "성부가 페르소나시요, 성자가 페르소나시요, 성령이 페르소나이시므로, 확실히 세 페르소나가 계시다"라고 말하므로 삼위일체 안에 세 분의 인격(persona)가 계심을 확신하고 있다.313) 그리고 인격은 오직 그들의 관계성 안에서만 정의되고 구분될 수 있다고 어거스틴은 말하고 있다: "또 하나님에 대한 말이 그 모두가 그의 본질에 관한 것도 아니다. 관계에 대해서 말할 수도 있기 때문이다. 성자에 대한 성부의 관계나 성부에 대한 성자의 관계 같은 것이다… 오직 아들이 있기 때문에 아버지를 성부라고 부르며, 따라서 아들도 오직 아버지가 있기 때문에 성자라고 부르는 것이므로, 이 명칭들은 본질에 대해서 쓰는 것이 아니다… 상호 관계에 대해서 쓰는 것이기 때문이다."314) 비록 어거스틴이 본질 중심의 삼위일체 교리에 더 집중한 것은 사실이지만, 그의 삼위일체 교리는 인격들의 관계성에 많은 지면을 할당한 것을 볼 수 있다.315)

그러나 상호공유적 인격의 개념은 동방의 캅파도키아 교부들에 의해 보다 세밀하게 발전된다. 동방 교부들은 때때로 사회 공동체적 의식을 그들의 삼위일체 교리 논쟁에서 찾았다. 특히 그들은 삼위 되신 성부, 성자, 성령 하나님의 내재적(혹은 존재론적) 관계성을 설명하기 위해서 공동체적인 언어인 페리코레시스(perichoresis)를 사용하였다. 그들의 주장에 의하면 하나님은 아버지와 아들과 성령의 영원한 공동체적 관계 속에서 존재하신다는 것이다. 영국의 복음주의 신학자 알리스터 맥그라스는 다음과 같이 페리코레시스(perichoresis)를 설명하고 있다: "perichoresis의 개념은 세 인격들이 각자의 개체성을 유지하는 한편 각각의 인격이 다른 두 인격의 생명을 공유함을 의미한다. 이 생각을 표

---

313) 성 어거스틴,『삼위일체론』(서울: 크리스챤 다이제스트, 1993), 7, 4, 8.
314) Ibid., 5, 5, 5.
315) 어거스틴은 그의『삼위일체론』제5권부터 제7권까지 인격과 인격의 관계성에 대해 자세히 설명하고 있다.

현하기 위하여 존재 공동체(a community of being)라는 이미지가 자주 상용된다. 존재 공동체 안에서 각 인격은 각각의 독특하게 구별되는 정체성을 유지하면서도, 다른 인격들을 통찰하며 또한 다른 인격들에 의하여 통찰된다."316) 그러므로 21세기 순복음 신학은 현대 삼위일체 신학에서 발견되는 존재론적인 상호공유(혹은 상호통제)의 개념을 영원하신 성자와 성령의 상호공유의 관계 속에 적용할 수 있을 것이다.

2) 경륜적 관계 속에서 말씀과 성령의 상호보완적 관계의 회복

우리는 앞의 논지에서 내재적 삼위일체 하나님은 성부와 성자와 성령의 상호공유의 관계로 존재하심을 논의하였다. 그리고 현대 삼위일체 신학자들은 내재적으로 상호공유의 관계 속에서 존재하시는 삼위 하나님은 그 자신을 그대로 구원의 역사 속에서도 삼위일체 하나님은 상호공유의 관계로 자신을 계시하신다는 것이다.317) 하나님은 구원의 경륜에서 각기 다른 시점에서 다른 존재의 양식으로 나타나신 것이 아니라, 삼위일체적 관계 가운데 존재하시는 세 분의 인격은 하나님의 모든 계시적 행위에 상호공유의 관계로 참여하시는 것이다.318) 내재적으로 상

---

316) Alister E. McGrath, 『역사 속의 신학』, p. 390.
317) 칼 라너(Karl Rahner)는 그의 책 *The Trinity*(1970)에서 존재론적 하나님과 경륜적 혹은 계시적 하나님을 분리(isolation)시키는 어거스틴적 서방신학(Augustinian Western Theology)의 문제점을 지적하면서 존재론적 삼위일체와 경륜적 삼위일체의 통일성(unity)를 추구하고 있다. 내재적 삼위일체와 경륜적 삼위일체의 관계에 관한 연구로 다음 문헌들을 참조하라. K. Rahner, *The Trinity* (trans. Joseph Donceel, London: Burns&Oates, 1970); E. Jungel, The Relationship between Economic and Immanent Trinity, *Theology Digest* 1976(24), 179-84; G.D. Badcock, The Doctrine of the Holy Spirit in Contemporary Trinitarian Theology: A Critical Appraisal of the Idea of the Unity of the Economic with the Immanent Trinity, unpublished Ph.D Dissertation (Edinburgh: Edinburgh University, 1991); M.C. Shin, A Dialogical Trinitarian Pneumatology, unpublished Ph.D thesis (Aberdeen: Aberdeen University, 1997), 145-62.
318) Alister E. McGrath, 『역사 속의 신학』, 391.

호공유적 관계로 존재하시는 성부와 성자와 성령은 경륜적인 창조 사역과 구원 사역에도 상호 교제의 관계로 활동하신다. 특별히 중요한 것은 내재적 상호공유의 관계 속에서 존재하시는 성자와 성령께서, 우리의 구원을 이루어 나아가시는 과정에서도 서로 도우시며 사랑하시는 상호 공유의 역동적 관계로 사역하신다는 사실이다.

영산은 신약 성경 속에서의 성령과 그리스도가 상호공유적 관계 속에서 구원의 사역을 완성하신다는 것을 강조한다.319) 영산이 예수의 생애 가운데 나타나신 성령의 능동적 사역을 공관 복음서에서 찾았듯이, 공관 복음서는 삼위일체의 상호 공유적 관계 속에서 성령을 예수의 탄생과 지상 사역을 이끄는 모습으로 묘사하신다.320) 성령이 메시야 위에 머물 것이라는 것은 메시야가 성령의 강림에 의해 결정된다는 것이다.321) 마태와 누가에 의하면 성령이 예수 위에 머물게 된 것은 그의 성육신 사건부터이다. 마태복음 1:20절에 기록되기를 "저에게 잉태된 자는 성령으로 된 것"이라고 성경은 말씀한다. 즉, 성육신의 사건은 성부 하나님께서 계획하시고 성령의 능력 가운데서 성자께서 우리의 인간성을 취하신 삼위일체적인 사건이다. 성령은 예수의 세례 때도 예수의 머리 위에 비둘기 같이 임하시므로 하나님의 아들임을 성령이 확증하셨는데, 이것 역시 삼위일체 하나님의 역사인 것이다(마 3: 16-17). 시험을 받으실 때(마4:1), 그의 공생애를 시작하실 때(마12:28) 등등 공관 복음서에서 성령은 삼위일체적 교제 속에서 그리스도의 사역을 이끄는 관계로 묘사된다.322)

---

319) 조용기, 『성령론』, 51-107.
320) *Ibid.*, 51-59. 또한, 이 관점은 동방신학자 보브린스코이에 의해 주장되고 있다. See. B. Bobrinskoy, The Filioque Yesterday and Today, in *Spirit of God, Spirit of Christ*. Edited by L. Vischer (Geneva and London: WCC and SPCK, 1981), 133-48 and The Indwelling of the Spirit in Christ: Pneumatic Christology in the Cappadocian Fathers, *St. Vladimir Theological Quarterly* 28 (1989), 49-65.
321) *Ibid.*, 52.
322) *Ibid.*, 52-57.

그러나 영산은 예수의 부활로 말미암아 성령이 아버지 하나님으로부터 예수를 통해서 우리에게 주어졌음을 강조한다. 영산에게 있어서 성령은 아들 예수 그리스도에 의해서 보냄을 받으시고, 성자의 뜻 가운데 활동하신다: 성부 하나님께서 예수 그리스도 이름으로 보내실 성령은 자기 자신에 대해서 말씀하시지 않으시고 오직 예수 그리스도에 대해서 말씀하십니다. 즉 성령께서는 예수 그리스도의 십자가 보혈의 공로와 구원에 대해서 증거하십니다.323) 요한은 기록하기를 "내가 아버지께 구하겠으니 그가 다른 보혜사를 너희에게 주사…"(요 14:16), 또한 "내가 아직 너희와 함께 있어서 이 말을 너희에게 하였거니와 보혜사 곧 아버지께서 내 이름으로 보내실 성령 그가 너희에게 모든 것을 가르치시고 내가 너희에게 말한 모든 것을 생각나게 하리시라"(요 14:25-26)고 기록하고 있다. 예수는 삼위일체적 교제 속에서 아버지로부터 성령을 파송하시고 성령은 아들 예수 그리스도와의 교제 속에서 모든 제자들을 말씀으로 양육시키시는 것이다.

영산은 성령을 단독적으로 역사하는 분으로 이해하지 않는다. 다만 영산은 성령을 그리스도의 보냄을 받은 분으로서 그리스도와 함께 일하고 계심을 말하고 있다. 그리스도의 영이신 성령은 우리 마음에 임재하셔서 우리에게 그리스도 예수를 믿게 해 주시고, 천국에 이르는 그날까지 승리하도록 도와주시는 분으로 설명하고 있다.324) 누구든지 그리스도의 영이 없으면 그리스도의 사람이 될 수 없으며, 예수를 구주로 고백할 수도 없는 것이다. 이는 구원의 사역 속에서 아들이 성령과 함께 우리의 구원을 주도하시는 분으로 이해하고 있다(롬 8:9; 고후 3:17; 갈 4:6; 빌 1:19). 또한 영산은 그리스도를 생명을 주는 영으로 이해한다: "… 부활하신 몸으로 승천하신 예수님께서는 지금도 '영'으로 우리와 함께 계십니다."325)

---

323) 조용기, 『요한복음 강해(하)』, 114-115, 123-24.
324) 조용기, 『로마서 강해』 (서울: 서울말씀사, 1997), 236-37.
325) 조용기, 『고린도후서 강해』 (서울: 서울말씀사, 1997), 73-74.

21세기 순복음 신학의 올바른 정립은 영산이 이해하는 것처럼 성자와 성령의 사역을 상호 배치되는 것으로 이해하지 않고, 상호 보완적 관계로 이해하여야 한다. 세례 요한의 말 가운데서 성령이 내려서 누구 위에든지 머무는 것을 보거든 그가 곧 성령으로 세례를 주는 이인줄 알라(요 1:33)고 하였다. 예수께서 성령의 파송자(sender)가 될 수 있는 것은 오직 그가 최초로 성령을 받은 자(receiver)이며 성령을 담당한 자(bearer)이기 때문이다. 예수는 성령을 받으시고, 동시에 주시는 분이시다. 성자와 성령은 영원 전에 상호 관계적 관계로 존재하신 것과 마찬가지로, 계시된 구원의 역사 속에서도 동등한 자격으로 서로 도우며 상호 교제의 관계로 구원의 사역을 수행하고 계신 것이다. 이러한 말씀과 성령의 상호 보완적 관계를 회복시키는 것을 21세기 순복음 신학에 대한 올바른 **제안**이라고 말하고 싶다.

4. 마무리 글

영산은 하나님이 삼위일체되심을 누구보다도 강조하셨다는 것을 말하였다. 이러한 영산의 삼위일체적 이해는 현대 삼위일체 교리의 발전에 신학적 기여를 하신 것임에는 의심의 여지가 없다. 또한, 영산의 삼위일체적 성령이해는 그 동안 신학의 한 구석에서 외면당하신 성령의 존재를 오늘날 신학의 화두로 등장시키는 아주 중요한 역할을 하신 것이다. 그리고 영산의 삼위일체 교리를 통해서 순복음 신학을 정립하고자 할 때, 하나님을 삼위일체적 존재 공동체로 이해하는 것과 하나님은 그 자신을 그대로 우리에게 계시하신 삼위일체 하나님이심을 고백해야 함을 강조하였다. 삼위일체에 대한 단편적인 이해는 존재론적으로 상호공유적 관계로 계시면서, 구원의 역사 속에서도 상호공유적 관계로 구원을 완성시키시는 성자와 성령의 사역을 본질적으로 분리시키는 결과를 초래한다. 그러므로 영산의 삼위일체 신학을 통해서 본21세기 순복음 신학의 전망은 성자와 성령의 상호공유적 혹은 상호통전적 관계를 회복시키는 것이다.

　21세기의 순복음 신학은 올바른 삼위일체적 교리를 회복하여 단편적이고 상대적인 세계관을 버리고 보다 영적으로 성숙한 삼위일체적 신학을 소유해야 할 것이다. 성자와 성령께서 영원하신 상호공유의 관계로 서로 사랑하시고 섬기시는 것과 같이 성자와 성령은 구원의 역사 속에서도 서로 도우시며 사랑하시므로 우리의 구원을 완성하신다. 하나님은 예수 그리스도의 구속 운동을 통해서 교회를 이끌어 가시지만, 예수 그리스도는 그의 교회 운동을 성령을 통하여 이 세상에 나타내셨다. 다시 말해서 성자의 완전한 구속 사역이 오순절 이후 주의 교회가 성령 공동체가 된 것이다. 성령은 성자와 함께 직접 교회를 인도하시고, 세우시며, 그 공동체의 주인이 되셨다. 진정한 교회는 성령의 내주하심을 통해서, 그리고 성자의 주관하심과 영원한 보증하심을 통해서 온전한 공동체로서 자라간다. 이러한 영산의 삼위일체적 신학을 가지고 20세기를 점검하고 도래하는 21세기를 맞이하는 것이 순복음 신앙인들의 자세일 것이다.

제 8 장
영산 조용기 목사의 삼위일체적 성령론326)

성령론을 연구하면서 성령론과 삼위일체론을 분리하여 연구하는 경향이 있는데, 성령론은 삼위일체적 관점으로 보지 않고는 제대로 이해할 수가 없다. 삼위일체론은 기독교와 타종교를 구분 짓는 결정적인 신학적 명제인 동시에, 영산 조용기 목사(이하 영산)의 목회와 신학 사상에 전반적으로 흐르고 있는 중요한 신학적 주제이다. 하지만 이처럼 중요한 기독교의 핵심적 교리인 삼위일체론은 그 동안 신론의 한 분야로만 취급되면서 우리의 신앙고백 속에서만 존재할 뿐 신학의 핵심적인 교리로 이해되지 못한 것이 사실이다. 우리가 삼위일체론을 심각하게 다루어야 할 이유는 우선 그것이 오순절 교회의 전통 속에서 근본 교리로 이해되었고(적어도 하나님의 성회 교단에 있어서 삼위일체론은 중요하다), 이 교리는 여전히 영산의 신학과 목회에 강한 영향을 끼치고 있기 때문이다.

21세기는 성령의 시대라고 대부분의 신학자들이 말하고 있다. 이러한 시점에서 영산의 성령론을 정립하기 위해서 신학포럼을 개최하는 것은 시기적절하며 바람직한 현상이라 할 수 있다.327) 오순절운동은 주관

---

326) 이 글은 제1회 영산신학자포럼에서 발표되었던 논문이다.
327) 지금까지의 신학은 성령론을 중요시 여기는 신학이 아니었다. 어떻게 보면 성령을 망각하고 있었다고 말할 수 있다. 전통적 신학은 지난 수세기 동안 사도

적 체험주의에 의존하여 객관적인 신학적 정의나 교리적 발전에 소홀히 함으로써 하나의 종교적 신비주의 운동으로 끊임없는 오해를 받아 왔기에, 영산의 목회와 신학을 정립하려는 노력은 필연적이라 할 수 있다. 본 논문은 영산의 성령론 속에 내재되어 있는 삼위일체적 요소를 발견하고, 그것을 좀더 구체적으로 정립함으로써 영산의 성령론적 신학이 21세기 신학에 대한 하나의 신학적 대안을 제시하고 있다고 주장하고자 한다. 그리고 이러한 연구를 통해서 우리의 신학하기에 있어서 영산의 신학사상이 순복음 신학의 정체성을 확립하는데 꼭 필요하고 중요하다는 것을 강조하고자 한다.

1. 고전적 삼위일체론과 성령론

영산의 성령론을 분석하기 전에 고전적 삼위일체론을 신학적으로 분석하여, 성령론이 발전하지 못한 이유를 지적하고자 한다. 고전적 삼위일체론은 두 개의 중요한 신학적 흐름 속에서 발전하여 왔다.328) 하나는 서방교회를 중심으로 그 맥을 이어온 성자 중심의 삼위일체론(Son-centered Trinity)이다. 4세기에 완성된 니케아-콘스탄티노플 신조서는 정통적 삼위일체를 변호하는 신앙고백서이다. 하지만 여기서 완성된 삼위일체론은 여러 이단들과의 신학적 논쟁 속에서 아들의 신성을 변호하기 위하여 만들어졌고, 이러한 전통은 서방교회에 직접적인 영향을 주었다. 그래서 서방교회의 삼위일체론은 우리 가운데 찾아 오셔서 우리와 직접적으로 교제하시는 하나님이신 예수 그리스도와 인격적 관

신경의 둘째 조항인 그리스도론에만 집중하여 구원사건으로서의 오순절 사건을 무시하고 성령에 대한 연구를 도외시하였다. 필자는 전통적 신학이 성령론을 도외시한 중요한 신학적 근거를 삼위일체론에 대한 부적절한 이해에 있었다고 본다. 하지만 20세기에 접어들어서면서 동방신학의 영향을 받은 신학자들을 중심으로 삼위일체론이 다시 부활되면서, 성령론의 중요성이 인식되게 되었다.

328) H. Berkorf, *The Doctrine of the Holy Spirit*, 9-12.

계를 추구하는 수직적이요 예수 그리스도 중심의 삼위일체론이라고 할 수 있다. 이러한 서방의 아들 중심적 삼위일체론은 "예수 그리스도는 곧 하나님이시다"라는 관계성에서 그 출발점을 찾고 있다. 하지만 성자 중심의 삼위일체론은 성자 예수 그리스도와 역동적 상호공유의 관계 속에서 역사하시는 성령을 수동적 종속관계로 이해하면서,329) 내재적으로 동등한 관계 속에 계셨고 계시의 역사 속에서도 상호공유적 사역을 담당하신 성자(말씀)와 성령을 분리시키는 오류를 범하고 말았다. 서방의 종속적 개념의 성령 이해로 인해 성자 예수 그리스도와 함께 역사하시는 성령의 역동적 구원사역은 극히 제한되었고, 성령은 형식적인 삼위일체의 한 위격(Person)으로만 언급될 뿐이었다.

다른 하나는 동방교회를 중심으로 발전한 성부 중심의 삼위일체론이다. 동방 교회의 교부들은 삼위의 위격체가 하나가 될 수 있는 방법으로 성부의 위격을 강조하였다. 여기서 성부만이 절대적인 의미에서 "존재"를 지니고 있다고 믿었고 성자와 성령은 "현존"에 부응하는 약간 모자라는 존재로 비쳐지기도 하였다. 따라서 성부 중심의 삼위일체론은 성자와 성령의 위격과 사역을 성부 하나님께 종속시키는 결과를 초래하였다.330) 성부의 뜻을 행하기 위해 세상에 오신 성자와 성령은 자발적으로 오시지 않았다. 성자와 성령은 성부의 보냄을 받았기 때문이다. 성부는 성자와 성령의 위격이 자신의 위격에 의존해 있다는 사실 때문에 성자와 성령에게 자신의 뜻을 부과할 수 있는 권능을 가지고 있었다. 그러므로 성자와 성령은 그 정의상 성부의 존재보다는 낮은 개념이라는 사실을 피할 수 없다.331)

영산의 성령론을 논하기 위해서 고전적 삼위일체론의 발전과정을 언급하고 성령론이 발전할 수 없었던 신학적 근거를 제시하는 것은 중

---

329) 서방교회의 휠리오크베(filioque) 교리는 성령을 성자에게 종속시키는 대표적인 교리이다.
330) 제럴드 브레이, 『신론』, 193.
331) *Ibid.*

요하다. 영산의 성령론은 전통적인 동방과 서방의 삼위일체론이 해결하지 못했던 성부, 성자, 성령의 삼위일체적 관계를 보다 신학적으로 잘 설명하고 있으면서, 삼위일체적 성령론에 대한 새로운 지평을 열고 있다는 것이다.

2. 영산의 삼위일체론

1) 영산과 삼위일체 교리

영산은 하나님을 단일하면서 군주신론적으로 이해하는 모든 이단적 견해를 비판하면서 삼위일체 교리를 신앙의 핵심주제로 이해하고 있다. 영산은 니케아-콘스탄티노플 신조서의 전통을 따라서 "성부와 성자 예수 그리스도와 성령께서는 각각 위격을 가지고 계시지만, 그 본질과 실체에 있어서는 하나의 신적 본질로 존재하시는 한 하나님"이심을 고백한다.332)

삼위일체 교리의 중요성을 누구보다도 잘 인식하고 있는 영산은 먼저 성부와 성자와 성령은 참되신 한 하나님이시요, 이 삼위를 떠나서 하나님은 결코 알려질 수 없다고 말한다. 아들을 아는 것이 곧 아버지를 알고 하나님을 아는 것이다. 또한, 아버지와 아들에 대한 것을 알게 해 주시는 분은 성령이시다.333) 하나님을 아는 것은 그분을 바로 삼위로 아는 것이다. 세분 중 어느 한 분만을 떼어 놓고 하나님을 알 수 없다. 영산은 삼위일체 하나님을 다음과 같이 설명하고 있다: "하나님은 성부 하나님, 성자 하나님, 성령 하나님의 삼위가 한 하나님이십니다. 이것은 대단한 신비입니다. 분명히 세 위격을 가지고 세 가지의 사역을 하시나 그 분은 곧 한 분이시며 같은 분이십니다. 하나님의 속에는 아버지 하나님이 계시고 또한 우리를 구원하신 아들 예수님이 계시고 그

---

332) 조용기, 『요한복음 강해(상)』 (서울: 서울말씀사, 2001), 20.
333) 조용기, 『요한복음강해(하)』 (서울: 서울말씀사, 2000), 112-15.

리고 이것을 성취하시는 성령이 계시는 것입니다."334)

영산의 삼위일체 신학에서 하나님이라는 이름은 성부, 성자, 성령께 공히 적용되며, 위격이란 삼위의 상호 연관 중에 하나님 안에서 이루어지는 구별을 말한다. 위격은 상관적인 이름이고, 본질은 절대적인 이름이다. 그리고 성부, 성자, 성령의 이름은 맹목적인 이름이 아니라, 실제적으로 존재한다. 영산은 성부와 성자와 성령의 위격에서 시작하여 삼위일체 교리를 펼쳐 나간다.335) 그는 위격 구분에서 전 신성을 이해한다. 영산은 요한복음 10장 38절, 14장 9절과 11절, 17장 21절을 근거로 삼위일체 교리에 공재 개념을 도입했다. 이 말은 위격들의 상호공재와 상호침투를 의미한다. "예수님께서 하나님 안에 계시고 하나님께서는 예수님 안에 계시다"고 말씀한다.336) 각 위는 본질의 상이성으로 분리되어 있는 것이 아니라, 비공유적 속성을 통한 상호 관계성으로 구별되는 동시에 그 관계성을 통하여 단일성을 이룬다.

삼위일체이신 하나님을 이해하는데 흔히 발생하는 큰 오류는 양태론이다. 양태론은 성부와 성자와 성령을 한 분 하나님의 다른 양태로 설명을 하고 있다. 하지만 영산에 의하면 성부와 성자와 성령은 각각 구별되신다. 즉, 성부는 성자가 아니시고, 성자는 성령이 아니시며, 또한 성령은 성부나 성자가 아니시다. "내가 아버지께 구하겠으니 그가 또 다른 보혜사를 너희에게 주사 영원토록 너희와 함께 있게 하시리니 저는 진리의 영이라"(요 14:16-17). 영산은 이 본문에서 보혜사 성령은 성자 예수 그리스도와 동일한 권세와 능력과 영광을 가지신 하나님이시지만 예수 그리스도와는 다른 분이심을 강조한다.337) 또한 성자께서 성부 하나님께 구하겠다는 표현에서 알 수 있듯이 성자와 성부 역시 동일한 위격체는 아니시다.

---

334) 조용기, 『빌립보서강해』 (서울: 서울말씀사, 1997), 45.
335) 조용기, 『성령론』, 20.
336) 조용기, 『요한복음강해(하)』, 114.
337) Ibid., 116-17.

영산은 하나님의 삼위성을 강조하는 동시에, 마태복음 28장 19절의 세례의 단일성을 근거로 삼위께서 함께 한 하나님이심을 증거한다.[338] 그리스도는 스스로 하나님이시다. 그러나 성부와의 관계에서는 성자이다. 영산은 초대 교회의 전통을 따라, 하나님을 위격적으로 이해한다. 하나님의 본질은 인간의 이해를 뛰어넘는 신비이다. 아무리 뛰어난 언어를 동원하더라도 정확히 하나님을 묘사할 수 없다. 그래서 영산은 하나님의 본질에 대해서 말하지 않는다. 다만 하나님을 예수님을 통한 위격의 관계에서 이해하려고 한다. 이점에서 영산은 삼위일체 하나님을 이해하는데 철학적이고 사변적인 신개념을 뛰어넘어 성경을 중심으로 삼위일체 하나님을 이해하고 있다. 하나님은 본질상 알려질 수 없고, 오직 그의 위격들을 통해서 알려질 수 있는 것이다.

2) 영산의 "삼중축복"과 삼위일체 교리

영산의 삼중축복의 교리에서 우리는 좋으신 하나님(성부)과 우리의 죄를 짊어지시고 대속하신 아들 예수 그리스도 그리고 현재 우리를 예수 그리스도와 아버지께로 인도하시는 성령의 삼위일체적 사역을 찾아 볼 수 있다. 좋으신 하나님을 아는 지식은 선포된 삼중축복의 복음 안에 나타내어지는 데, 이 삼중축복의 복음은 삼위일체 하나님의 사역으로서의 전인적 구속 사역에 관한 것이다.[339]

영산은 복음 안에서 인간의 구원을 향한 좋으신 하나님(성부)의 뜻이 좋은 것으로 주시는 하늘에 계신 아버지로 선포 되어 진다: "너희 중에 누가 아들이 떡을 달라 하면 돌을 주며 생선을 달라 하면 뱀을 줄 사람이 있겠느냐 너희가 악한 자라도 좋은 것으로 자식에게 줄줄 알거든 하물며 하늘에 계신 너희 아버지께서 구하는 자에게 좋은 것으로 주시지 않겠느냐(마태복음 7:10)."[340] 신적 활동의 기원으로서 성부 하나

---

338) 조용기, 『성령론』, 20.
339) 조용기, 『에베소서 강해』 (서울: 서울말씀사, 1997), 15-26.

님의 좋으신 뜻은 전인적(혹은 삼중적) 구속의 시작이다. 그러나 이는 그리스도 예수 안에서 나타내어진다. 성부의 선택은 그리스도 안에 있는 복음 안에 나타내어지며, 나타난 뜻의 기원이 된다. 영원하고 불변하고 절대적인 성부의 숨은 뜻은 시간과 공간의 역사성의 한계 속에서 그리스도를 통하여 나타난다.

인간은 복음의 약속이 주어짐을 통해서 그리스도에게로 나아가며, 그럼으로 성부에게로 나아갈 수 있다.[341] 그러나 타락한 인간은 그 스스로는 복음의 약속을 믿음으로 받아들임으로 그리스도에게로 나아갈 수 없다. 인간이 믿음으로 그리스도에게 나아갈 수 있는 것은 오로지 성령께서 그들의 마음을 열어 그리스도 안에 있는 복음의 약속을 깨닫게 하시고 그럼으로 그리스도에게로 나아오도록 이끌어 주셔야만 가능하다. 성령으로 아니하고는 아마도 그리스도에게로 나아올 수 없고 그리스도에게로 나아오지 아니하고는 아무도 성부에게로 나아갈 수 없는 것이다.[342]

이와 같이 영산의 삼중축복의 신학은 삼위일체적 신학인 것이다. 삼위 하나님께서 우리의 구원과 관련하여 어떻게 인간과 관계를 맺으시는가 하는 것은 영산의 목회철학 전반에 걸쳐 면면히 흐르는 실제적 관심이었다. 영산은 다음과 같이 말하고 있다: "지금 회고해 보면 폐병 3기로 죽음의 문턱에서 절대절망의 늪으로 빠져 들어갈 때 구원을 베풀어 주셨던 예수님은 제 인생의 전부요, 예수 그리스도의 십자가는 제 설교의 핵심이었습니다. 그리고 항상 제 곁에서 능력으로 채우시고 인도하시는 보혜사 성령께서 설교의 동반자가 되어 주셨습니다. 또한 절대 주권자이신 창조주 하나님께서는 저의 인생에 있어서 좋으신 아버지였습니다. 저는 이러한 삼위일체 하나님에 대한 깨달음과 체험에서 비롯된 말씀을 전했습니다."[343] 영산은 하나님이 삼위일체이심을 깨달은

---

340) 조용기, 『삼박자 구원』, 25.
341) 조용기, 『에베소서 강해』, 21-22.
342) Ibid., 25.

롯된 말씀을 전했습니다."343) 영산은 하나님이 삼위일체이심을 깨달은 순간부터 성경에서 "오중복음과 삼중축복"의 비밀을 발견한 것이다.344) 그러므로 영산의 신앙과 신학은 삼위일체 하나님을 발견한 순간부터 시작되었다고 말할 수 있다.

　타락한 인간이 좋으신 하나님(성부)에게로 나올 수 있는 것은 오로지 보이지 아니하는 성부 하나님의 보이는 형상이신 성자 그리스도를 통해서 이며, 또한 타락한 인간은 성령에 의해서만 그리스도에게로 이끌려 나오게 된다.345) 이러한 면에서 영산 신앙에 있어서 구원은 삼위일체 하나님의 사역의 결과이다.346)

3. 영산의 삼위일체적 성령론

　많은 신학자들은 전통적인 서방교회가 성령의 위격을 격하시키며, 성령을 성자께 종속시켰다고 본다. 이러한 성령을 성자께 종속시키는 종속적 성령론은 존재론적으로 상호공유(perichoresis)의 관계로 존재하시면서 역사의 구원 사역에서도 서로 도우시므로 우리의 구원을 완성하

---

343) 조용기, 『조용기목사 설교집』(서울: 서울말씀사, 1996), 3-4.
344) Ibid., 4.
345) 조용기, 『주기도문 강해』(서울: 서울말씀사, 1998), 30-37.
346) 영산 신앙에게 있어서 삼위 하나님에 대한 지식은 삼위 하나님의 구원 활동을 통해서 얻을 수 있는 것이다. 영산 신앙은 삼위 하나님의 활동을 이해함에 있어서 "위"의 영역으로부터 시작하기 보다는 "아래"의 영역으로부터 삼위 하나님의 활동에 대한 이해를 시작하고 있다. 즉, opera ad intra에서부터 시작하기보다는 opera ad extra에서부터, Immanent Trinity에서부터 시작하기보다는 Economic Trinity에서부터 시작하고 있다. 그러므로 영산에게 있어서 우리의 하나님에 대한 지식은 하나님께서 그의 밖으로 드러내시는 활동(opera ad extra)으로서 아래의 영역에 나타내신 것을 통해서 위의 영역에 숨겨진 것, 곧 하나님 자신 안에(God in se) 숨겨진 것으로 올라가야 하는 것이다. 다시 말해서, 영산 신앙에게 있어서 하나님의 행위로서 창조와 구속에서 자신을 나타내신 것을 통하지 않고는 하나님을 알 수 있는 길은 없다. 하나님께서 창조와 구속 그리고 능력의 사역을 통하여 자신을 나타내신 것이 계시이며, 계시 또한 하나님의 opera ad extra인 것이다.

시는 성자와 성령의 상호 보완적 관계를 분리시키는 신학적 오류를 범한 것이다. 하지만 영산은 존재론적으로 상호공유적인 관계를 갖고 계신 성자와 성령의 관계를 구원의 역사 속에서 함께 일하시는 성자와 성령의 상호역동적 관계로 이해하면서 삼위일체적 성령론을 설명하고 있다.

1) 성령의 위격

순복음 신학이 한국교회와 신학에 공헌 한 것을 말하라면 필자는 서슴없이 영산의 삼위일체적 성령론을 들것이다.347) 한국의 많은 목회자들과 신학자들이 서방신학(특히 어거스틴 신학)에 영향을 받아서 성령을 단지 신적인 힘이나 하나님의 영 정도로 인식하고 있을 때, 영산은 그 누구보다도 더 담대하게 "성령의 위격성"을 강조하였다.348) 영산의 성령론에서 가장 핵심적인 요소 한 가지를 말한다면 그것은 바로 성령은 인격적인 존재라는 것이다. 성령이 인격적인 존재라는 것은 영산의 목회와 신학의 가장 핵심적인 부분이요 그의 설교에서 수없이 강조되어 졌다. 영산은 그의 최신의 저서 성령론에서 다음과 같이 성령의 위격을 강조하고 있다: "성도들은 성령님이 하나님의 영이신 것과 우리가 예수 그리스도를 구세주로 영접할 때 그 마음속에 오셔서 거하신다는 사실을 잘 알고 있다. 그러나, 성령님께서 인격을 지니신 분이시라는 사실을 알고 날마다 교제하며 살아가는 성도가 얼마나 될까? 우리는 성령님께서 인격을 지니신 하나님으로서의 교제의 대상이라는 사실을 결코 잊어서는 안된다."349)

---

347) 조용기, 『성령론』, 21-26.
348) 대부분의 현대 삼위일체론자들은 어거스틴의 삼위일체론을 비판하고 있다. 특히 어거스틴이 이해한 성령에 대해 의문을 제기하면서, 그의 성령 이해는 삼위의 한 위격체로서의 성령의 위치를 비위격적 존재로 격하시켰다고 보고 있다.
349) Ibid., 7.

이와 같이 영산은 삼위일체의 한 위격체로서 성령을 이해하기를 성령은 소유의 도구가 아니라 인격적인 교제의 대상이며 사역의 동역자이다. 또한 그는 역사적으로 성령을 비인격화시키면서 성령님을 그 자신이 위격체가 아니신 하나의 힘이나 비위격체로 이해는 모든 견해들을 비판하면서, 현대의 그리스도인들 가운 무의식적인 차원에서 성령을 인격적인 존재가 아닌 비위격체로 이해하는 경향에 대해서 경고하고 있다: "우리가 무의식중에 성령을 어떤 힘이나 에너지, 능력 정도로 인식하고 하나의 수단과 방편으로 이용하려 하고 있는 것은 아닌가?"350) 영산은 성령을 비인격화시키려는 모든 경향들에 강한 경종을 울리면서 성령을 단순한 체험의 대상이 아닌 인격적인 하나님이요 동역자로서 이해하고 있다.

성령이 위격체라는 목회신학적인 영산의 강조는 현대 삼위일체 교리에 지대한 영향을 줄 수 있는 핵심적인 요소일 뿐만 아니라, 그의 삼위일체적 성령론의 근거가 된다. 왜냐하면 현대 삼위일체론은 전통적인 서방의 이위일체론(즉 성령의 위격을 무시하고 성부와 성자의 관계성만을 강조하는 신론)에 강한 비판을 가하면서 성령의 위격을 회복시키고자 노력하고 있으며, 더 나아가서 성령과 성자의 상호보완적 관계를 모색하고 있는 것이다.

또한, 영산의 삼위일체적 성령론의 공헌은 무엇보다도 한국 교회 안에서 성령의 지속적 사역을 강조하는 성령론에 있다. 한국교회의 초창기 신학자와 목회자들은 구 프린스톤의 학파 워필드와 핫지의 성령론을 그대로 수용하여 이적과 기사는 사도시대만 국한된 것이며 성령의 사역은 초대 교회에만 국한된 것으로 간주하여 교회와 신학교에서 가르쳐 왔다. 하지만 영산은 이러한 구프린스톤 학파의 성령론이 성경적이지 않으며 전통적인 삼위일체 교리를 제대로 이해하지 못한 것으로 지적한다. 성령사역의 지속성에 대한 순복음 신앙의 주장은 지극히 성경

---

350) *Ibid.*

당하기도 하였다. 하지만 영산이 펼친 성령론의 진리성과 성경 적합성 때문에 20세기 후반에 가서 많은 한국 교회와 신학자들이 구프린스톤 학파의 입장을 버리고 영산의 성령신학을 수용하고 있는 것은 매우 고무적인 일이다. 영산의 삼위일체적 성령론의 영향으로 이제는 한국의 목회자들과 많은 신학자들이 성령사역의 연속성을 인정하기에 이르렀다.

2) 삼위 하나님의 상호공유적 관계

영산의 삼위일체적 성령론은 성부, 성자, 성령의 상호공유적 관계를 중요시 한다. 성서의 증언에 따르면, 아버지와 아들과 성령의 관계는 아버지의 위격이 아들의 위격 안에 그리고 성령의 위격이 아버지와 아들의 위격 안에 상호 내주하는 관계를 형성하신다. 영원 전부터 계시던 세 위격(Three Persons)의 한 하나님(One God)은 계시 속에 나타나셔서 구원의 사역 속에서 좋으신 아버지의 위격, 우리의 죄를 대속하시는 아들의 위격, 우리를 아버지와 아들에게로 이끄시는 성령의 위격으로 나타나신다.[351] 이러한 삼위일체 하나님의 위격은 "존재의 공동체"로서 그 안에서 모든 것을 공유하고 연합하며, 상호 교통함을 알 수 있다. 좋으신 아버지는 아들과 성령의 상호 교통의 관계 속에서 창조와 그 후의 모든 것을 지배하면서 우리에게 좋은 것(전인적 구원의 삼중축복)을 허락해 주신다.

좋으신 아버지가 계획하신 삼중축복의 구원을 완성하기 위하여 아들이 아버지와 성령의 상호 교통의 관계로 성육신하셨다(마 1:18-20; 눅 1:34-35). 성육신한 아들은 영원 전부터 성부와 성령 하나님과 함께 계셨다(요 1: 1-5). 그리고 아들 예수 그리스도의 구속사역 가운데서도 아버지와 성령은 함께하셨다(마 3: 16-17; 눅 4:21). 성령은 아들 예수께서 이룩하신 구원을 결실하도록 아들을 통해서 아버지로부터 보내심

---

351) 조용기, 『주기도문 강해』, 40-45.

을 받으셨다(요 14:16). 영산의 삼위일체적 성령론은 상호공유적인 위격적 관계 안에서 좋으신 아버지 하나님의 사랑을 체험하게 되며, 성령의 능력(empowerment)과 충만함을 받아서, 예수 그리스도를 믿고 그를 본받는 능력 있고 역동적인 삶을 살게 되는 것이다. 더 나아가서 영산의 삼위일체적 성령론은 삼위일체 하나님과의 위격적인 관계의 체험을 통하여 변화된 삶을 살며, 구체적인 삶의 현장 곧 사회적 현실 속에서 하나님의 나라를 이룩하는 것이다. 그러므로 영산의 삼위일체적 성령론은 성부, 성자, 성령께서 내재적으로 상호 관계 속에서 존재하셨듯이, 구원의 계시 역사 속에서도 상호공유의 관계 속에서 활동하신다는 것을 강조하고 있다.

3) 성자와 성령의 상호공유적 관계

전통적인 삼위일체론과 성령론은 성자와 성령의 관계를 종속적인 관계로 설명함으로서 성령의 위격과 사역을 제한하여 왔다. 하지만 영산의 삼위일체적 성령론은 "성자와 성령"의 관계를 상호보완적 관계로 이해한다. 전통적인 신학과 한국교회는 성자와 성령의 삼위일체적 상호 보완의 관계를 무시하고 성령의 사역을 성자에게 종속시키는 종속론적 삼위일체의 영향을 받은 것이 사실이다. 역사적으로 성령은 성자께 종속적인 관계로만 이해되었지, 성경에 나타난 상호 보완적 관계로 이해되지 못하였다.352)

하지만 영산은 한 순간이라도 성자와 성령을 분리해서 이해하지 않고 있음을 다음과 같이 말하고 있다: "예수님께서는 이 땅에 오셔서 하나님 아버지의 뜻을 온전히 이루셨다. 예수님께서는 그 모든 일을 성령님의 능력을 힘입어 행하셨다."353) 영산은 예수께서 그의 전 생애 동안

---

352) 핸드릭스 벌코후,『기독교와 성령의 역사』, 이창우역 (서울: 기독교문서선교회, 1986), 11-14, 162-63.
353) 조용기,『성령론』, 51.

행하신 모든 이적과 기적이 성령의 능력으로 행하셨음을 강조한다.354) 동시에 영산은 예수의 부활과 승천 이후 성령의 오심과 성령의 모든 역사는 성자 예수 그리스도와 밀접한 관계를 맺고 계시다는 사실을 강조한다: "제자들과 함께 계시면서 그들에게 하나님의 여러 가지 진리의 말씀을 해 주시던 예수님께서 승천하시면 보혜사 성령께서 강림하십니다. 성부 하나님께서 예수 그리스도 이름으로 보내실 성령은 자기 자신에 대해서 말씀하시지 않으시고 오직 예수 그리스도에 대해서 말씀하십니다. 즉 성령께서는 예수 그리스도의 십자가 보혈의 공로와 구원에 대해서 증거하십니다."355) 그러므로 영산은 성자와 성령이 내재적으로 상호 관계 속에서 존재하셨듯이, 구원의 계시 역사 속에서도 상호공유의 관계 속에서 함께 활동하신다는 것을 말하고 있다.

영산은 신약 성경 속에서의 성령과 예수 그리스도가 상호공유적 관계 속에서 구원의 사역을 완성하신다는 것을 강조한다.356) 영산이 예수의 생애 가운데 나타나신 성령의 능동적 사역을 공관 복음서에서 찾았듯이, 공관 복음서는 삼위일체의 상호 공유적 관계 속에서 성령을 예수의 탄생과 지상 사역을 이끄는 모습으로 묘사하신다.357) 성령이 메시야 위에 머물 것이라는 것은 메시야가 성령의 강림에 의해 결정된다는 것이다.358) 마태와 누가에 의하면 성령이 예수 위에 머물게 된 것은 그의 성육신 사건부터이다. 마태복음 1:20절에 기록되기를 "저에게 잉태된 자는 성령으로 된 것이라"고 성경은 말씀한다. 즉, 성육신의 사건은 성

---

354) Ibid.
355) 조용기, 『요한복음 강해(하)』, 123.
356) 조용기, 『성령론』, 51-107.
357) Ibid., 51-59. 또한, 이 관점은 동방신학자 보브린스코이에 의해 주장되고 있다. See. B. Bobrinskoy, "The Filioque Yesterday and Today," in *Spirit of God, Spirit of Christ*. Edited by L. Vischer (Geneva and London: WCC and SPCK, 1981), 133-48 and "The Indwelling of the Spirit in Christ: Pneumatic Christology in the Cappadocian Fathers," *St. Vladimir Theological Quarterly* 28 (1989), 49-65.
358) Ibid., 52.

부 하나님께서 계획하시고 성령의 능력 가운데서 성자께서 우리의 인간성을 취하신 삼위일체적인 사건이다. 성령은 예수의 세례 때도 예수의 머리 위에 비둘기 같이 임하시므로 하나님의 아들임을 성령이 확증하셨는데, 이것 역시 삼위일체 하나님의 역사인 것이다(마 3: 16-17). 시험을 받으실 때(마4:1), 그의 공생애를 시작하실 때(마12:28) 등등 공관복음서에서 성령은 삼위일체적 교제 속에서 그리스도의 사역을 이끄는 관계로 묘사된다.359)

한세대 최문홍교수는 그의 저서 누가의 성령론에서 성령의 위격성을 예수 그리스도와의 사역과 위격적 관계에서 설명을 하고 있다.360) 최교수는 예수의 세례와 시험 그리고 공생애의 모든 활동은 성령과의 위격적인 교제 가운데서 이루어 졌음을 강조하고 있다: "성령은 광야에서 40일 동안 마귀에게 시험을 받는 예수를 '인도'하신다. 여기서 성령은 분명히 위격적 활동을 하시는 분으로 묘사되어 있다. 다시 말해 성령은 '인도자'로 드러나고 있다. 성령은 시험 받는 예수를 내적으로 영감시키고 인도하신 '위격'이었다."361) 그러므로 예수는 성령과의 밀접한 위격적 교제 가운데 모든 일을 행하신 것이다. 또한, 예수의 부활과 승천 이후 성부 하나님과 성자 예수 그리스도는 성령과의 삼위일체적 관계 속에서 성령을 우리에게 보내주셨다: "내가 아버지께 구하겠으니 그가 또 다른 보혜사를 너희에게 주사 영원토록 너희와 함께 있게 하시리니…"(요 14:16). 성부와 성자가 영원하신 삼위의 위격적 관계 가운데서 우리에게 보내주신 성령은 하나의 힘이나 비위격적인 영이 아닌 위격적 존재이다.

그러나 영산은 예수의 부활로 말미암아 성령이 아버지 하나님으로부터 예수를 통해서 우리에게 주어졌음을 강조한다. 영산에게 있어서 성령은 아들 예수 그리스도에 의해서 보냄을 받으시고, 성자의 뜻 가운

---

359) Ibid., 52-57.
360) 최문홍,『누가의 성령론』(군포: 한세대학교출판부, 2002), 83-94.
361) 조용기,『성령론』, 89.

데 활동하신다: "성부 하나님께서 예수 그리스도 이름으로 보내실 성령은 자기 자신에 대해서 말씀하시지 않으시고 오직 예수 그리스도에 대해서 말씀하십니다. 즉 성령께서는 예수 그리스도의 십자가 보혈의 공로와 구원에 대해서 증거하십니다."362) 요한은 기록하기를 "내가 아버지께 구하겠으니 그가 다른 보혜사를 너희에게 주사…"(요 14:16), 또한 "내가 아직 너희와 함께 있어서 이 말을 너희에게 하였거니와 보혜사 곧 아버지께서 내 이름으로 보내실 성령 그가 너희에게 모든 것을 가르치시고 내가 너희에게 말한 모든 것을 생각나게 하시리라"(요 14:25-26)고 기록하고 있다. 예수는 삼위일체적 교제 속에서 아버지로부터 성령을 파송하시고 성령은 아들 예수 그리스도와의 교제 속에서 모든 제자들을 말씀으로 양육시키시는 것이다.

영산은 성령을 단독적으로 역사하는 분으로 이해하지 않는다. 다만 그는 성령을 그리스도의 보냄을 받은 분으로서 그리스도와 함께 일하고 계심을 말하고 있다. "그리스도의 영"이신 성령은 "우리 마음에 임재하셔서 우리에게 그리스도 예수를 믿게 해 주시고, 천국에 이르는 그날까지 승리하도록" 도와 주시는 분으로 설명하고 있다.363) 누구든지 그리스도의 영이 없으면 그리스도의 사람이 될 수 없으며, 예수를 구주로 고백할 수도 없는 것이다. 이는 구원의 사역 속에서 아들이 성령과 함께 우리의 구원을 주도하시는 분으로 이해하고 있다(롬 8:9; 고후 3:17; 갈 4:6; 빌 1:19). 또한 영산은 그리스도를 생명을 주는 영으로 이해한다:"… 부활하신 몸으로 승천하신 예수님께서는 지금도 '영'으로 우리와 함께 계십니다."364)

영산은 이처럼 성자와 성령의 사역을 상호 배치되는 것으로 이해하지 않고, 상호 보완적 관계로 이해한다. 세례 요한의 말 가운데서 "성령이 내려서 누구 위에든지 머무는 것을 보거든 그가 곧 성령으로 세례를

---

362) 조용기, 『요한복음 강해(하)』, 114-115, 123-24.
363) 조용기, 『로마서 강해』 (서울: 서울말씀사, 1997), 236-37.
364) 조용기, 『고린도후서 강해』 (서울: 서울말씀사, 1997), 73-74.

주는 이인줄 알라"(요 1:33)고 하였다. 예수께서 성령의 파송자(sender)가 될 수 있는 것은 오직 그가 최초로 성령을 받은 자(receiver)이며 성령을 담당한 자(bearer)이기 때문이다. 예수는 성령을 받으시고, 동시에 주시는 분이시다. 성자와 성령은 영원 전에 상호 관계적 관계로 존재하신 것과 마찬가지로, 계시된 구원의 역사 속에서도 동등한 자격으로 서로 도우며 상호 교제의 관계로 구원의 사역을 수행하고 계신 것이다. 이러한 성자와 성령의 상호 보완적 관계를 회복시키는 것을 21세기를 향하는 한국교회와 신학에 영산의 삼위일체적 성령론이 제시하는 정당한 제언이라고 말하고 싶다.

4. 마무리 글

영산은 하나님이 삼위일체되심을 누구보다도 강조하고 있다. 이러한 영산의 삼위일체적 이해는 "좋으신 하나님" 개념과 예수 그리스도의 속죄 사역 그리고 그의 성령 이해 가운데 확실히 드러나고 있음을 설명하였다. 영산의 신앙과 신학 전반에 걸쳐 나타나는 삼위일체적 신학은 그의 성령론에 지대한 영향을 끼친 것이 사실이다. 더욱 중요한 것은 영산의 삼위일체적 이해는 그가 성령과의 인격적 교제를 나누는 순간부터 출발하였다는 것이다. 영산은 성령의 위격성을 누구보다도 더 강조하셨다. 이러한 영산의 삼위일체적 성령이해는 그의 삼위일체론과 현대 삼위일체론의 발전에 신학적 기여를 하신 것임에는 의심의 여지가 없다고 본다.

영산의 삼위일체적 성령론을 통하여 우리는 잊혀진 성령의 위격성에 대한 올바른 인식과 성자와 성령의 상호공유적 관계를 회복하는 보다 본질적인 삼위일체론을 회복시키는 것이었다. 21세기의 신학은 영산의 삼위일체적 성령론을 회복하여 단편적이고 상대적인 세계관을 버리고 보다 영적으로 성숙한 삼위일체적 공동체 삼위일체론을 소유해야 할 것이다. 영산의 삼위일체적 성령론은 그 동안 신학의 한 구석에서 외면

당하신 성령의 존재를 오늘날 한국교회와 신학에 하나의 중요한 신학적 화두로 등장시키는 역할을 하였다. 그리고 영산의 삼위일체 성령론을 통해서 성령의 위격성은 회복되었고, 구원의 경륜 속에 나타난 "성자와 성령의 상호공유적 혹은 상호통전적 관계"는 21세기의 한국교회와 신학이 꼭 받아드려야 할 중요한 신학적 주제로 등장한 것이다. 진정한 교회는 좋으신 하나님의 사랑과 성령의 내주하심을 통해서, 그리고 성자의 주관하심과 영원한 보증하심을 통해서 온전한 공동체로서 자라간다.

제 9 장
삼위일체적 구원론365)
- 삼위일체적 관점에서 바라본 영산 조용기 목사의 전인구원론366) -

얼마 전에 CBS Radio에서 여의도순복음교회 국제신학연구원장인 김삼환목사와 높은뜻숭의교회 담임목사인 김동호목사가 영산 조용기목사의 "삼중축복" 혹은 "전인적 구원"에 대한 신학적 토의를 하였다. 이 토의의 중심 주제는 과연 구원의 범위가 영혼의 구원 만인가 아니면 영혼, 육체, 물질의 전인적 구원인가에 대한 토의였다.367)

본 장에서는 영혼구원만을 주장하는 전통적 신학에 대하여 신학적

---

365) 이 논문은 제3회 영산강좌에서 발표되었던 논문이다.
366) '전인 구원'(holistic salvation)은 인간이 하나님으로부터 부여받은 본래적 상태를 내재한다. 인간이 영, 혼, 육의 총체적인 저주로부터 구원받는다는 점에서 '삼중구원'으로 표시되며 뿐만 아니라 본래적이며 또한 구원받은 인간의 모습을 반영하는 포괄적인 개념으로써 '삼중축복'이라고 부르기도 한다. 여기서 '구원'은 헬라어로서 soteria라고 하는 데 건강(health) 또는 전인성(wholeness) 과 같은 의미를 함축하고 있다.
367) 김삼환목사는 전인구원은 성경적이며 정통신학적 가르침임을 주장하였다: "전인구원은 요한 3서 2절만을 근거로 나온 구원관이 아니다. 성경 전체가 말해주는 것이다. 하나님께서 베푸신 영혼구원을 적극적으로 해석하면 사람 구원이다. 사람은 영혼과 육체와 생활이 유기적으로 구성된 존재이다. 영혼구원을 받게 되면 물질 축복과 건강의 복을 받게 된다. 그것은 하나님이 약속하신 축복이다. 영지주의자는 영혼과 육체를 분리하고, 영혼만이 선한 것이며 영혼만 구원받으면 된다고 한다. 기독교의 정통 구원관은 이런 영지주의를 반대한다. 삼중구원관은 이러한 정통구원관과 상통하는 것이다."

비판을 하면서, 영산의 "전인구원의 신학"이 21세기 신학의 형성에 하나의 신학적 대안임을 강조하고자 한다. 영산의 전인구원의 신학은 영지주의적 이원론에 영향을 받은 전통신학의 구원론의 한계를 극복하고, 올바른 성경신학적 구원론을 정립하는데 큰 기여를 하고 있다. 필자가 보기에 영산의 "삼중축복" 혹은 "전인구원의 신학" 속에 내재되어 있는 중요한 신학 주제는 삼위일체 교리이다. 영산은 그의 "삼중구원론"에서 먼저 하나님 아버지에 대해서 "좋으신 하나님(성부)"으로 고백한다. 하나님 아버지가 좋으신 이유는 "자기 아들을 아끼지 아니하시고 우리에게 보내 주사 고난 받고 십자가에 달려 돌아가시고 죽은 자 가운데서 부활하심으로 우리의 전인적 구원을 이루셨고," 보혜사 성령을 우리에게 보내 주사 우리로 예수 그리스도를 믿고 구원에 이르게 하시기 때문이다.368) 우리의 "영혼이 잘되고 범사가 잘되며 강건하게 되는 것"은 좋으신 하나님 아버지의 사랑과 예수 그리스도의 대속의 은혜 그리고 성령의 강권적 역사를 통해서 이루어진다. 영산의 전인구원의 신학은 이러한 삼위일체 하나님의 구원 행위를 믿고 고백한다.

1. 이원론적 구원관

성경에서 제시되는 구원의 의미들 중의 하나는 그것이 하나님의 통치(나라)로 말미암는 축복이라는 관점에서 설명될 수 있는데, 그것은 성경에서 구원이란 하나님 나라에 들어가는 것으로도 설명되기 때문이다.(요3:3,5; 막10:24-26) 그렇다면, 구원이란 하나님의 나라만큼이나 광범위한 의미를 지닌다고 볼 수 있다. 위에서 예수 그리스도의 전우주적

---

368) 조용기,『삼박자구원』(서울: 서울서적, 1977), 28. 영산 신앙의 "좋으신 하나님"에 대하여 다음과 같은 논문들을 참조하라: 조용기,『오중복음과 삼중축복』(서울: 서울말씀사, 1998); 배현성,『젓가락과 신학의 만남』(군포: 한세대학교출판부, 2002), 213-15; 국제신학연구원,『삼중축복에 대한 신학적 이해』(서울: 서울말씀사, 2000).

인 왕권에 대한 설명 속에서도 지적되었듯이, 주님의 우주적인 통치 아래서 그 분이 베푸시는 구원도 또한 전포괄적인 성격을 지니는 것이다. 그와 같이 구원은 성경에서 우주적인 성격을 지닌 사건으로 제시된다.369) 그것은 신자의 영혼만을 지옥 불에서 끄집어내는 사건만은 아니다. 물론, 그것이 중요한 측면임에 틀림없지만, 그와 함께 신자의 육신도 새로워질 것, 그리고 더 나아가 온 우주와 사회와 만물이 모두 죄와 고통과 모든 저주로부터 해방되고, 새로워지는 것까지도 바라보는 사건인 것이다.(롬8:19-23)

그러한 관점에서 볼 때, 우리의 복음전도의 목표와 비전은 죄인의 영혼을 구원하는 사역의 우선성과 중요성을 잃어서는 안되지만, 거기에서만 머물지 않고 그 영혼구원의 사명과 더불어 하나님의 관심과 사랑의 대상이 되는 인간의 육신과 사회적 차원, 그리고 온 우주만물들까지도 회복하며 새롭게 하는 사명에까지 확장되는 것이다. 이러한 전인적 구원관은 영지주의적 이원론에 의해 그 의미가 상당히 왜곡된 것이 사실이다.

그리스도인들이 가지고 있는 이원론적 사고와 병폐에 대해서는 많은 사람들이 그 문제의 심각성을 지적하고 있다. 이원론적 사고는 영과 육을 서로 대립되는 원리로 이해한다. 영적인 일과 육적인 일이 따로 있으며 육적인 일은 영적인 일에 비해 열등하거나 적은 가치만을 가진다. 영적인 일은 거룩하지만 육적인 일은 세속의 일일뿐이다. 교회 일은 거룩한 일이지만 직장에서의 일은 그렇지 못하다. 이런 이원론적 사고

---

369) 김광열, 『그리스도 안에 있는 구원과 성화』(총신대학교 출판부, 2000), 48-49. 성경은 하나님의 구원역사의 전우주적 성격을 말해준다. 예를 들어, 중생의 의미는 성경에서 단지 한 개인의 영적 구원의 차원으로만 설명되는 것이 아니라, 전 우주적인 갱신의 역사로 제시된다. 마 19:28이나 고후 5:17의 말씀들 속에서 제시되는 중생의 개념을 통하여, 한 개인의 영혼 구원의 문제는 좀 더 폭넓은 차원에서 이해될 수 있다. 즉, 그 구절들 속에서 중생이란 우주적으로 새롭게 하시는 그리스도의 종말론적 구원역사에 동참하는 것으로 제시되고 있다.

는 우리 그리스도인으로 하여금 교회 바깥의 세상을 등한시하게 하며 육적인 일에 대한 편향된 시각을 갖게 한다.

이원론적인 구원이란 육신을 정죄하고 물질을 악하다고 보는 편향된 견해를 말한다. 이 땅의 삶보다는 내세를 지향하며 사는 것이다. 이런 이원론적인 구원은 일면 타당성을 갖는다. 우리는 이 땅에서의 삶을 상대화하며 소위 종말론적인 삶을 살아야 한다. 문제는 이 세상은 불타 없어져 버릴 세상이기에 이 세상에 대해서는 무관심하고 하나님의 창조세계에 대한 진지한 관심이 없는 일면성이 문제가 될 것이다. 육신적인 일은 무가치하다는 생각으로 이 땅에서의 전인적 구원의 삶을 포기하는 것은 정당하지 않다. 이런 생각들을 통해 예배와 생활의 괴리가 오고, 신앙과 삶의 분리가 오게 된다.

영산은 육체적 구원에 대한 성경적 근거로 구약의 대표적인 메시야 구절인 이사야 53장을 언급한다: "그는 실로 우리의 질고를 지고 우리의 슬픔을 당하였거늘… 그가 찔림은 우리의 허물을 인함이요 그가 상함은 우리의 죄악을 인함이라 그가 징계를 받음으로 우리가 평화를 누리고 그가 채찍에 맞음으로 우리가 나음을 입었도다"(사 53: 4,5). 예수 그리스도는 전 생애를 대속의 생애를 보내셨습니다. 특별히 그의 고난과 죽음은 우리의 저주와 질병을 위한 것이기 때문에 이제 우리는 더 이상 육체적 질병과 저주 가운데 있지 않습니다.[370]

2. 전인구원의 신학적 배경

1) 전인적 창조신학

우리는 먼저 성경이 말하는 하나님의 창조사역의 내용에서부터 전인구원에 관한 교훈들을 찾아볼 수 있다. 성경은 하나님께서 창조하신

---

[370] 조용기, 『오중복음과 삼중축복』, 258.

모든 우주 만물들이(인간을 포함하여) "선하게(good)" 지음 받았다고 설명한다(창 1:31; 딤전 4:4). 그렇다면, 성경은 중세적인 성속이원론을 포함한 어떠한 종류의 이원론적 사고도 배제하고 있는 것이다.371) 우리는 우리가 속한 사회와 공동체도 하나님의 선한 피조계에 속한 영역들로서 인정하고, 영적인 생활이나 교회생활에서 뿐만 아니라, 교회 밖의 사회생활이나 직장생활을 포함한 인간의 삶의 모든 영역들 속에서도 하나님의 뜻이 이뤄지며, 그의 나라가 임하기를 위해서 기도하고 노력해야하는 것이다. 그렇다면 하나님의 자녀인 신자의 삶의 목적 안에도 온 세상과 피조계에 대한 하나님의 포괄적 관심의 의지가 반영되도록 해야 할 것이다. 영산은 다음과 같이 말하고 있다: "그러므로 우리는 물질세계에 대한 올바른 이해를 가져야 합니다. 하나님은 분명히 우리를 위하여 이 물질세계를 지어주셨습니다. 지으시되 풍성하게 지으셔서 우리가 물질 때문에 저주의 땀을 흘리지 않도록 하셨습니다. 이 물질로 말미암아 우리의 생활이 부요하고 기름지며 범사에 잘되기를 원하셨습니다."372)

둘째로, 성경에서 창조주 하나님을 제시하는 창조교리는 곧 이어서 하나님의 주권과 섭리의 교리로 이어지고 있다. 즉, 성경의 하나님은 온 세상의 창조주이시므로, 그가 창조하신 만유의 주권자 되시는 것이다. 세상의 모든 만물들이 하나님에 의해서 창조되었을 뿐 아니라, 또한 오직 그 분께만 속해있고, 그 분의 주권 아래 있으므로, 그것들은 그 분의 뜻을 따라 존재해야하는 것이다. 창1:28에서 인간들에게 분부하신 "다스리고 정복하라"는 문화명령은 우리에게 대리적 통치권을 주신 것으로 이해할 수 있으므로, 그 말씀을 아담의 타락 이후 시대를 살아가는 신

---

371) 소위 성역에 해당한다고 생각될 수 있는 예배당이나 그 안에서의 행동들 즉 종교생활 등과, 그 외의 나머지 영역들, 즉 사회, 정치, 경제생활 등을 구분하여 그 각각을 거룩한 것과 속된 것으로 나누어 사고하는 성속이원론이든지, 아니면, 영적인 영역들과 육적인 영역들을 구분하여 사고하고 행동하는 헬라적인 영육이원론의 사고들은 성경에서 허락되지 않는 태도들로서 거부되어야 한다.
372) 조용기, 『삼박자 구원』, 113.

자들은 자신들이 속한 사회와 공동체 속에서 그 분의 주권적인 통치 원리에 어긋나는 모든 부분들을 바로 세워나가라는 명령의 말씀으로 받아들여야 한다.

우리가 전인구원을 말하게 되는 신학적 근거들 중의 하나로서, 하나님이 우리가 속한 물질세계를 포함한, 인류의 모든 역사와 문명들 속에서도 주권자 되신다는 사실을 지적할 수 있다. 우리 사회 모든 영역들 속에서, 우리는 그 분의 자녀들로서 그 주권자의 의와 선한 뜻들이 성취되도록 해야 하는 것이다.

셋째로, 성경은 하나님을 사랑의 하나님으로 제시해준다. 신약 성경에서 우리는 자기 외아들을 십자가에 못 박히게 하기까지 자기 백성들을 사랑하시는 하나님을 만나게 되며(요3:16; 롬8:32), 특히 구약성경에서는 가난한 자들을 관심하시며 그들을 돌보시는 자비의 하나님을 만날 수 있다. 하나님의 사랑은 고아와 과부를 붙드시는 하나님의 모습 속에서(시68:5-6; 146:6-10; 잠17:5; 잠 19:17), 가난한 자를 변호하시며 그 대신에 압제자를 심판하시는 하나님의 모습 속에서(렘5:26-29; 겔22:23-31), 그리고 타국인과 나그네를 돌보시는 모습 속에서도(출3:7-10; 출22:21-24; 출23:9; 신10:17-19; 신26:5-11) 표현되고 있음을 간과할 수 없다.

2) 전인적 인간론

성경은 하나님이 온 우주의 창조주이심을 선포하며 인간이 하나님의 형상을 따라 피조된 피조물임을 선포한다(창 1:1, 26-27). 성경의 가르침에 따르면, 인간은 하나님의 영광스런 형상으로 피조된 인격체요, 영/혼/육의 통일체요, 공동체적 존재이다.

첫째, 하나님은 인간을 흙으로 만드시고(시 103:14) 그 코에 호흡을 불어넣으셨다(창 2:7). 하나님이 흙으로 만드신 인간은 하나님이 직접 빚어 코에 호흡을 불어넣으신 까닭에 의존적 존재이다. 인간은 하나님을 의지하지 않고서 하나님 없이 살수 없다. 시편 기자가 고백한 대로, "내가 주의 신을 떠나 어디로 가며 주의 앞에서 어디로 피하리이까?" (시 139:7). 하나님의 은혜와 도우심이 없으면 사람은 사람다울 수가 없고 삶도 무의미하다. 그래서 어거스틴은 고백하기를 "우리의 마음이 하나님 안에서 안식을 얻어야만 평안을 누릴 수 있다"고 했다.

둘째, 하나님의 형상인 인간은 영육통일체의 전인적 존재이다. 하나님의 형상으로 창조된 인간은 영과 혼과 육으로 구성되어 있으며(살전 5:23; 히 4:12) 영육통일체이기 때문에, 영혼만이 소중하고 육체는 덜 소중할 수는 없다.[373] 영산은 전인적 인간론에 대하여 다음과 같이 말하고 있다: "성경은 인간이 영, 혼, 육으로 구성되어 있지만 나뉘는 세 부분으로 구성된 것이 아니라 통합적이고 전체적인 하나의 전인으로 말씀하신다(살전 5:23). 그러므로 육체의 치유는 전인적 대속과 구원의 필수적인 한 부분이다".[374] 전통적 신학은 육체와 영혼이 분리되어 존재하는 것으로 주장한다(이분설). 이분설을 주장하는 학자들은 육체를 영혼의 감옥으로 생각하면서, 정신적이거나 영적인 것은 고상하고 선한 반면에 육적인 것은 저급하고 악하며 육체를 죄의 통로라고 주장한다. 하지만 성경이 가르치는 바에 따르면, 인간은 비물질적인 영혼과 물질적인 육체로 구성되어 있으나, 영혼과 육체가 분리될 수 있는 형태로 몸을 구성하고 있는 것이 아니라, 비록 죄의 삯인 죽음으로 인하여 일시적으로 분리되는 기간이 있지만, 심판 날에 육체가 부활하여 신령한 몸을 입는 데서 알 수 있듯이, 영/혼과 육체는 유기적으로 통일되어 사람을 이루고 있다.

그래서 성경적 가르침은 영적인 축복뿐만 아니라 육체적인 축복을 배제하지 않는다. 우리의 구원은 영적인 영역뿐만이 아니라 육체적이고 범사의 영역에까지 확대 되어야 한다. 영산 신학은 성경을 따라서 인간의 영혼과 범사 그리고 육의 전인적인 구원을 말하고 있다(요한 3서 2

---

373) 조용기, 『신유론』 (서울: 서울말씀사, 2001), 70-71.
374) Ibid. 71.

절).

　셋째, 성부와 성자와 성령의 삼위일체 하나님은 서로 사귐과 섬김을 나누는 사랑의 위격 공동체이시기 때문에, 하나님의 형상으로 창조된 인간도 서로 간에 섬김과 사귐의 사랑을 나누며 살아야 하는 공동체적 존재이다. 삼위일체 하나님은 인간을 자기의 형상으로 창조하실 때 남자와 여자로 만드셨다: "하나님이 자기 형상 곧 하나님의 형상대로 사람을 창조하시되 남자와 여자를 창조하시고"라는 창세기 본문(1:27)은 인간이 다른 사람들과의 공동체를 형성하며 살아가도록 창조되었음을 의미한다. 즉, 우리는 "공동체적 존재"가 될 때 비로소 인간의 참된 정체성을 발견할 수 있다.

　하지만 하나님의 형상으로 창조된 인간은 하나님께서 "동산 각종 나무의 실과는 네가 임의로 먹되 선악을 알게 하는 나무의 실과는 먹지 말라 네가 먹는 날에는 정녕 죽으리라"(창 2:16-17)는 하나님의 말씀을 불순종함으로 죄를 범한 것이다.[375] 아담의 범죄로 말미암아 모든 인간은 타락된 존재로 이성과 양심이 어두워져 하나님을 찾지도 아니하고(롬 3:11), 마음에 하나님 두기를 싫어하며(롬 1:28), 그 생각이 허망해져 하나님께 영광을 돌리지 아니하고, 감사하지도 아니하며(롬 1:21), 하나님을 사랑하기보다는 자기 자신과 쾌락과 돈을 더 사랑하게 되었다(딤후 3:1-4). 이러한 타락의 결과로 인간은 하나님과 원수가 되었으며(출 23:22; 사 63:10), 죄책감에 괴로움을 당하고, 하나님의 형벌 가운데 육체적인 죽음(롬 5:12; 히 9:27)과 영적인 죽음을 맞보게 되었다. 다시 말해서, 인간은 죄로 말미암아 영혼이 하나님의 심판을 받았고, 범사가 저주 안에 있으며, 육체가 병들어 죽게 된 것이다.[376]

　하지만 하나님께서는 아담을 통해 전가된 인간의 죄를 대속하시기 위해서 그 아들 예수 그리스도를 우리에게 보내주셨는데(마 1:21; 요 3:16), 이것이 바로 타락한 인간에 대한 하나님의 복된 소식이며 하나

---

375) *Ibid.*, 68-69.
376) *Ibid.*

님의 절대적 은혜이다. 예수 그리스도는 완전한 하나님의 형상이셨으며(골 1:15), 그 안에 죄도 없으시고 흠도 없으셨지만(히 4:15; 벧전 1:19; 요일 3:5), 온 인류의 죄를 짊어지시고 십자가에서 죽으시고 사흘만에 부활하셨다.377) 이제 우리는 그리스도로 말미암아 하나님 앞에서 죄사함을 얻고, 그리스도 안에서 온전한 하나님의 형상을 회복한 것이다(롬 8:29). 예수 그리스도로 말미암아 회복된 하나님의 형상인 인간은 "영혼이 잘됨같이 범사에 잘되고 강건한" 삼중축복을 누릴 수 있는 새로운 피조물로 변화된 것이다(고후 5:17).378)

3) 성육신과 전인구원

예수 그리스도에 관한 교리의 내용 속에서 발견되는 중요한 가르침들 중의 하나는 '성육신의 교리'이다. 성육신에서 예수는 육신을 입고 이 땅 가운데 오셨다. 인류의 구원역사를 이루시기 위해서, 그 분은 하늘의 영광 보좌를 버리시고 낮고 천한 곳으로 임하셔서 우리와 같은 인간의 모습을 입으시고 고통과 시험과 죽음을 겪으시면서, 구원역사를 이루시고 천국복음을 전파하셨던 것이다. 그 분의 복음전파도 말로만 끝난 사역이 아니라, 복음을 전하시면서 동시에 병자를 고치고 소외된 자들의 삶 가까이 다가가서 친구가 되시는 사역으로까지 나아가셨던 것이다.

전인구원의 원리는, 무엇보다도 그리스도의 가르치신 교훈들 속에서도 드러난다. 그가 공생애를 시작하시면서, 회당에서 읽으셨던 이사야의 말씀은 바로 그러한 자신의 하나님 나라 사역이 어떠해야함을 잘 드러내주고 있다. 누가복음 4장에서 인용한 이사야서 61:1절에 대한 해석은 예수님의 복음사역이 육신적 고통이나 가난 혹은 질병의 문제들에 대한 해결도 가져왔던 사실을 인정하고 있음을 알 수 있다.379) 그러므

---

377) 조용기, 『오중복음과 삼중축복』, 259.
378) Ibid.

로 영산은 "예수 그리스도의 구원은 영적 구속, 생활적 축복, 육체적 건강의 전인구원입니다"라고 강조한다.380)

전인구원은 하나님 앞에서의 우리의 삶에 필수적이다: "인간의 삶이란 필연적으로 물리적이고 육체적인 삶이다." 성경에서 육체적인 삶이란 하나님과의 삶에 방해가 되기는커녕 그러한 삶을 위한 특권을 부여받은 도구(vehicle)가 된다. 인간의 삶이란 불가피하게 구현되어 있으며 그러므로 물리적인 세계와 관련되어 있다. 이 세상에서 우리는 하나님을 우리의 몸으로 우리의 몸 안에서 예배한다. 오는 세상에서 우리는 또한 하나님을 우리의 몸으로 우리의 몸 안에서 예배할 것이다.

4) 전인적 구원론

성경에서 제시되는 구원의 의미들 중의 하나는 그것이 하나님의 통치(나라)로 말미암는 축복이라는 관점에서 설명될 수 있는데, 그것은 성경에서 구원이란 하나님 나라에 들어가는 것으로도 설명되기 때문이다.(요3:3,5; 막10:24-26) 예수 그리스도의 전우주적인 왕권에 대한 설명 속에서도 지적되었듯이, 주님의 우주적인 통치 아래서 그 분이 베푸시는 구원도 또한 전포괄적인 성격을 지니는 것이다. 그와 같이 구원은 성경에서 우주적인 성격을 지닌 사건으로 제시된다.381) 그것은 신자의

---

379) 눅4:18-19의 말씀에 대한 복음주의자들의 해석들은, 그 본문에 대해서 문자 그대로 물질적, 육체적 문제를 해결하신다는 의미를 중점적으로 해석하려는 입장과 영적인 의미를 강조하려는 입장으로 나누어진다. 전자에 속하는 이들 중에는 R. Sloan과 R. Sider를 들 수 있고, 후자에는 H. Holloman과 K.Bockmuel이 해당된다. Holloman의 경우, 눅4장의 본문이 그리스도인의 사회적 책임을 위한 근거성구로서 타당성을 지니는지에 대해 의문을 제기하지만, 기본적으로 그리스도의 사역 속에서 사회적 봉사나 섬김의 사역들이 포함되었음을 부인하지는 않는다. 김광열, 이웃을 품에 안고 p.76-77, 80-82, 114-116 참고. 신약학자 H. Riddervos도 그 "가난"의 의미를 사회적인 차원과 종교-윤리적인 차원을 함께 포함하여 이해한다. *The Coming of the Kingdom* (Philadelphia: Presbyterian and Reformed, 1962), 189.
380) 조용기, 『오중복음과 삼중축복』, 136.

영혼만을 지옥 불에서 끄집어내는 사건만은 아니다. 물론, 그것이 중요한 측면임에 틀림없지만, 그와 함께 신자의 육신도 새로워질 것, 그리고 더 나아가 온 우주와 사회와 만물이 모두 죄와 고통과 모든 저주로부터 해방되고, 새로워지는 것까지도 바라보는 사건인 것이다.(롬8:19-23)

그러한 관점에서 볼 때, 우리의 복음전도의 목표와 비젼은 죄인의 영혼을 구원하는 사역의 우선성과 중요성을 잃어서는 안되지만, 거기에서만 머물지 않고 그 영혼구원의 사명과 더불어 하나님의 관심과 사랑의 대상이 되는 인간의 육신과 사회적 차원, 그리고 온 우주만물들까지도 회복하며 새롭게 하는 사명에까지 확장되는 것이다.

5) 예수 그리스도의 육체적 부활

예수님의 죽음과 부활은 이 땅을 지배하던 죄와 죽음의 통치를 무너뜨렸고, 새로운 하나님 나라의 통치원리가 원칙적으로 이 땅위에 세워지기 시작했음을 의미하는 사건임을 강조하게 되었다. 최종적인 하나님 나라의 절정은 미래에 남아있지만, 그 나라의 현재적 실재성에 대한 이해는 그리스도인들로 하여금 지금 이 땅에서부터 죄악과 죽음의 세력에 대항하며 하나님의 사랑과 의의 통치를 신자의 모든 삶의 영역들 속에서 추구하도록 만드는 동기를 제공하게 되었던 것이다.

이 땅에 오신 예수 그리스도는 신자들에게 구세주(savior)가 되실 뿐만 아니라, 그들의 주님(Lord)으로 함께하신다. 그 분은 사망권세를 깨뜨리시고 부활 승천하셔서 우리의 구원을 이루셨을 뿐만 아니라, 하

---

381) 김광열, 『그리스도 안에 있는 구원과 성화』, 48-49. 성경은 하나님의 구원역사의 전우주적 성격을 말해준다. 예를 들어, 중생의 의미는 성경에서 단지 한 개인의 영적 구원의 차원으로만 설명되는 것이 아니라, 전 우주적인 갱신의 역사로 제시된다. 마 19:28이나 고후 5:17의 말씀들 속에서 제시되는 중생의 개념을 통하여, 한 개인의 영혼 구원의 문제는 좀 더 폭넓은 차원에서 이해될 수 있다. 즉, 그 구절들 속에서 중생이란 우주적으로 새롭게 하시는 그리스도의 종말론적 구원역사에 동참하는 것으로 제시되고 있다.

늘과 땅의 모든 권세를 받으시고(마28:18) 하늘 보좌에 앉으심으로 오늘도 만왕의 왕, 만유의 주로서 우주 만물을 통치하고 계신 것이다. 다시 말해서, 그 분은 교회를 다스리시는 분이실 뿐만 아니라, 온 세상을 그 분의 뜻대로 다스리시는 만유의 왕이신 것이다. 그렇다면, 그 분의 주되심은(Lordship) 교회 안에서만이 아니라, 교회 밖의 세상에서의 모든 삶의 영역들 속에서도 드러나야 한다.382)

이처럼 그리스도의 우주적인 왕권교리는 그리스도인의 전인적 구원을 위한 하나의 중요한 기초를 제공해준다. 사단과 어둠의 권세를 깨뜨리신 그리스도는 하늘과 땅의 모든 권세를 가지신 분으로서, 교회의 주님이실 뿐만 아니라 우주의 주님이 되셔서, 그의 백성들의 영혼을 구원하실 뿐만 아니라, 모든 피조세계에 끼쳐진 죄의 결과들까지도 제거하시는 우주적이고 총체적인 통치를(롬8:20-21, 38-39) 이루어가시는 왕이시기 때문이다.

3. 영산의 전인구원론

1) "좋으신 하나님(성부)"과 삼중축복

영산은 다음과 같이 삼중축복의 중요성을 강조하고 있다: "우리가 삼박자 구원(삼중축복)의 깊은 의미를 분명히 깨닫고 나면 창세기부터 요한계시록까지의 모든 성경 말씀을 삼박자 구원의 기초에 서서 해석하게 됩니다. 그때 비로소 성경의 모든 진리들이 생생하게 살아나고 생명의 빛을 발하며 우리에게 다가오게 됩니다."383) 성경과 실존적 목회 현

---

382) 김영한, "신학적 사회윤리" 성경과 신학 제8권 한국복음주의 신학회, 1990 227-231. 그 논문에서 김교수는 기독교적 사회윤리를 정립하기 위하여, 하나님과 세상, 교회와 사회라는 이분법적으로 접근하는 "두 공간사고"를 극복하려는 시도를 하면서, "카이퍼의 영역 주권사상"을 그 기초개념들 중의 하나로서 제시한다.
383) 조용기, 『삼박자 구원』, 19.

실 속에서 탄생한 영산의 삼중축복 신앙은 한국교회의 부흥에도 큰 기여를 한 것이 사실이다. 그러면 과연 영산의 삼중축복의 신학적 기초는 어디에 있는 것인가? 영산은 다음과 같이 말하고 있다: "그러면 도대체 삼박자 구원(삼중축복)이란 무엇을 말하는가? 나는 이 대답을 드리기에 앞서 여러분을 '삼박자 구원'이라는 축복의 집 현관으로 모시겠습니다. 이 현관은 바로 '좋으신 하나님(성부)'입니다."384)

그러면 과연 영산의 좋으신 하나님 개념에 대한 신학적 근거는 무엇인가? 일반 종교는 하나님을 절대적 존재 혹은 궁극적 실재로 이해하면서 두려움과 떨림의 대상으로 경배하고 있다. 하지만 영산이 성경을 통하여 발견한 하나님은 이러한 두려움과 공포의 대상이 아닌 좋으신 하나님인 것이다. 영산은 하나님이 좋으시다는 것을 다음과 같이 말한다: "그러므로 삼박자 구원에 들어가기 전에 그 현관에서 모든 부정적인 신앙을 다 벗어 던지고 우리를 위해 십자가에 못 박혀 죽으신 예수님을 보내주신 하나님은 좋으신 하나님이라는 사실을 확실히 믿어야 합니다. 그 아들을 아끼지 않으시고 우리에게 주신 이가 그 아들과 함께 무엇을 선물로 주시지 않겠습니까? 아들을 주신 하나님… 이 하나님은 참으로 좋으신 하나님이십니다."385) 여기서 영산이 이해한 좋으신 하나님은 일반적인 종교적 신관에서 도출한 것이 아닌 성경적이며 삼위일체적 하나님 개념에서 도출한 개념임을 명심해야 할 것이다.

영산에 의하면 성부 하나님이 좋으신 이유는 그가 그의 독생자 예수 그리스도를 우리에게 보내셔서 십자가에 못 박혀 돌아가게 하시고 부활하게 하심으로 죽어 마땅한 우리들을 구원하셨기 때문에 좋으신 하나님인 것이다.386) 다시 말해서, 영산은 그의 좋으신 하나님에 대한 성경적 근거를 아버지 하나님과 그 아들 예수 그리스도의 삼위일체적 관계를 통해서 입증하고 있는 것이다. 하나님 아버지가 좋으신 이유는 그

---

384) *Ibid.*
385) 조용기, 『삼박자 구원』, 26.
386) *Ibid.*, 23-30.

가 그 아들을 우리게 보내주셨기 때문이고, 아버지의 보내신 자 예수 그리스도를 통해서만이 우리는 또한 좋으신 하나님을 만날 수 있는 것이다. 영산은 이것을 다음과 같이 말하고 있다: "하나님을 본 사람이 있습니까? 없지요. 누가 보았습니까? 독생하신 예수님이 보았지요. 예수께서 나를 본 자는 누구를 보았다고 하였습니까? 예, 맞습니다. 하나님을 보았다고 하였습니다. 예수님의 언어 행동 일체가 하나님께서 예수님을 통하여 하신 것입니다."387) 삼위일체적 관점에서 볼 때 그리스도에 대한 신앙이 없이 하나님 아버지에 대한 신앙을 인정한다는 것은 불가능한 것이다. 오직 하나님의 보내신 자 곧 예수 그리스도를 통해서 좋으신 하나님을 발견하며 아버지께로 나아갈 수 있다는 영산의 신학은 바로 삼위일체적 신학인 것이다.

2) 예수그리스도의 속죄사역과 삼중축복

영산의 신앙은 모든 성경의 말씀이 예수 그리스도를 증거하고 있다고 이해한다. 왜냐하면 성경은 하나님의 계시의 말씀이며 그리스도는 하나님의 계시의 완성이라고 간주했기 때문이다. 그러므로 그는 성경을 그리스도 중심적인 것으로 이해한다. 이러한 예수 그리스도 중심적인 영산의 신앙과 신학은 그의 신학적 명제인 좋으신 하나님과 삼중축복의 사상에 강하게 나타나고 있다. 영산의 좋으신 하나님은 홀로 존재하시는 쓸쓸한 하나님이 아니라 예수 그리스도의 아버지이시다. 영산은 삼중축복 속에 내재되어 있는 그의 신학적 명제 좋으신 하나님을 예수 그리스도의 십자가를 통해서 깨달았다.388) 또한 그는 예수 그리스도의 대속의 은혜를 통해서 깨달은 좋으신 하나님 개념을 예수 그리스도의 구속의 사건에 재 적용하면서 구원에 대한 폭넓은 이해를 추구하고 있는 것이다. 영산은 다음과 같이 말하고 있다: "그러므로 아담의 타락과 범

---

387) *Ibid.*, 23.
388) 조용기,『삼박자 구원』, 28-32.

죄로부터 우리를 구원하신 예수 그리스도의 구원은 우리의 영혼뿐만 아니라 우리의 생활환경을 저주에서 축복으로 우리의 육체를 죽음과 질병에서 생명으로 바꾸어 놓는, 보다 넓은 의미의 구원입니다."389) 하나님은 좋으신 하나님이시기 때문에 단지 예수 그리스도를 통해서 우리의 영혼만 구원하시는 것이 아니라, 그의 아들 예수 그리스도를 통해서 우리의 영혼이 잘됨 같이 범사가 잘되며 강건한 축복을 허락하시는 것이다.

영산은 좋으신 하나님이라는 신학적 명제를 가지고 예수 그리스도 안에서 삼중축복의 비밀을 다음과 같이 말하고 있다: "예수 그리스도의 피로 죄속함을 얻어 의롭게 된 후로 우리 그리스도인들이 하나님의 예비하신 나라에 들어갈 때까지 그리스도의 피가 우리를 덮어 주시고 그리스도의 살이 우리를 강건케 하십니다. 단순한 영혼의 구원뿐만이 아니고 범사에 잘되고 강건함을 얻은 삼박자 구원(삼중축복)을 주십니다 . . . 좋으신 하나님, 우리를 위하여 독생자 예수 그리스도를 십자가에 못 박으신 좋으신 하나님, 바로 그 하나님이 지금 우리를 위해 간구하고 계십니다. 우리의 영혼이 잘됨 같이 범사에 잘되고 강건하기를."390) 그러므로 영산의 삼중축복은 좋으신 하나님 아버지와 그 아들 예수 그리스도의 삼위일체적 관계를 통해서 본 삼위일체적 신학이라 할 수 있다.

3) 성령의 역사와 삼중축복

영산의 삼중축복에 있어서 성령의 사역은 무엇보다도 중요하게 다루어진다. 성경에서 말하는 삼중축복으로 들어가기 위해서는 좋으신 하나님(성부)를 만나야 하는데, 좋으신 하나님은 오직 그 아들 예수 그리스도를 통해서만 만날 수 있는 것이다. 하지만 우리가 예수 그리스도를 자의적으로 믿을 수 있는가? 대답은 "아니오"이다. 영산은 이것에 대하여 다음과 같이 설명한다: "우리가 예수님을 구주로 시인하고 믿고 영

---

389) *Ibid.*, 29.
390) *Ibid.*, 31-2.

접하여 들일 때 우리 스스로의 힘으로만 되었다고 생각하면 큰 잘못입니다. 성령으로 아니하고는 누구든지 예수를 주시라 할 수 없기 때문입니다(고린도전서 12:3)."391) 성령은 예수를 드러내고 증거하며, 예수께서 행하신 모든 것을 생각나게 하시고 가르치시며 우리를 삼중축복의 진리 가운데로 인도하신다. 성령의 사역을 통해서 그리스도인들은 온전히 예수께로 인도되고, 예수 그리스도를 통해서 좋으신 하나님을 만나게 되는 것이다.

또한, 우리는 성령을 통하여 하나님을 아버지라고 부를 수 있게 되는 것이다. 영산은 다음과 같이 말하고 있다: "우리가 하나님을 아버지라고 부르는 일은 예사로운 일이 아닙니다. 그것은 역사적인 사건이요, 우주적인 사건이며, 존재적인 사건입니다. 성령이 그 안에 거하지 않는 사람은 어느 누구도 진정과 감격으로 아버지라고 부를 수 없습니다. 성령께서 우리 속에 들어오셔서 양자의 영을 주시고 우리를 하나님의 아들로 만들어 놓으셨기 때문에 우리가 아버지라 부를 수 있는 것입니다."392)

결국 좋으신 하나님은 그 아들 예수 그리스도를 이 땅에 보내셔서 우리의 죄를 대속케 하셨고 우리를 예수 그리스도께 인도하기 위해서 성령을 보내시고, 성령을 통해서 예수 그리스도께서 이루신 삼중축복의 은총을 우리에게 주시는 것이다. 이러한 하나님의 행위는 삼위일체적 행위인 것이다. 우리는 영산의 삼중축복의 신학을 통해서 하나님의 창조와 구속의 행위는 삼위로서의 행위이며 하나님은 이러한 창조와 구속의 행위 속에서 자신을 좋으신 하나님으로 계시하신다는 것을 알 수 있다.393) 영산의 신앙과 신학에 있어서 구원은 하나님께서 그 자신 밖으

---

391) Ibid., 57.
392) Ibid., 59-60.
393) 영산 신앙의 삼위일체 교리를 이해함에 있어서 이와 같은 접근 방법은 삼위일체 교리에 관해서는 영산 신앙이 서방 신학의 전통보다는 동방 신학의 전통을 따른 것으로 이해되어 진다. 삼위일체 교리와 관련하여 서방의 어거스틴이 하나님의 한 분되심을 강조하였다면, 동방의 캅파도기아 교부들은 삼위로서의 하나님에 강조점을 두었다고 할 수 있다. 전자가 하나님 자신 안에

로 자신을 드러내시는 사역이며, 이러한 사역 속에서 하나님은 삼위로서 사역하심으로 자신을 삼위 하나님으로 나타내고 계시는 것으로 이해되어진다. 영산은 삼위 하나님의 신적 본질의 통일성을 말함에 있어서도 어떤 철학적 상상을 통해서 말하기보다는 성경의 증거에서부터 출발하고 있다. 성자의 구속 사역과 성령의 인치심 가운데서 드러난 좋으신 하나님(성부)에 근거해서 삼위일체 하나님의 구속사역과 신적 본질의 통일성을 말하고 있는 것이다.

4. 마무리 글

영산의 전인구원론은 영혼만을 구원받는다는 이원론적 사고를 가진 영지주의와 영혼의 구원을 육체와 물질의 구원보다 더 소중하게 여기는 서방의 이원론적 영혼우위설을 극복하고 있다. 특히 영산의 전인구원론은 전통적인 삼위일체론의 영향을 받아서 그의 전인구원 안에는 "좋으신 하나님" 개념과 "예수 그리스도의 속죄 사역" 그리고 "성령의 구원사적 이해"가 확실히 드러나고 있다. 영산의 전인구원의 신학 전반에 걸쳐 나타나는 삼위일체적 신학은 영산의 "삼중축복"의 신앙에 지대한 영향을 끼친 것이 사실이며, 21세기 신학에 하나의 신학적 대안을 제시하고 있다.

있는 것으로부터 출발하여 하나님 자신 밖으로 나타내어진 것으로 이해의 방향을 옮겼다면, 후자는 반대로 하나님께서 자신 밖으로의 활동에서 자신을 나타내신 것에서부터 하나님 자신 안에 숨겨진 것으로 이해의 방향을 옮겼다고 할 수 있을 것이다.

제 10 장
순복음 신앙과 신학이 한국교회와 신학에 끼친 영향[394]

21세기가 시작된 현 시점에서 순복음 신앙과 신학의 중심주제인 영산 조용기 목사(이하 영산)의 "오중복음과 삼중축복" 속에 내재되어 있는 하나의 중요한 신학적 맥을 잡고, 그것이 어떻게 한국교회와 신학에 영향을 주었는지 살펴보고자 한다. 순복음 신앙의 "오중복음과 삼중축복" 속에 내재되어 있는 중요한 신학 주제는 삼위일체 교리이다.

순복음 신앙은 먼저 하나님 아버지에 대해서 "좋으신 하나님(성부)"으로 고백한다. 하나님 아버지가 좋으신 이유는 "자기 아들을 아끼지 아니하시고 우리에게 보내 주사 고난 받고 십자가에 달려 돌아가시고 죽은 자 가운데서 부활하심으로 우리의 전인적 구원을 이루셨고," 보혜사 성령을 우리에게 보내 주사 우리로 예수 그리스도를 믿고 구원에 이르게 하시기 때문이다.[395] 우리의 "영혼이 잘되고 범사가 잘되며 강건하게 되는 것"은 좋으신 하나님 아버지의 사랑과 예수 그리스도의 대속의 은혜 그리고 성령의 강권적 역사를 통해서 이루어진다. 순복음 신앙과 신학은 이러한 삼위일체 하나님의 구원 행위를 믿고 고백한다. 동시에, 순복음 신앙과 신학은 성부와 성자와 성령이 나뉘어질 수 없는 동등한 한 하나님(One God)이심을 강조한다. 순복음 신앙에 이러한 삼

---
394) 이 글은 교단 창립 50주년 기하성희년신학심포지엄에서 발표되었던 논문이다.
395) 조용기, 『삼박자구원』(서울: 서울서적, 1977), 28.

위일체 하나님 개념은 매우 중요하다.

1. 순복음 신학과 삼위일체 교리

순복음 신앙과 신학은 전통적 삼위일체 교리의 기본적 표현인 "하나의 본질(mia ousia), 세 위격(treis hypotases)"을 해석하는 데 있어서 어느 하나에 우선권을 두지 않는다. 순복음 신앙은 삼위일체 교리를 고백하는데 있어서 하나의 본질(One Essence)로 존재하시는 하나님은 분리될 수 없는 성부와 성자와 성령의 위격적 관계 속에서 존재하신다는 것을 고백한다.396) 그러므로 순복음 신앙은 동방과 서방의 교부들에 의해 만들어진 니케아-콘스탄티노플 신조서(Nicea-Constantinople Creed, 주후 381년)의 정통적인 삼위일체 교리를 믿고 있다. 순복음 신앙은 초대교회에서 사용된 "위격"(hypostasis, person)이라는 용어를 그대로 받아들여 성부와 성자와 성령이 분명한 위격체이심을 강조함과 동시에 성부와 성자와 성령의 하나 되심을 강조한다.397) 순복음 신앙이 본질적으로 삼위일체적 신학임을 입증하기 위해서 먼저 초대 교회의 신학적 논쟁 사이에서 형성된 삼위일체 교리에 대한 연구가 선행되어야 할 것이다.

1) 순복음 신앙과 신학은 초대교회의 반삼위일체론인 "양태론"과 "종속론"을 비판한다.398)

삼위일체 교리는 터툴리안(Tertullian)이 다음과 같은 표현을 사용함으로써 시작되었다: "하나님은 하나의 실체(una substantia)를 갖고

---

396) 기독교대한하나님의 성회, 『헌법』(서울: 도서출판 엘림, 2001), 23; 국제신학연구원, 『순복음신학개론』(서울: 서울말씀사, 2001), 52-63; 박정렬, 『오순절신학』(서울: 순신대학교, 1996), 70-73.
397) 조용기, 『성령론』, 20; 배현성, 『젓가락과 신학의 만남』(군포: 한세대출판부, 2002), 213-229.
398) 배현성, 『젓가락과 신학의 만남』, 220-22.

계시며, 삼위의 위격체(tres personae)로 존재하신다."399) 성부와 성자와 성령의 세 위격체는 분리될 수 없는 하나의 신적 본질 속에서 존재하신다는 것이다. 이러한 터툴리안의 삼위일체적 표현은 니케아-콘스탄티노플 회의(A.D. 381)에서 완성되었는데, 여기서 정통 교회는 삼위일체 교리의 대표적 이단자 아리우스(Arius)를 정죄하고 성부와 성자와 성령은 동일본질(homoousios)이심을 강조하고 있다. 니케아 신경(Nicene Creed)은 독생하시고 아버지와 동일본질(homoousios)이신 아들에 대해 다음과 같이 기록하고 있다: "독생자… 그 아버지의 독생하신 아들… 참 하나님의 참 하나님이 되시므로, 낳으심을 입었고, 창조되지 않았으며 아버지와 한 본체(homoousios)를 이루신 분이로다."

하지만 니케아-콘스탄티노플 신조서가 완성되기까지 초대 교회는 삼위일체 교리를 정립하는데 많은 어려움을 겪은 것이 사실이다. 초대 교회는 성자 예수 그리스도를 주로 고백할 때, 하나님의 단일성("이스라엘아 들으라 우리 하나님 여호와는 오직 하나인 여호와시니")과 세 위격("그러므로 너희는 가서 모든 족속으로 제자를 삼아 아버지와 아들과 성령의 이름으로 세례를 주고")의 관계에 관심을 가지기 시작하였다. 하지만 하나님의 단일성과 삼위성을 설명하면서 하나님의 삼위성을 무시하고 하나님의 단일성만을 중시 여기는 반삼위일체론이 출현하게 되었다. 초대교회의 대표적인 반삼위일체론은 "양태적 군주신론"과 "종속적 단일신론"이다.

(1) 양태적 군주신론

교회가 확장되어 헬라 교회가 정착되자 헬라 철학이 교회의 언어에 영향을 끼치기 시작하면서, 특히 요한복음에 나오는 말씀(Logos)을 헬라 사상의 로고스론으로 해석하는 분위기가 조성되었다.400) 이제는 단

---
399) 이종성,『삼위일체론』(서울: 대한기독교출판사, 1991), 237.
400) 앨리스터 맥그래스,『신학의 역사』(서울: 지와 사랑, 2001), 82-3.

일한 하나님만이 아니라 로고스론을 이용하여 하나님 안에 있는 다원성을 말할 수 있는 계기가 마련되었다. 이런 식의 다원론은 다시 단일성을 강조하는 군주론(monarchianism)의 반격을 촉발하였다. 군주론(monarchianism)은 하나님의 절대적 단일성을 고수하려고 그리스도와 성령의 신성은 신적 계시의 세 가지 상이한 방식이나 양태(modes)로 설명한다.401)

초대교회에 반삼위일체론의 한 형태인 양태적 군주신론은 서머나 출신 노에투스(Noetus)에 의해 발생되는데, 그는 "아버지와 아들과 성령은 하나의 세 양태"이며 하나님은 한 분이라고 주장한다.402) 다시 말해서, 아버지와 아들과 성령은 한 분이지만 세 역할, 즉 창조자로서, 구속자로서, 성화자로서 삼중적 역할을 맡을 수 있다는 것이다.

양태론의 대표적인 형태로 사벨리우스주의가 있다. 215년부터 로마에서 가르치고 있던 사벨리우스(Sabellius)는 노에투스의 견해를 체계적으로 이론화했다. 그는 양태론적 군주신론에 대한 격렬한 비난에 대항하여 다음과 같이 주장했다. 한 모나드(monad)로서의 하나님은 세 가지 사역을 하신다. 하나님은 마치 태양과 같아서 한 실체가 열과 빛을 발산한다. 아버지는 본체 또는 형상이나 아들과 성령은 그의 사역의 양태이다. 그의 견해에 의하면 아들과 성령이 고유의 본체와 경륜적 사역 속에서 존재하시는 것이 아니라 아들과 성령은 아버지의 존재의 한 양태에 지나지 않는다는 것이다.403) 다시 말해서, 유일하시고 단일하신 하나님은 필요에 따라서 구약시대에는 아버지의 양태로 신약시대에는 아들의 양태로 교회 시대에는 성령의 양태로 나타나셨다는 것이다. 순복음 신앙과 신학은 이러한 하나님을 셋이긴 하지만 세 분이 아닌 다른 어떤 형태로 생각하는 양태적 군주신론을 비판하면서 하나님은 성부와 성자와 성령의 세 위격체이심을 고백한다.

---

401) *Ibid.*, 109.
402) 이종성, 『삼위일체론』, 199-206.
403) *Ibid.*, 204-206.

(2) 종속적 단일신론

초대 교회의 종속론은 오리겐의 삼위일체 교리에서 찾아볼 수 있는데, 오리겐은 근본적으로 하나님의 단일성과 성부를 동일시 하였다.404) 즉, 성부 하나님 만이 모든 존재의 근원이시며 그 분만이 참 하나님이시다. 성부만을 모든 신성의 원천으로 이해한 오리겐은 성자의 신성이 성부로부터 파생되었음을 말하면서 불가피하게 삼위일체의 관계 안에 등급을 두고 있다. "오늘날 내가 너를 낳았다"는 관계적이고 위격적인 구분에서의 아버지와 아들의 관계를 종속적인 관계로 이해하면서, 그는 아버지와 아들의 관계를 영원한 종속관계(subordination)로 발전시켰다.405) 오리겐에 의하면 아들은 아버지로부터 성육신 하시기 전부터 영원의 영역에서 아버지에 의해 "낳아지신 분"이므로 본질과 신분상에서 아버지와 다르다는 것이다. 또한 성자가 성부께 종속된다면, 성령도 성자 아래 있다는 위계적인 종속론을 발전시켰다.

오리겐의 종속론을 더욱 발전시키며 종속적 단일신론을 주창한 초대교회의 대표적인 반삼위일체론자는 알렉산드리아의 장로 아리우스(Arius, 주후250-336)이다. 안디옥 학파의 아리우스는 아리스토텔레스의 영향을 받아서 히브리서 1장 3절에서 예수 그리스도가 하나님과 본질적으로 동일한 본체라는 표현을 논쟁의 대상으로 삼았다. 아리우스는 하나의 존재에서 다른 위격들의 구분을 용납할 수 없었고, 결국 성자는 피조물이라는 이해의 수준에서 벗어나지 못했다. 아리우스에게 있어서 성자는 성부에게서 낳아졌다는 의미는 곧 "성자가 성부에 의해 시간 안에서 피조되었다"는 말과 동의어로 사용되어졌다.406)

또한, 성부와 성자와 성령의 경륜적 구분을 전제로 성자와 성령은

---

404) 앨리스터 맥그래스, 『신학의 역사』, 82.
405) 제럴드 브레이, 『신론』 (서울: IVP, 1999), 149-50: B. Lohse, *A Short History of Christian History* (Philadelphia: Fortress Press, 1980), 46.
406) 베른하르트 로제, 『기독교교리사』, 구영철역 (서울: 컨콜디아사, 1988), 69.

성부의 신성을 공유할 수 없음을 강조하였다. 이러한 유형의 신학을 "경륜적 삼위일체"로 부르면서 성부는 세상을 창조하기 시작하셨을 때에 혹은 시간 안에서 그의 아들과 그의 성령을 가지셨다고 주장하였다. 이 신학은 삼위일체가 영원 내에서가 아니라 오직 시간 내에서 존재한다고 간주하였다. 아리우스는 이 주장의 근거를 잠언 8:22에 대한 칠십인역에서 찾고자 했다. 잠언 8:22에 대한 칠십인역은 "그가 자기 일을 위해서 태초에 나를 창조했다"고 되어 있다.407)

하지만 삼위일체 교리의 정립을 위해 전 생애를 바친 교부 아타나시우스(Athanasius)는 경륜적 관점에서 성부와 성자를 이원론적으로 분리하는 아리우스의 이론을 비판하면서 존재론적 관점에서 하나님의 세 위격의 영원성과 통일성을 주장한다: "성부와 마찬가지로 성자도 존재하지 않았던 때가 없다. 성자의 출생은 영원하다. 성자는 하나님의 의지에 의해 태어나지 않고 오직 하나님의 존재(본질)로부터 출생한다. 그러므로 성부, 성자, 성령은 영원부터 영원까지 계신다."408) 순복음 신앙과 신학은 아타나시우스의 전통을 따라서 성부와 성자와 성령의 구분은 위격적인 구분이지 본질적인 구분이 아님을 고백하며, 세 분은 동일본질(homoousios)이심을 믿고 고백한다.

---

407) 앨리스터 맥그래스, 『신학의 역사』, 85-6.
408) *Ibid.*, 87-9. "아리우스주의자들에 대한 반론"의 제3권에서 아타나시우스는 아리우스주의자들의 질문에 다음과 같이 답하고 있다. 첫째, 예수 그리스도는 아들이기 때문에 아버지로부터 분리될 수 없고 그가 존재하지 않았던 "때"는 없었다. 그는 항상 존재했다: "태초에 말씀이 계시니라 이 말씀이 하나님과 함께 계셨으니 이 말씀은 곧 하나님이시니라"(요 1:1). 둘째, "그는 근본 하나님의 본체"(빌 2:6)시요 "보이지 아니하시는 하나님의 형상"(골 1:15)이시기 때문에, 아들은 아버지와 "동일본질:(homoousios)이시다. 셋째, 아버지에게 속한 것들이 아들에게 속한다면 성자와 성부는 동일하다는 결론에 도달하게 된다: "무릇 아버지께 있는 것은 다 내 것이라(요 16:15) 그리고 내 것은 다 아버지의 것이요 아버지의 것은 내 것"(요 17:10). 결국 니케아 종교회의(주후 325년)는 예수 그리스도가 하나님 동일한 본질을 소유한 하나님이심을 강조하면서 성자가 성부와 동일본질임을 선언하였다.

2) 순복음 신앙과 신학의 삼위일체 교리는 동방의 캅파도기아 교부들 (Cappadocian Fathers)과 서방의 어거스틴(Augustine)의 삼위일체적 전통을 따른다.

하나님께서 자신을 우리에게 알리실 때 하나님은 자신을 각기 구별되는 삼위로서 계시하시는 한편, 동시에 그 삼위는 신적 본질에 있어서 동일하며 서로 나누어지지 않는 한 분 하나님으로서 계시하신다. 이러한 하나님의 자기 계시 안에서 우리는 두 가지 상이한 관점을 목격하게 되는데, 그것은 곧 "하나 되심"(oneness)과 "삼위성"(threeness), "통일성"(unity)과 "다양성"(diversity) 사이의 긴장 관계이다. 이러한 삼위일체 교리의 신비에 접근함에 있어서 니케아 회의 이후의 삼위일체 교리는 정통적인 삼위일체 교리를 해석함에 있어서 두 전통의 다른 방법론 사이에서 완성된다.409)

하나는 동방 교회의 삼위일체적 전통이다. 동방 교회의 교부들은 하나님을 이해할 때 각기 구별되는 삼위의 시각에서 출발하여 "삼위 하나님은 한 분 하나님"이심을 강조점하면서 한 분 하나님 안에 있는 삼위 사이의 내적 관계와 활동에 강조점을 둔다. 또한 그들은 삼위의 위격체가 하나가 될 수 있는 방법으로 성부의 위격을 강조하였는데, 성부의 위격(person)은 성자와 성령의 존재 근원이라는 표현을 사용함으로 삼위일체의 통일성을 주장하였다.410) 다른 하나는 서방 교회의 삼위일체적 전통인데, 서방 교회는 세 분의 위격체(Three Persons)의 관계성을 강조하기 보다는, 성부와 성자의 영원하신 관계 속에서 어떻게 성부와 성자가 하나의 본질(One Substance)이심을 증명하는 본질 중심의 삼위일체 교리를 발전시킨다. 필자는 먼저 동방교회의 삼위일체 교리를 조명한 후에 서방교회의 삼위일체 교리를 논하고자 한다.

---

409) 신문철, "삼위일체적 교회론," 『성경과 신학』 29(2001), 97-124.
410) J.D. Zizioulas, *Being as Communion* (New York: St. Vladimir's Seminary Press, 1985), 27-65.

3) 순복음 신앙과 신학은 전통적 교부들의 신학을 따라서 하나님이 성부와 성자와 성령의 삼위의 구별된 위격체이심을 강조함과 동시에 삼위는 한 하 나님이심을 고백한다.

순복음의 신앙과 신학은 하나님을 단일하면서 군주신론적으로 이해하는 모든 이단적 견해를 비판하면서 삼위일체 교리를 신앙의 핵심주제로 이해하고 있다. 순복음 교단을 대표하는 영산은 고전적 삼위일체 교리의 전통을 따라서 "성부와 성자 예수 그리스도와 성령께서는 각각 위격을 가지고 계시지만, 그 본질과 실체에 있어서는 하나의 신적 본질로 존재하시는 한 하나님"이심을 고백한다.411)
따라서 삼위일체 교리의 중요성을 누구보다도 잘 인식하고 있는 영산은 먼저 성부와 성자와 성령은 참되신 한 하나님이시요, 이 삼위를 떠나서 하나님은 결코 알려질 수 없다고 말한다. 아들을 아는 것이 곧 아버지를 알고 하나님을 아는 것이다. 또한, 아버지와 아들에 대한 것을 알게 해 주시는 분은 성령이시다.412) 하나님을 아는 것은 그분을 바로 삼위로 아는 것이다. 세분 중 어느 한 분만을 떼어 놓고 하나님을 알 수 없다. 영산은 삼위일체 하나님을 다음과 같이 설명하고 있다: "하나님은 성부 하나님, 성자 하나님, 성령 하나님의 삼위가 한 하나님이십니다. 이것은 대단한 신비입니다. 분명히 세 위격을 가지고 세 가지의 사역을 하시나 그 분은 곧 한 분이시며 같은 분이십니다. 하나님의 속에는 아버지 하나님이 계시고 또한 우리를 구원하신 아들 예수님이 계시고 그리고 이것을 성취하시는 성령이 계시는 것입니다."413)
순복음의 삼위일체 신학에서 하나님이라는 이름은 성부, 성자, 성령께 공히 적용되며, 위격이란 삼위의 상호 연관 중에 하나님 안에서 이루어지는 구별을 말한다. 위격은 상관적인 이름이고, 본질은 절대적인

---

411) 조용기, 『요한복음 강해(상)』 (서울: 서울말씀사, 2001), 20.
412) 조용기, 『요한복음강해(하)』 (서울: 서울말씀사, 2000), 112-15.
413) 조용기, 『빌립보서강해』 (서울: 서울말씀사, 1997), 45.

이름이다. 그리고 성부, 성자, 성령의 이름은 맹목적인 이름이 아니라, 실제적으로 존재한다. 영산은 성부와 성자와 성령의 위격에서 시작하여 삼위일체 교리를 펼쳐 나간다.[414] 그는 위격 구분에서 전 신성을 이해한다. 영산은 요한복음 10장 38절, 14장 9절과 11절, 17장 21절을 근거로 삼위일체 교리에 공재 개념을 도입했다. 이 말은 위격들의 상호공재와 상호침투를 의미한다. "예수님께서 하나님 안에 계시고 하나님께서는 예수님 안에 계시다"고 말씀한다.[415] 각 위는 본질의 상이성으로 분리되어 있는 것이 아니라, 비공유적 속성을 통한 상호 관계성으로 구별되는 동시에 그 관계성을 통하여 단일성을 이룬다.

삼위일체이신 하나님을 이해하는데 흔히 발생하는 큰 오류는 양태론이다. 양태론은 성부와 성자와 성령을 한 분 하나님의 다른 양태로 설명을 하고 있다. 하지만 영산에 의하면 성부와 성자와 성령은 각각 구별되신다. 즉, 성부는 성자가 아니시고, 성자는 성령이 아니시며, 또한 성령은 성부나 성자가 아니시다. "내가 아버지께 구하겠으니 그가 또 다른 보혜사를 너희에게 주사 영원토록 너희와 함께 있게 하시리니 저는 진리의 영이라"(요 14:16-17). 영산은 이 본문에서 보혜사 성령은 성자 예수 그리스도와 동일한 권세와 능력과 영광을 가지신 하나님이시지만 예수 그리스도와는 다른 분이심을 강조한다.[416] 또한 성자께서 성부 하나님께 구하겠다는 표현에서 알 수 있듯이 성자와 성부 역시 동일한 위격체는 아니시다.

영산은 하나님의 삼위성을 강조하는 동시에, 마태복음 28장 19절의 세례의 단일성을 근거로 삼위께서 함께 한 하나님이심을 증거한다.[417] 그리스도는 스스로 하나님이시다. 그러나 성부와의 관계에서는 성자이다. 영산은 초대 교회의 전통을 따라, 하나님을 위격적으로 이해한다.

---

414) 조용기, 『성령론』, 20.
415) 조용기, 『요한복음강해(하)』, 114.
416) Ibid., 116-17.
417) 조용기, 『성령론』, 20.

하나님의 본질은 인간의 이해를 뛰어넘는 신비이다. 아무리 뛰어난 언어를 동원하더라도 정확히 하나님을 묘사할 수 없다. 그래서 영산은 하나님의 본질에 대해서 말하지 않는다. 다만 하나님을 예수님을 통한 위격의 관계에서 이해하려고 한다. 이점에서 영산은 삼위일체 하나님을 이해하는데 철학적이고 사변적인 신개념을 뛰어넘어 성경을 중심으로 삼위일체 하나님을 이해하고 있다. 하나님은 본질상 알려질 수 없고, 오직 그의 위격들을 통해서 알려질 수 있는 것이다.

2. 순복음 신앙의 "삼중축복"

필자가 보기에 순복음 신앙과 신학은 가장 성경적인 하나님 이해의 길을 열어놓았을 뿐만 아니라, 삼위일체라는 매우 어려운 주제에 대해서 딱딱하고 차가운 학문이라는 고정관념을 바꾸어 놓았다. 삼위일체를 접근하는 순복음 신앙의 신학적인 설명들은 목회적이요, 실천적이며, 성경적이라는 특징을 가지고 있어서 가장 올바른 복음을 찾으려는 현대인들에게도 큰 길잡이가 되어주고 있다. 특히, 삼위일체 하나님에 대해서 이해하고자 노력하는 성도들에게 가장 균형 잡힌 안목을 열어주고 있다. 이제 우리는 삼위일체 교리가 순복음 신앙의 핵심 주제인 삼중축복의 교리 속에 어떻게 내재되어 있는지 살펴보고자 한다. 삼중축복 속에 내재된 삼위일체 교리를 설명하고자 할 때, 필자는 "오중복음과 삼중축복"을 창안한 영산의 신앙과 신학 사상을 중심으로 논의를 전개할 것이다.

1) "좋으신 하나님(성부)"과 삼중축복

순복음 교단의 대표적인 목회자 영산은 역사상 유래를 찾아볼 수 없을 정도의 교회 부흥과 성장을 이루었는데, 그의 목회를 성공적으로 이끈 신학적 배경이 바로 삼중축복의 신앙이다.418) 영산은 1950-60년대 불광동 천막교회에서 목회를 시작할 때 많은 사람들이 영적인 황폐함과 생활의 어려움 그리고 육체적인 고통 속에 처해 있음을 발견하고 현재 역사하시는 하나님을 성경 속에서 찾기를 갈망하였다.419) 그리고 영산이 발견한 성경구절이 바로 요한3서 1장2절에 기록된 삼중축복의 말씀이다.420) 영산은 요한 3서 1장 2절에 기록된 삼중축복의 말씀을 그의 모든 설교와 목회의 기초로 하여 여의도 순복음교회를 세계적인 교회로 성장시켰다.

영산은 다음과 같이 삼중축복의 중요성을 강조하고 있다: "우리가 삼박자 구원(삼중축복)의 깊은 의미를 분명히 깨닫고 나면 창세기부터 요한계시록까지의 모든 성경 말씀을 삼박자 구원의 기초에 서서 해석하게 됩니다. 그때 비로소 성경의 모든 진리들이 생생하게 살아나고 생명의 빛을 발하며 우리에게 다가오게 됩니다."421) 성경과 실존적 목회 현실 속에서 탄생한 영산의 삼중축복 신앙은 한국교회의 부흥에도 큰 기여를 한 것이 사실이다. 그러면 과연 영산의 삼중축복의 신학적 기초는 어디에 있는 것인가? 영산은 다음과 같이 말하고 있다: "그러면 도대체 삼박자 구원(삼중축복)이란 무엇을 말하는가? 나는 이 대답을 드리기에 앞서 여러분을 '삼박자 구원'이라는 축복의 집 현관으로 모시겠습니다. 이 현관은 바로 '좋으신 하나님(성부)'입니다."422)

한세대의 배현성교수는 "오중복음과 삼중축복"과 관련하여 영산의 신학의 특성을 "좋으신 하나님"을 믿는 신관에 있다고 말한다.423) 좋으신 하나님(성부)에 대한 영산의 이해는 오중복음과 삼중축복의 개념을 형성할 수 있었던 기본적 신학적 방법론이다. 특히 삼중축복에서 강조

---

418) 이영훈, "삼중축복 신앙의 오순절 신학적 이해," 『삼중축복에 대한 신학적 이해』 (서울: 서울말씀사, 2000), 9.
419) 조용기, 『삼박자 구원』, 18.
420) 요한3서 1장 2절, "사랑하는 자여 네 영혼이 잘 됨같이 네가 범사에 잘 되고 강건하기를 내가 간구하노라."
421) 조용기, 『삼박자 구원』, 19.
422) Ibid.
423) 배현성, 『삼중축복에 대한 신학적 이해』, 75.

하는 전인구원의 가능성을 영산은 바로 좋으신 하나님을 발견함으로 깨달은 것이다.424) 결국 좋으신 하나님 개념은 영산의 "오중복음과 삼중축복"의 신학 전반에 흐르는 하나의 중요한 신학적 주제요 방법론인 것이다.

그러면 과연 영산의 좋으신 하나님 개념에 대한 신학적 근거는 무엇인가? 일반 종교는 하나님을 절대적 존재 혹은 궁극적 실재로 이해하면서 두려움과 떨림의 대상으로 경배하고 있다. 하지만 영산이 성경을 통하여 발견한 하나님은 이러한 두려움과 공포의 대상이 아닌 좋으신 하나님인 것이다. 영산은 하나님이 좋으시다는 것을 다음과 같이 말한다: "그러므로 삼박자 구원에 들어가기 전에 그 현관에서 모든 부정적인 신앙을 다 벗어 던지고 우리를 위해 십자가에 못 박혀 죽으신 예수님을 보내주신 하나님은 좋으신 하나님이라는 사실을 확실히 믿어야 합니다. 그 아들을 아끼지 않으시고 우리에게 주신 이가 그 아들과 함께 무엇을 선물로 주시지 않겠습니까? 아들을 주신 하나님… 이 하나님은 참으로 좋으신 하나님이십니다."425) 여기서 영산이 이해한 좋으신 하나님은 일반적인 종교적 신관에서 도출한 것이 아닌 성경적이며 삼위일체적 하나님 개념에서 도출한 개념임을 명심해야 할 것이다.

영산에 의하면 성부 하나님이 좋으신 이유는 그가 그의 독생자 예수 그리스도를 우리에게 보내셔서 십자가에 못 박혀 돌아가게 하시고 부활하게 하심으로 죽어 마땅한 우리들을 구원하셨기 때문에 좋으신 하나님인 것이다.426) 다시 말해서, 영산은 그의 좋으신 하나님에 대한 성경적 근거를 아버지 하나님과 그 아들 예수 그리스도의 삼위일체적 관계를 통해서 입증하고 있는 것이다. 하나님 아버지가 좋으신 이유는 그가 그 아들을 우리게 보내주셨기 때문이고, 아버지의 보내신 자 예수 그리스도를 통해서만이 우리는 또한 좋으신 하나님을 만날 수 있는 것이다. 영산은 이것을 다음과 같이 말하고 있다: "하나님을 본 사람이 있

---

424) Ibid.
425) 조용기, 『삼박자 구원』, 26.
426) Ibid., 23-30.

습니까? 없지요. 누가 보았습니까? 독생하신 예수님이 보았지요. 예수께서 나를 본 자는 누구를 보았다고 하였습니까? 예, 맞습니다. 하나님을 보았다고 하였습니다. 예수님의 언어 행동 일체가 하나님께서 예수님을 통하여 하신 것입니다."427) 삼위일체적 관점에서 볼 때 그리스도에 대한 신앙이 없이 하나님 아버지에 대한 신앙을 인정한다는 것은 불가능한 것이다. 오직 하나님의 보내신 자 곧 예수 그리스도를 통해서 좋으신 하나님을 발견하며 아버지께로 나아갈 수 있다는 영산의 신학은 바로 삼위일체적 신학인 것이다.

2) 예수그리스도의 속죄사역과 삼중축복

영산의 신앙과 신학은 예수 그리스도 중심적이다. 영산은 그의 저술에서 성경의 권위가 근본적으로 복음의 주체인 예수 그리스도에게 뿌리 박고 있다는 것을 명백하게 보여준다. "나는 성경을 읽고 또 읽으면서 한 가지 놀라운 사실을 발견했습니다. 성경에서 강조하는 것은 체계적인 철학이나 의학 이론, 또는 종교적인 의식이 아니었습니다. 인상적으로 반복되는 한 가지 주제는 예수 그리스도였습니다."428) 영산의 신앙은 모든 성경의 말씀이 예수 그리스도를 증거하고 있다고 이해한다. 왜냐하면 성경은 하나님의 계시의 말씀이며 그리스도는 하나님의 계시의 완성이라고 간주했기 때문이다. 그러므로 그는 성경을 그리스도 중심적인 것으로 이해한다.

이러한 예수 그리스도 중심적인 영산의 신앙과 신학은 그의 신학적 명제인 좋으신 하나님과 삼중축복의 사상에 강하게 나타나고 있다. 영산의 좋으신 하나님은 홀로 존재하시는 쓸쓸한 하나님이 아니라 예수 그리스도의 아버지이시다. 영산은 삼중축복 속에 내재되어 있는 그의 신학적 명제 좋으신 하나님을 예수 그리스도의 십자가를 통해서 깨달았

---

427) *Ibid.*, 23.
428) 조용기, 『4차원의 영적세계』, 17.

다.429) 또한 그는 예수 그리스도의 대속의 은혜를 통해서 깨달은 좋으신 하나님 개념을 예수 그리스도의 구속의 사건에 재 적용하면서 구원에 대한 폭넓은 이해를 추구하고 있는 것이다. 영산은 다음과 같이 말하고 있다: "그러므로 아담의 타락과 범죄로부터 우리를 구원하신 예수 그리스도의 구원은 우리의 영혼뿐만 아니라 우리의 생활 환경을 저주에서 축복으로 우리의 육체를 죽음과 질병에서 생명으로 바꾸어 놓는, 보다 넓은 의미의 구원입니다."430) 하나님은 좋으신 하나님이시기 때문에 단지 예수 그리스도를 통해서 우리의 영혼만 구원하시는 것이 아니라, 그의 아들 예수 그리스도를 통해서 우리의 영혼이 잘됨 같이 범사가 잘되며 강건한 축복을 허락하시는 것이다.

영산은 좋으신 하나님이라는 신학적 명제를 가지고 예수 그리스도 안에서 삼중축복의 비밀을 다음과 같이 말하고 있다: "예수 그리스도의 피로 죄속함을 얻어 의롭게 된 후로 우리 그리스도인들이 하나님의 예비하신 나라에 들어갈 때까지 그리스도의 피가 우리를 덮어 주시고 그리스도의 살이 우리를 강건케 하십니다. 단순한 영혼의 구원뿐만이 아니고 범사에 잘되고 강건함을 얻은 삼박자 구원(삼중축복)을 주십니다… 좋으신 하나님, 우리를 위하여 독생자 예수 그리스도를 십자가에 못박으신 좋으신 하나님, 바로 그 하나님이 지금 우리를 위해 간구하고 계십니다. 우리의 영혼이 잘됨 같이 범사에 잘되고 강건하기를."431) 그러므로 영산의 삼중축복은 좋으신 하나님 아버지와 그 아들 예수 그리스도의 삼위일체적 관계를 통해서 본 삼위일체적 신학이라 할 수 있다.

3) 성령의 역사와 삼중축복

영산의 삼중축복에 있어서 성령의 사역은 무엇보다도 중요하게 다

---

429) 조용기, 『삼박자 구원』, 28-32.
430) Ibid., 29.
431) Ibid., 31-2.

루어진다. 성경에서 말하는 삼중축복으로 들어가기 위해서는 좋으신 하나님(성부)를 만나야 하는데, 좋으신 하나님은 오직 그 아들 예수 그리스도를 통해서만 만날 수 있는 것이다. 하지만 우리가 예수 그리스도를 자의적으로 믿을 수 있는가? 대답은 "아니오"이다. 영산은 이것에 대하여 다음과 같이 설명한다: "우리가 예수님을 구주로 시인하고 믿고 영접하여 들일 때 우리 스스로의 힘으로만 되었다고 생각하면 큰 잘못입니다. 성령으로 아니하고는 누구든지 예수를 주시라 할 수 없기 때문입니다(고린도전서 12:3)."432) 성령은 예수를 드러내고 증거하며, 예수께서 행하신 모든 것을 생각나게 하시고 가르치시며 우리를 삼중축복의 진리 가운데로 인도하신다. 성령의 사역을 통해서 그리스도인들은 온전히 예수께로 인도되고, 예수 그리스도를 통해서 좋으신 하나님을 만나게 되는 것이다.

또한, 우리는 성령을 통하여 하나님을 아버지라고 부를 수 있게 되는 것이다. 영산은 다음과 같이 말하고 있다: "우리가 하나님을 아버지라고 부르는 일은 예사로운 일이 아닙니다. 그것은 역사적인 사건이요, 우주적인 사건이며, 존재적인 사건입니다. 성령이 그 안에 거하지 않는 사람은 어느 누구도 진정과 감격으로 아버지라고 부를 수 없습니다. 성령께서 우리 속에 들어오셔서 양자의 영을 주시고 우리를 하나님의 아들로 만들어 놓으셨기 때문에 우리가 아버지라 부를 수 있는 것입니다."433)

결국 좋으신 하나님은 그 아들 예수 그리스도를 이 땅에 보내셔서 우리의 죄를 대속케 하셨고 우리를 예수 그리스도께 인도하기 위해서 성령을 보내시고, 성령을 통해서 예수 그리스도께서 이루신 삼중축복의 은총을 우리에게 주시는 것이다. 이러한 하나님의 행위는 삼위일체적 행위인 것이다. 우리는 영산의 삼중축복의 신학을 통해서 하나님의 창조와 구속의 행위는 삼위로서의 행위이며 하나님은 이러한 창조와 구속의 행위 속에서 자신을 좋으신 하나님으로 계시하신다는 것을 알 수 있

---

432) *Ibid.*, 57.
433) *Ibid.*, 59-60.

다.434) 영산의 신앙과 신학에 있어서 구원은 하나님께서 그 자신 밖으로 자신을 드러내시는 사역이며, 이러한 사역 속에서 하나님은 삼위로서 사역하심으로 자신을 삼위 하나님으로 나타내고 계시는 것으로 이해되어진다. 영산은 삼위 하나님의 신적 본질의 통일성을 말함에 있어서도 어떤 철학적 상상을 통해서 말하기보다는 성경의 증거에서부터 출발하고 있다. 성자의 구속 사역과 성령의 인치심 가운데서 드러난 좋으신 하나님(성부)에 근거해서 삼위일체 하나님의 구속사역과 신적 본질의 통일성을 말하고 있는 것이다.

4) 삼위일체 하나님과 삼중축복

영산의 삼중축복의 교리에서 우리는 좋으신 하나님(성부)과 우리의 죄를 짊어지시고 대속하신 아들 예수 그리스도 그리고 현재 우리를 예수 그리스도와 아버지께로 인도하시는 성령의 삼위일체적 사역을 찾아볼 수 있다. 좋으신 하나님을 아는 지식은 선포된 삼중축복의 복음 안에 나타내어지는 데, 이 삼중축복의 복음은 삼위일체 하나님의 사역으로서의 전인적 구속 사역에 관한 것이다.435)

영산은 복음 안에서 인간의 구원을 향한 좋으신 하나님(성부)의 뜻이 좋은 것으로 주시는 하늘에 계신 아버지로 선포 되어 진다: "너희 중에 누가 아들이 떡을 달라 하면 돌을 주며 생선을 달라 하면 뱀을 줄

---

434) 순복음 신앙의 삼위일체 교리를 이해함에 있어서 이와 같은 접근 방법은 삼위일체 교리에 관해서는 순복음 신앙이 서방 신학의 전통보다는 동방 신학의 전통을 따른 것으로 이해되어 진다. 삼위일체 교리와 관련하여 서방의 어거스틴이 하나님의 한 분되심을 강조하였다면, 동방의 캅파도기아 교부들은 삼위로서의 하나님에 강조점을 두었다고 할 수 있다. 전자가 하나님 자신 안에 있는 것으로부터 출발하여 하나님 자신 밖으로 나타내어진 것으로 이해의 방향을 옮겼다면, 후자는 반대로 하나님께서 자신 밖으로의 활동에서 자신을 나타내신 것에서부터 하나님 자신 안에 숨겨진 것으로 이해의 방향을 옮겼다고 할 수 있을 것이다.
435) 조용기, 『에베소서 강해』 (서울: 서울말씀사, 1997), 15-26.

사람이 있겠느냐 너희가 악한 자라도 좋은 것으로 자식에게 줄줄 알거든 하물며 하늘에 계신 너희 아버지께서 구하는 자에게 좋은 것으로 주시지 않겠느냐(마태복음 7:10)."436) 신적 활동의 기원으로서 성부 하나님의 좋으신 뜻은 전인적(혹은 삼중적) 구속의 시작이다. 그러나 이는 그리스도 예수 안에서 나타내어진다. 성부의 선택은 그리스도 안에 있는 복음 안에 나타내어지며, 나타난 뜻의 기원이 된다. 영원하고 불변하고 절대적인 성부의 숨은 뜻은 시간과 공간의 역사성의 한계 속에서 그리스도를 통하여 나타난다.

인간은 복음의 약속이 주어짐을 통해서 그리스도에게로 나아가며, 그럼으로 성부에게로 나아갈 수 있다.437) 그러나 타락한 인간은 그 스스로는 복음의 약속을 믿음으로 받아들임으로 그리스도에게로 나아갈 수 없다. 인간이 믿음으로 그리스도에게 나아갈 수 있는 것은 오로지 성령께서 그들의 마음을 열어 그리스도 안에 있는 복음의 약속을 깨닫게 하시고 그럼으로 그리스도에게로 나아오도록 이끌어 주셔야만 가능하다. 성령으로 아니하고는 아마도 그리스도에게로 나아올 수 없고 그리스도에게로 나아오지 아니하고는 아무도 성부에게로 나아갈 수 없는 것이다.438)

이와 같이 순복음 신앙과 신학을 대표하는 영산의 삼중축복의 신학은 삼위일체적 신학인 것이다. 삼위 하나님께서 우리의 구원과 관련하여 어떻게 인간과 관계를 맺으시는가 하는 것은 영산의 목회철학 전반에 걸쳐 면면히 흐르는 실제적 관심이었다. 영산은 다음과 같이 말하고 있다: "지금 회고해 보면 폐병 3기로 죽음의 문턱에서 절대절망의 늪으로 빠져 들어갈 때 구원을 베풀어 주셨던 예수님은 제 인생의 전부요, 예수 그리스도의 십자가는 제 설교의 핵심이었습니다. 그리고 항상 제 곁에서 능력으로 채우시고 인도하시는 보혜사 성령께서 설교의 동반자

---

436) 조용기, 『삼박자 구원』, 25.
437) 조용기, 『에베소서 강해』, 21-22.
438) Ibid., 25.

가 되어 주셨습니다. 또한 절대 주권자이신 창조주 하나님께서는 저의 인생에 있어서 좋으신 아버지였습니다. 저는 이러한 삼위일체 하나님에 대한 깨달음과 체험에서 비롯된 말씀을 전했습니다."439) 영산은 하나님이 삼위일체이심을 깨달은 순간부터 성경에서 "오중복음과 삼중축복"의 비밀을 발견한 것이다.440) 그러므로 영산의 신앙과 신학은 삼위일체 하나님을 발견한 순간부터 시작되었다고 말할 수 있다.

타락한 인간이 좋으신 하나님(성부)에게로 나올 수 있는 것은 오로지 보이지 아니하는 성부 하나님의 보이는 형상이신 성자 그리스도를 통해서 이며, 또한 타락한 인간은 성령에 의해서만 그리스도에게로 이끌려 나오게 된다.441) 이러한 면에서 순복음 신앙에 있어서 구원은 삼위일체 하나님의 사역의 결과이다.442)

3. 순복음 신학과 한국교회

우리는 앞에서 순복음 신앙과 신학이 전통적인 삼위일체 교리의 영향을 받았음을 살펴보았고, 순복음 신앙의 대표적 교리인 영산의 "삼중

---

439) 조용기, 『조용기목사 설교집』 (서울: 서울말씀사, 1996), 3-4.
440) Ibid., 4.
441) 조용기, 『주기도문 강해』 (서울: 서울말씀사, 1998), 30-37.
442) 순복음 신앙에게 있어서 삼위 하나님에 대한 지식은 삼위 하나님의 구원 활동을 통해서 얻을 수 있는 것이다. 순복음 신앙은 삼위 하나님의 활동을 이해함에 있어서 "위"의 영역으로부터 시작하기 보다는 "아래"의 영역으로부터 삼위 하나님의 활동에 대한 이해를 시작하고 있다. 즉, opera ad intra에서부터 시작하기보다는 opera ad extra에서부터, Immanent Trinity에서부터 시작하기보다는 Economic Trinity에서부터 시작하고 있다. 그러므로 순복음 신앙에게 있어서 우리의 하나님에 대한 지식은 하나님께서 그의 밖으로 드러내시는 활동(opera ad extra)으로서 아래의 영역에 나타내신 것을 통해서 위의 영역에 숨겨진 것, 곧 하나님 자신 안에(God in se) 숨겨진 것으로 올라가야 하는 것이다. 다시 말해서, 순복음 신앙에게 있어서 하나님의 행위로서 창조와 구속에서 자신을 나타내신 것을 통하지 않고는 하나님을 알 수 있는 길은 없다. 하나님께서 창조와 구속 그리고 능력의 사역을 통하여 자신을 나타내신 것이 계시이며, 계시 또한 하나님의 opera ad extra인 것이다.

축복"이 삼위일체 교리를 중심으로 형성되었음을 논하였다. 그리고 그 논의 속에서 순복음 신앙과 신학을 삼위일체적 관점에서 분석하며 정리하였다. 이러한 삼위일체적 관점의 순복음 신앙은 한국교회에도 지대한 영향을 끼친 것이 사실이다. 필자는 순복음 신앙의 삼위일체적 신학이 한국교회와 신학에 끼친 신학적 영향을 다음의 몇 가지로 정리하고자 한다.

1) 순복음의 삼위일체적 신앙과 신학은 한국교회와 신학에 삼위일체적 영성 신학을 추구할 수 있는 기반을 제공한다.

21세기 한국교회는 다원화되고 세속화되어가는 현대 사회 속에서 다원주의 사상을 극복할 하나의 신학적 대안을 모색하고 있다. 순복음 신앙과 신학은 종교다원주의와 세속주의가 팽배해 있는 한국교회에 하나의 신학적 대안을 제시할 수 있다. 그것은 곧 순복음 신학이 추구하고 있는 삼위일체적 영성신학이다.

순복음 신앙의 삼위일체적 영성은 하나님은 오직 하나(One)시며, 성부와 성자와 성령의 위격으로 존재하신다는 것을 믿는다. 영원 전부터 계시던 세 위격(Three Persons)의 한 하나님(One God)은 계시 속에 나타나셔서 구원의 사역 속에서 좋으신 아버지의 영성, 우리의 죄를 대속하시는 아들의 영성, 우리를 아버지와 아들에게로 이끄시는 성령의 영성으로 나타나신다.443) 이러한 삼위일체 하나님의 영성은 "존재의 공동체"로서 그 안에서 모든 것을 공유하고 연합하며, 상호 교통함을 알 수 있다.좋으신 아버지는 아들과 성령의 상호 교통의 관계 속에서 창조와 그 후의 모든 것을 지배하면서 우리에게 좋은 것(전인적 구원의 삼중축복)을 허락해 주시는 위대한 영성을 지니고 계신다. 좋으신 아버지가 계획하신 삼중축복의 구원을 완성하기 위하여 아들이 아버지와 성령

---

443) 조용기, 『주기도문 강해』, 40-45.

의 상호 교통의 관계로 성육신하셨다(마 1:18-20; 눅 1:34-35). 성육신한 아들은 영원 전부터 성부와 성령 하나님과 함께 계셨다(요 1: 1-5). 그리고 아들 예수 그리스도의 구속사역 가운데서도 아버지와 성령은 함께 하셨다(마 3: 16-17; 눅 4:21). 성령은 아들 예수께서 이룩하신 구원을 결실하도록 아들을 통해서 아버지로부터 보내심을 받으셨다(요 14:16). 순복음 신앙의 삼위일체적 영성이란 인류의 구원을 위해 계시되신 삼위일체 하나님을 믿고, 그 분의 형상을 회복시키는 것이라 하겠다.

　이러한 순복음 신앙의 삼위일체적 영성은 한국교회와 신학에 지대한 영향을 주고 있다. 한국교회는 종교다원주의와 종교적 신비주의가 판을 치는 현재 별다른 신학적 대안을 제시하지 못하고 있다. 종교적 신비주의는 인간 자신의 수양과 노력에 의한 "천지인합인설"을 강조하지만, 순복음 신앙의 영성은 위격자이신 삼위일체 하나님과 교제하며 위격적 관계를 맺고 사는 삶을 의미한다. 이러한 삼위일체 하나님과의 위격적인 관계의 삶은 좋으신 아버지 하나님의 사랑을 체험하게 되며, 성령의 능력(empowerment)과 충만함을 받아서, 예수 그리스도를 믿고 그를 본받는 능력 있고 역동적인 삶을 살게 되는 것이다. 더 나아가서 순복음 신앙의 영성은 삼위일체 하나님과의 위격적인 관계의 체험을 통하여 변화된 삶을 살며, 구체적인 삶의 현장 곧 사회적 현실 속에서 하나님의 나라를 이룩하는 것이다. 그러므로 순복음 신앙의 영성은 종교적 신비주의가 추구하고 있는 열광주의, 금욕주의, 반지성주의, 극단적 개인주의, 주관적 체험주의, 분리주의, 등과 같은 것들을 지양하며, 오로지 삼위일체 하나님과의 올바른 위격적 교제의 관계를 회복시킨다.

2) 순복음의 "좋으신 하나님"에 대한 삼위일체적 신관은 한국교회에 내재되어 있는 "양태적 단일신론"의 위험성을 피할 수 있는 하나의 신학적 방법론을 제시한다.

　고신대의 유해무교수는 한국교회의 신관이 "단일신론적" 경향을 띠고 있음을 다음과 같이 말하고 있다: "비록 성부, 성자, 성령의 이름으로 세례를 받았지만, 대부분의 신자들은 일상적인 삶에서 사실상 '단일신론'을 따르고 있다. 우리는 매주일 마다 성부, 성자, 성령께 송영을 돌려드리며, 삼위 하나님의 축복을 받으면서 예배를 마치지 않는가. 그렇지만 삼위일체론이 거짓으로 판명된다 하더라도 기독교 경건 서적의 대부분 바뀌지 않을 것 같다… 성부, 성자, 성령 하나님의 사역을 차례로 고백하는 사도신경을 고백하면서도, 성도들의 머리에는 대개 '단일신론'이 자리잡고 있다."444) 또한 합동신학대학원의 김영재 교수도 한국교회의 많은 부흥사들과 일반 목회자들이 "사벨리우스의 양태적 단일신론"적 견해를 가지고 있다고 비판하면서, "한국 교회에 양태론적 삼위일체 이해가 보수적인 교회에까지 일반화되어 있는 것은 수정되어야 한다"고 강조한다.445)

초대교회는 하나님을 이해하는데 두 가지 다른 방식으로 이해하였다. 하나는 이교도들과 이단자들이 이해한 군주론적(혹은 단일신론적) 신론인데, 그들은 하나님을 단일한 절대자로서 떨림과 두려움의 대상으로 이해하고 있다. 다른 하나는 삼위일체적 신론인데 여기서 나오는 하나님은 엄하고 율법적인 두려운 하나님이 아니라, 예수 그리스도의 아버지로서 버림받은 자들에게 "긍휼을 베풀고" 언젠가 "그들의 눈에서 모든 눈물을 씻겨 내실"(계 21:4) 좋으신 하나님이시다.446) 여기서 제기될 수 있는 질문은 하나님이 "아버지"라고 지칭될 수 있는 것은 바로 그가 전능한 창조자와 만물의 주님이기 때문인가? 아니면 그가 독생자 예수 그리스도의 아버지이시기 때문인가? 첫 번째의 경우는 하나님을 전능자 혹은 두려움의 대상으로 경배한다. 하지만 두 번째의 경우는

---

444) 유해무, 삼위일체론, "어떻게 만들어진 교리인가," 『목회와 신학』 (2000년 10월호), 205.
445) 김영재, "한국교회의 삼위일체론," 『삼위일체론과 성령론』 (서울: 태학사, 1999), 237-38, 252.
446) 위르겐 몰트만, 『삼위일체와 하나님의 나라』 (서울: 대한기독교서회, 1998), 58-71.

"나를 본 자는 아버지를 본다"(요 14:9)의 말씀대로 예수 그리스도를 통하여 하나님 아버지를 알게 되는 것이다. 예수 그리스도를 통해서 계시되신 하나님은 두려움의 대상이 아니다. 예수 그리스도의 아버지는 사랑과 자비의 좋으신 하나님이신 것이다.447)

한국교회는 하나님을 이해하는데 있어서 삼위일체론적 하나님이 아닌 군주신론적 혹은 단일신론적 하나님 이해를 하려는 경향이 있다. 즉 하나님을 생명과 죽음을 지배하는 가부장적이며 두려움과 떨림의 대상으로서 이해하는 것이다. 이러한 하나님 아버지는 자상하시고 사랑하시는 하나님 아버지보다 힘있고 권력을 행사하시는 분이시다.448) 군주론적 하나님은 전능자 아버지를 가리키는데, 이러한 하나님은 세계의 주와 소유자로서 충만한 권위를 소유하며, 하늘과 땅의 모든 권세들에게 정당성을 부여한다.449) 그러므로 만물 위에 뛰어난 그는 두려움의 대상이 되어야 한다. 이러한 군주신론적 하나님은 하나의 단일신론적 하나님이지 삼위일체적 하나님은 아니다.

하지만 순복음 신앙과 신학은 삼위일체적 하나님 아버지 개념을 가지고 있다. 삼위일체적 하나님 아버지 이해는 공관복음서 구절에 있다: "아버지 외에는 아들을 아는 자가 없고, 아들과 또 아들의 소원대로 계시를 받은 자 외에는 아버지를 아는 자가 없느니라"(마 11:27). 요한의 신학은 더욱 세밀하게 삼위일체적 아버지에 대하여 서술하고 있다: "나를 본 자는 아버지를 보았다"(요 14:9). 왜냐하면 "나와 아버지는 하나"이기 때문이다(요 10:30). 하나님 아버지는 홀로 전능자로 계시는 분이 아니라, 그의 독생자 예수 그리스도의 아버지이다. **그의 아버지되심은 아들과의 관계를 통하여 규정된다.**

그러기에 그의 아버지되심은 오로지 아들의 역사 안에서만 계시된다. 우리가 고백하고 믿는 성경에 나타난 아버지라는 이름은 삼위일체

---

447) Ibid., 42-51.
448) Ibid., 32-38.
449) Ibid., 61.

적 이름이지 일반적으로 종교적, 정치적 혹은 군주적 표상은 결코 아니다. 만약 우리가 하나님을 삼위일체적 아버지로 이해하려면, 군주론적 하나님 개념을 버려야 하며, 아버지로부터 독생하신 예수 그리스도의 생애에 더욱 주목을 해야 한다. 김영재교수는 다음과 같이 표현하고 있다: "삼위일체라는 말을 비록 만족할 만하게 설명은 못한다고 하더라도 누구든지 사도들의 고백을 따라 예수 그리스도께서는 주님이시고 하나님의 아들이심을 시인하고 고백하면, 그는 실제로 삼위일체 교리를 믿고 있음을 알아야 한다."450)

예수의 "아바"로부터 시작하여 예수 그리스도의 아버지라는 표현에 이르기까지 분명해지는 점은, 하나님은 기독교적 방식에서 군주적으로가 아니라 오로지 삼위일체적으로만 아버지로 이해될 수 있다는 사실이다. 그러므로 한국교회는 하루 빨리 권위주의적이며 지배적 성격을 띠고 있는 군주론적 신관을 배제하고, 하나님을 사랑과 자비가 풍성하셔서 자기의 독생자(요 3:16)를 주신 "좋으신 하나님"으로 받아들여야 할 것이다. 영산은 오늘날 한국교회의 잘못된 하나님 개념에 대하 다음과 같이 말하고 있다: "오늘날 너무도 많은 강단에서 하나님을 잘못 소개하고 있습니다. 엄하고 무서운 얼굴로 오직 심판만 하기 위하여 기다리고 계시는 하나님을 소개합니다. 기독교 신앙 중에 가장 비극적인 것은 기대가 없는 신앙입니다. 이런 사람들은 마치 탕자 비유에 나오는 맏아들과 같아서 하나님 아버지를 '염소새끼 한 마리 주지 않는 아버지'로 생각하고 하나님의 부요에 대한 기대를 저버린 신앙입니다."451)

순복음 신앙의 하나님 개념은 삼위일체적 신론를 바탕으로 형성되었다. 순복음 신앙은 하나님 아버지가 무섭고 두려운 대상이 아닌 예수 그리스도의 아버지로서 자기 아들 예수 그리스도를 우리를 위해 보내주신 "좋으신 하나님 아버지"로 믿고 있다. "좋으신 하나님"에 대한 개념은 영산이 "오중복음과 삼중축복"의 개념을 형성할 수 있었던 중요한

---

450) 김영재, 『한국교회의 삼위일체론』, 251.
451) 조용기, 『삼박자구원』, 27.

개념이다. 영산은 하나님의 창조 세계와 섭리 그리고 현재도 "구하는 자들에게 좋은 것으로 주시는" 좋으신 하나님 아버지를 강조한다.452) 이러한 순복음의 삼위일체적 신관은 현대 한국교회에 많은 영향을 끼친 것이 사실이다.

> 3) 순복음의 삼위일체적 신앙과 신학은 그 동안 전통적 교회와 신학이 무시 해온 성령에 대한 새로운 신학적 지평을 열어주었다.

순복음 신앙의 삼위일체적 신학이 가장 뚜렷하게 한국교회와 신학에 공헌 한 것을 말하라면 필자는 서슴없이 순복음의 삼위일체적 성령론을 들것이다.453) 한국의 많은 목회자들과 신학자들이 서방신학(특히 어거스틴 신학)에 영향을 받아서 성령을 단지 신적인 힘이나 하나님의 영 정도로 인식하고 있을 때, 순복음 신앙과 신학은 그 누구보다도 더 담대하게 "성령의 위격성"을 강조하였다.454) 성령이 위격적인 존재라는 것은 삼위일체적 신학 말고는 달리 증명할 길도 없고 깨우칠 방법도 없는 것이다.

현대 삼위일체 논쟁의 가장 중요한 업적 중의 하나는 삼위 하나님의 존재론적인 위격의 개념(the concept of person)을 다른 개인들(other individuals)과 분리되는 개인(individual)의 개념이 아닌, 상호공유적(perichoretic) 위격의 개념으로 이해해야 한다는 것이다. 성부의 위격은 성자와 성령의 관계 속에서만 그 존재성을 유지할 수 있다. 성자의 위격도 성부와 성령과의 관계 속에서, 그리고 성령의 위격도 성부와 성자와의 관계 속에서 그 위격의 존재를 유지할 수 있는 것이다.

---

452) Ibid., 20-32.
453) 조용기, 『성령론』, 21-26.
454) 대부분의 현대 삼위일체론자들은 어거스틴의 삼위일체론을 비판하고 있다. 특히 어거스틴이 이해한 성령에 대해 의문을 제기하면서, 그의 성령 이해는 삼위의 한 위격체로서의 성령의 위치를 비위격적 존재로 격하시켰다고 보고 있다.

순복음 교단에 속한 한세대 최문홍교수는 그의 저서 누가의 성령론에서 성령의 위격성을 예수 그리스도와의 사역과 위격적 관계에서 설명을 하고 있다.455) 최교수는 예수의 세례와 시험 그리고 공생애의 모든 활동은 성령과의 위격적인 교제 가운데서 이루어 졌음을 강조하고 있다: "성령은 광야에서 40일 동안 마귀에게 시험을 받는 예수를 '인도'하신다. 여기서 성령은 분명히 위격적 활동을 하시는 분으로 묘사되어 있다. 다시 말해 성령은 '인도자'로 드러나고 있다. 성령은 시험 받는 예수를 내적으로 영감시키고 인도하신 '위격'이었다."456) 그러므로 예수는 성령과의 밀접한 위격적 교제 가운데 모든 일을 행하신 것이다. 또한, 예수의 부활과 승천 이후 성부 하나님과 성자 예수 그리스도는 성령과의 삼위일체적 관계 속에서 성령을 우리에게 보내주셨다: "내가 아버지께 구하겠으니 그가 또 다른 보혜사를 너희에게 주사 영원토록 너희와 함께 있게 하시리니…"(요 14:16). 성부와 성자가 영원하신 삼위의 위격적 관계 가운데서 우리에게 보내주신 성령은 하나의 힘이나 비위격적인 영이 아닌 위격적 존재이다.

성령께서 위격적인 존재라는 것은 영산의 설교와 강해집에서 수없이 강조되고 있다. 영산은 그의 최신의 저서 성령론에서 다음과 같이 성령의 위격을 강조하고 있다: "성도들은 성령님이 하나님의 영이신 것과 우리가 예수 그리스도를 구세주로 영접할 때 그 마음속에 오셔서 거하신다는 사실을 잘 알고 있다. 그러나, 성령님께서 위격을 지니신 분이시라는 사실을 알고 날마다 교제하며 살아가는 성도가 얼마나 될까? 우리는 성령님께서 위격을 지니신 하나님으로서의 교제의 대상이라는 사실을 결코 잊어서는 안된다."457) 이와 같이 순복음 신앙은 삼위일체의 한 위격체로서 성령을 이해한다. 성령은 소유의 도구가 아니라 위격적인 교제의 대상이며 사역의 동역자이다.

---

455) 최문홍, 『누가의 성령론』(군포: 한세대학교출판부, 2002), 83-94.
456) *Ibid.*, 89.
457) 조용기, 『성령론』, 7.

순복음 신앙과 신학은 역사적으로 성령을 비위격화시키면서 성령을 그 자신이 위격체가 아니신 하나의 힘이나 비위격체로 이해는 모든 견해들을 비판하면서, 한국교회들 가운데 무의식적인 차원에서 성령을 위격적인 존재가 아닌 비위격체로 이해하는 경향에 대해서 경고하고 있다: "우리가 무의식 중에 성령님을 어떤 힘이나 에너지, 능력 정도로 인식하고 하나의 수단과 방편으로 이용하려 하고 있는 것은 아닌가?"458) 순복음 신앙은 성령을 비위격화시키는 모든 경향들에 강한 경종을 울리면서 성령을 단순한 체험의 대상이 아닌 위격적인 하나님이요 동역자로서 이해하고 있는 것이다.

성령이 위격체라는 목회신학적인 순복음 신앙의 강조는 현대 한국 교회에 지대한 영향을 줄 수 있는 핵심적인 요소라 생각된다. 왜냐하면 성령의 위격에 대한 삼위일체적 이해 없이는 온전한 신학의 정립은 불가능하기 때문이다. 한 예로, 현대 삼위일체 신학자들은 한국교회가 지대한 영향을 받은 서방의 이위일체론(즉 성령의 위격을 무시하고 성부와 성자의 관계성만을 강조하는 신론)에 강한 비판을 가하면서, 온전한 삼위일체 신학을 정립하기 위해서 성령의 위격성을 회복시키고자 노력하고 있다.

또한, 순복음 신앙의 성령에 대한 삼위일체적 신학의 공헌은 무엇보다도 한국 교회 안에서 성령의 지속적 사역을 강조하는 성령론에 있다. 한국교회의 초창기 신학자와 목회자들은 구 프린스톤의 학파 워필드와 핫지의 성령론을 그대로 수용하여 이적과 기사는 사도시대만 국한된 것이며 성령의 사역은 초대 교회에만 국한된 것으로 간주하여 교회와 신학교에서 가르쳐 왔다. 순복음 신앙은 이러한 구프린스톤 학파의 성령론이 성경적이지 않으며 전통적인 삼위일체 교리를 제대로 이해하지 못한 것으로 지적한다. 성령사역의 지속성에 대한 순복음 신앙의 주장은 지극히 성경적이고 복음주의적이지만 한국 교권주의자들의 반대에

---

458) *Ibid.*,

부딪쳐 어려움을 당하기도 하였다. 하지만 순복음 신앙이 펼친 성령론의 진리성과 성경 적합성 때문에 20세기 후반에 가서 많은 한국 교회와 신학자들이 구프린스톤 학파의 입장을 버리고 순복음 신앙의 성령신학을 수용하고 있는 것은 매우 고무적인 일이다. 순복음의 성령론의 영향으로 이제는 한국의 목회자들과 많은 신학자들이 성령사역의 연속성을 인정하기에 이르렀다.

4) 순복음의 삼위일체적 신앙과 신학은 말씀(성자)과 성령의 신학을 강조한다.

순복음 신앙의 삼위일체적 신학은 "성자와 성령"의 관계를 상호보완적 관계로 이해한다. 전통적인 신학과 한국교회는 성자와 성령의 삼위일체적 상호보완의 관계를 무시하고 성령의 사역을 성자에게 종속시키는 종속론적 삼위일체의 영향을 받은 것이 사실이다. 역사적으로 성령은 성자께 종속적인 관계로만 이해되었지, 성경에 나타난 상호 보완적 관계로 이해되지 못하였다.459) 21세기 순복음 신앙과 신학이 한국교회와 신학을 위한 삼위일체적 전망을 한다면, 그것은 어느 한 쪽으로 치우치는 단편적인 신앙을 거부하고, 보다 상호 교제적 관계로서의 성자(말씀)와 성령의 신학을 강조하여야 한다는 것이다.

영산은 한 순간이라도 성자와 성령을 분리해서 이해하지 않고 있음을 다음과 같이 말하고 있다: "예수님께서는 이 땅에 오셔서 하나님 아버지의 뜻을 온전히 이루셨다. 예수님께서는 그 모든 일을 성령님의 능력을 힘입어 행하셨다."460) 영산은 예수께서 그의 전 생애 동안 행하신 모든 이적과 기적이 성령의 능력으로 행하셨음을 강조한다.461) 동시에

---

459) 핸드릭스 벌코후, 『기독교와 성령의 역사』, 이창우역 (서울: 기독교문서선교회, 1986), 11-14, 162-63.
460) 조용기, 『성령론』, 51.
461) *Ibid.*.

영산은 예수의 부활과 승천 이후 성령의 오심과 성령의 모든 역사는 성자 예수 그리스도와 밀접한 관계를 맺고 계시다는 사실을 강조한다: "제자들과 함께 계시면서 그들에게 하나님의 여러 가지 진리의 말씀을 해 주시던 예수님께서 승천하시면 보혜사 성령께서 강림하십니다. 성부 하나님께서 예수 그리스도 이름으로 보내실 성령은 자기 자신에 대해서 말씀하시지 않으시고 오직 예수 그리스도에 대해서 말씀하십니다. 즉 성령께서는 예수 그리스도의 십자가 보혈의 공로와 구원에 대해서 증거하십니다."462) 그러므로 순복음 신앙과 신학은 영산의 신학을 계승하여 성자와 성령이 내재적으로 상호 관계 속에서 존재하셨듯이, 구원의 계시 역사 속에서도 상호공유의 관계 속에서 함께 활동하신다는 것을 말하고 있다.

영산은 신약 성경 속에서의 성령과 예수 그리스도가 상호공유적 관계 속에서 구원의 사역을 완성하신다는 것을 강조한다.463) 영산이 예수의 생애 가운데 나타나신 성령의 능동적 사역을 공관 복음서에서 찾았듯이, 공관 복음서는 삼위일체의 상호 공유적 관계 속에서 성령을 예수의 탄생과 지상 사역을 이끄는 모습으로 묘사하신다.464) 성령이 메시야 위에 머물 것이라는 것은 메시야가 성령의 강림에 의해 결정된다는 것이다.465) 마태와 누가에 의하면 성령이 예수 위에 머물게 된 것은 그의 성육신 사건부터이다. 마태복음 1:20절에 기록되기를 "저에게 잉태된 자는 성령으로 된 것이라"고 성경은 말씀한다. 즉, 성육신의 사건은 성부 하나님께서 계획하시고 성령의 능력 가운데서 성자께서 우리의 인간성

---

462) 조용기, 『요한복음 강해(하)』, 123.
463) 조용기, 『성령론』, 51-107.
464) Ibid., 51-59. 또한, 이 관점은 동방신학자 보브린스코이에 의해 주장되고 있다. See. B. Bobrinskoy, "The Filioque Yesterday and Today," in *Spirit of God, Spirit of Christ*. Edited by L. Vischer (Geneva and London: WCC and SPCK, 1981), 133-48 and "The Indwelling of the Spirit in Christ: Pneumatic Christology in the Cappadocian Fathers," *St. Vladimir Theological Quarterly* 28 (1989), 49-65.
465) Ibid., 52.

을 취하신 삼위일체적인 사건이다. 성령은 예수의 세례 때도 예수의 머리 위에 비둘기 같이 임하시므로 하나님의 아들임을 성령이 확증하셨는데, 이것 역시 삼위일체 하나님의 역사인 것이다(마 3: 16-17). 시험을 받으실 때(마4:1), 그의 공생애를 시작하실 때(마12:28) 등등 공관복음서에서 성령은 삼위일체적 교제 속에서 그리스도의 사역을 이끄는 관계로 묘사된다.[466]

그러나 영산은 예수의 부활로 말미암아 성령이 아버지 하나님으로부터 예수를 통해서 우리에게 주어졌음을 강조한다. 영산에게 있어서 성령은 아들 예수 그리스도에 의해서 보냄을 받으시고, 성자의 뜻 가운데 활동하신다: "성부 하나님께서 예수 그리스도 이름으로 보내실 성령은 자기 자신에 대해서 말씀하시지 않으시고 오직 예수 그리스도에 대해서 말씀하십니다. 즉 성령께서는 예수 그리스도의 십자가 보혈의 공로와 구원에 대해서 증거하십니다."[467] 요한은 기록하기를 "내가 아버지께 구하겠으니 그가 다른 보혜사를 너희에게 주사…"(요 14:16), 또한 "내가 아직 너희와 함께 있어서 이 말을 너희에게 하였거니와 보혜사 곧 아버지께서 내 이름으로 보내실 성령 그가 너희에게 모든 것을 가르치시고 내가 너희에게 말한 모든 것을 생각나게 하시리라"(요 14:25-26)고 기록하고 있다. 예수는 삼위일체적 교제 속에서 아버지로부터 성령을 파송하시고 성령은 아들 예수 그리스도와의 교제 속에서 모든 제자들을 말씀으로 양육시키시는 것이다.

영산은 성령을 단독적으로 역사하는 분으로 이해하지 않는다. 다만 그는 성령을 그리스도의 보냄을 받은 분으로서 그리스도와 함께 일하고 계심을 말하고 있다. "그리스도의 영"이신 성령은 "우리 마음에 임재하셔서 우리에게 그리스도 예수를 믿게 해 주시고, 천국에 이르는 그날까지 승리하도록" 도와 주시는 분으로 설명하고 있다.[468] 누구든지 그리

---

466) Ibid., 52-57.
467) 조용기, 『요한복음 강해(하)』, 114-115, 123-24.
468) 조용기, 『로마서 강해』 (서울: 서울말씀사, 1997), 236-37.

스도의 영이 없으면 그리스도의 사람이 될 수 없으며, 예수를 구주로 고백할 수도 없는 것이다. 이는 구원의 사역 속에서 아들이 성령과 함께 우리의 구원을 주도하시는 분으로 이해하고 있다(롬 8:9; 고후 3:17; 갈 4:6; 빌 1:19). 또한 영산은 그리스도를 생명을 주는 영으로 이해한다:"… 부활하신 몸으로 승천하신 예수님께서는 지금도 '영'으로 우리와 함께 계십니다."[469]

순복음 신앙과 신학은 영산이 이해하는 것처럼 성자와 성령의 사역을 상호 배치되는 것으로 이해하지 않고, 상호 보완적 관계로 이해 한다. 세례 요한의 말 가운데서 "성령이 내려서 누구 위에든지 머무는 것을 보거든 그가 곧 성령으로 세례를 주는 이인줄 알라"(요 1:33)고 하였다. 예수께서 성령의 파송자(sender)가 될 수 있는 것은 오직 그가 최초로 성령을 받은 자(receiver)이며 성령을 담당한 자(bearer)이기 때문이다. 예수는 성령을 받으시고, 동시에 주시는 분이시다. 성자와 성령은 영원 전에 상호 관계적 관계로 존재하신 것과 마찬가지로, 계시된 구원의 역사 속에서도 동등한 자격으로 서로 도우며 상호 교제의 관계로 구원의 사역을 수행하고 계신 것이다. 이러한 말씀(성자)과 성령의 상호 보완적 관계를 회복시키는 것을 21세기를 향하는 한국교회와 신학에 순복음 신앙과 신학이 제시하는 정당한 제언이라고 말하고 싶다.

4. 마무리 글

순복음 신앙은 전통적인 삼위일체론의 영향을 받아서 하나님이 삼위일체되심을 누구보다도 강조하고 있다는 것을 말하였다. 이러한 순복음 신앙의 삼위일체적 이해는 영산의 "좋으신 하나님" 개념과 예수 그리스도의 속죄 사역 그리고 그의 성령 이해 가운데 확실히 드러나고 있음을 설명하였다. 영산의 신앙과 신학 전반에 걸쳐 나타나는 삼위일체

---

469) 조용기,『고린도후서 강해』(서울: 서울말씀사, 1997), 73-74.

적 신학은 순복음 신앙과 신학에 지대한 영향을 끼친 것이 사실이며, 현재의 순복음 교단은 영산의 삼위일체적 신학 방법론을 그의 신학의 핵심적인 요소로 받아들이고 있다.

한편, 영산의 삼위일체적 신학을 받아들인 순복음 교단은 현대 한국교회의 발전에 신학적 목회적 기여를 한 것임에는 의심의 여지가 없다. 그 예로 순복음 신앙의 "좋으신 하나님(성부)" 개념은 현재 대부분의 한국교회들이 그들의 신앙과 신학 가운데서 받아들이고 있는 중요한 신학적 주제들이다. 또한 순복음 신앙의 삼위일체적 성령론은 그 동안 신학의 한 구석에서 외면 당하신 성령의 존재를 오늘날 한국교회와 신학에 하나의 중요한 신학적 화두로 등장시키는 역할을 하였다. 그리고 순복음 신앙의 삼위일체 신학을 통해서 이해한 구원의 경륜 속에 나타난 "성자와 성령의 상호공유적 혹은 상호통전적 관계"는 21세기의 한국교회와 신학이 꼭 받아드려야 할 중요한 신학적 주제인 것이다. 진정한 교회는 좋으신 하나님의 사랑과 성령의 내주하심을 통해서, 그리고 성자의 주관하심과 영원한 보증하심을 통해서 온전한 공동체로서 자라간다. 이러한 순복음 신앙의 삼위일체적 신학을 가지고 20세기를 점검하고 도래하는 21세기를 맞이하는 것이 진정한 그리스도인들의 자세일 것이다.

4부 순복음 신학의 미래

제 11 장
순복음 신학이란?

　　조직신학이란 교회를 위하여 성경을 좀 더 깊이 있게 살펴서, 살아계신 하나님을 실제적 삶 가운데서 만나게 하고, 그 하나님을 찬미하고 즐거워하며 하나님을 힘써 예배하는 가운데 즐거운 삶을 누릴 수 있도록 성경을 주제별로 연구하는 것이다. 그래서 조직신학은 성경을 완성된 계시(a completed revelation)로 보고 성경 전체를 한 권으로 종합해서 연구한다.
　　순복음 조직신학(이하 우리 신학)은 그 신학적 기초를 성경에 두고 있으며, 오중복음과 삼중축복의 신학을 기독교 정통교리와 오순절 신앙의 전통을 바탕으로 해석한 복음적이며 성경적인 신학이다. 적지 않은 사람들이 순복음에는 신학이 형성되어 있지 않고 오로지 실천뿐이라고 생각을 하고 있다. 그러나 우리 신학이 실천적이라고 말할 때 그것은 결코 바른 신학을 무시한다는 의미가 아니다. 그것은 오히려 우리 신학은 바른 신학을 중요시 여기되 단순히 교리적 이해나 고백을 넘어서 그것의 실천을 지향한다는 의미이다. 신학적 이해가 없는 실천은 사실 공허하고, 실천이 없는 신학은 학문적 유희로 끝날 수 있다. 이런 의미에서 우리 신학은 사변적이지 않으면서도 실천적이고, 실천적이면서도 그 내용을 가지고 있는 "삶의 신학"이라고 할 수 있다. 우리 신학의 특징은 바른 교리에 입각한 실천적 신학이라는 것이다. 우리 신학의 특징은 다음과 같다.

하나, 우리 신학은 성경에 나타난 모든 진리의 말씀이 삼위일체 하나님에 의해서 영감 된 절대 무오한(inerrant) 하나님의 말씀임을 고백한다. 또한, 우리는 성경이 신앙과 행위에 있어서 우리를 완전히 충족시킬 수 있는 규범으로 믿는다.

둘, 우리 신학은 자신의 독생하신 아들 예수 그리스도를 우리의 죄를 위해서 화목제로 보내시고(요일 5:10), 성령을 보내시사(요 15:26) 우리가 그에 의해 거듭나고(요 3:5) 능력을 받도록 우리를 진실로 사랑하시는 "좋으신 하나님(성부)"을 믿는 삼위일체적 관점에서 성경의 가르침을 총체적으로 집결시켜 놓은 것이다. 우리 신학은 좋으신 하나님(성부)과 우리의 죄를 짊어지시고 대속하신 아들 예수 그리스도 그리고 현재 우리를 예수 그리스도와 아버지께로 인도하시고 능력 있는 삶을 살게 하시는 성령의 삼위일체적 사역을 믿고 고백한다. 좋으신 하나님(성부)을 아는 지식은 선포된 충만한 복음 안에서 나타나는데, 이 충만한 복음은 삼위일체 하나님의 사역으로서의 전인적 구속 사역에 관한 것이다.

셋, 우리 신학은 오순절 성령 강림의 체험은 중생과 구별되는 체험이며, 오늘날에도 계속적으로 일어나고 있음을 믿고 고백한다. 성령 세례로 나타나는 대표적인 현상은 방언을 말하는 것이며, 이 성령세례의 목적은 "증거(선교)를 위한 능력부여"에 있고, 이는 하나님 나라의 확장과 깊은 관계를 갖고 있음을 고백한다. 하나님의 나라는 인간의 능력이나 힘으로가 아니라 성령의 능력으로 임할 것이며, 성령은 그리스도인들로 하여금 세상에서 그리스도의 복음을 전파하고, 그의 몸 된 교회를 세워감에 있어서 맡은바 직분을 감당할 수 있도록 능력과 은사를 부여하는 것이다. 우리 신학은 하나님의 나라가 성령의 능력을 통해서 임하고 확장되고 있음을 고백한다.

넷, 우리 신학은 현재적 하나님의 나라와 내세중심적인 구원론의 관점을 좀더 성경적으로 해석한 것이다. 하나님은 우리의 구원을 미래에 완성될 영적인 구원에 한정하지 않으신다. 좋으신 하나님(성부)은 그 아들 예수 그리스도와 보혜사 성령을 통하여 우리의 구원을 전인적이며 현재적인 구원으로 이끄신다. 다시 말해서, 우리 신학의 구원론은 우리의 구원이 미래적이며 영적인 구원뿐만 아니라, 육체와 현재적 삶의 환경까지 예수 그리스도의 십자가의 효력이 미침을 강조한다. 이는 성경이 가르치는 구원론임을 우리 신학은 강조한다.

다섯, 우리 신학은 복음 안에서 인간을 전인적 존재로 이해한다. 하나님의 형상으로 창조된 인간은 영과 혼과 육으로 구성되어 있으며(살전 5:23; 히 4:12) 영육통일체이기 때문에, 영혼만이 소중하고 육체는 덜 소중할 수는 없다. 성경적 복음은 영적인 축복뿐만 아니라 육체적인 축복을 배제하지 않는다. 우리의 구원은 영적인 영역뿐만이 아니라 육체적이고 범사의 영역에까지 확대 되어야 한다. 그러므로 우리 신학은 인간의 영혼과 범사 그리고 육의 전인적인 구원을 말하고 있다(요한 3서 2절).

여섯, 우리 신학은 한국 서민들의 정서를 성경신학적으로 정립하였을 뿐만 아니라, 한민족의 문화를 수용하여 이 땅에 한국적인 기독교 신학을 정착시킨 복음적 신학이다. 우리는 한국 사람들의 "삶의 자리"의 필요를 채우는 신학적 특성을 지니고 있다. 우리 신학은 교회를 위한 신학이요, 한민족과 더불어 함께 살아가면서 사회에 기여할 수 있는 방법을 연구하는 "삶의 신학"이다.

마지막으로 우리 신학의 오중복음과 삼중축복은 성경과 전통적인 삼위일체 교리를 바탕으로 도출되었고, 서구신학의 영향을 벗어나서 나름대로 한국적 상황에 정착시킨 복음적인 신학이다. 오중복음과 삼중축복은 그 아들 예수 그리스도를 우리의 죄를 대속하기 위해서 보내주시고(요 3:16), 보혜사 성령을 우리에게 보내주심으로(요 15:26) 우리로 하여금 거듭나고 능력의 삶을 살도록 은혜를 베푸신 좋으신 하나님(성부)을 믿는 삼위일체적 신관에서 성경의 가르침을 총체적으로 집결시켜 놓은 복음적인 신학이다.

1. 순복음 신학의 성경론

성경은 역사적으로 가장 널리 읽히고 꾸준하게 가장 많이 팔린 베스트셀러 교양서적인가? 어떤 철학자는 성경을 가끔 읽는데 그 이유는 성경이 윤리적으로 상당히 좋은 말씀을 가르치고 있기 때문이라고 한다. 그에게는 성경이 단지 윤리를 가르치는 교양서적에 불과한 것이다. 하지만 성경은 우리에게 윤리적 교훈을 주는 것 이상의 것이다. 성경은 하나님 자신과 하나님이 하시는 일들을 알게 하는 바, 하나님의 특별계시요, 성령의 감동으로 기록된바 하나님의 생명의 말씀이다.

하나님께서는 성경의 예언의 말씀을 주심에 있어서 선지자들과 사도들을 성령으로 감동시켜 기록하게 하셨다(벧후 1:20-21). 성경의 말씀은 기록한 자들의 사사로운 생각에서 만들어진 것이 결코 아니다. 그래서 성경은 사람의 개인적인 생각을 가지고 해석해서는 안되는 것이다. 한편, 하나님께서는 성경을 기록하는 자들을 성령으로 감동시켰을 뿐 아니라, 모든 성경 자체도 성령의 감동으로 기록되게 하셨다(딤후 3:16). 그러므로 하나님의 특별계시인 성경은 성령의 감동으로 기록되었기 때문에 여러 세대에 여러 모양으로 여러 사람들을 통해서 주셨지만, 계시 내용상 질적으로 동일하고, 서로 유기적으로 통일되어 있으며, 문자적으로 오류가 전혀 없다. 성경은 성령의 감동으로 기록된 까닭에 다음과 같은 네 가지 특성들이 있다.

1) 성경의 권위

성경에는 신적 권위가 있다. 성경에 신적 권위가 있는 것은 사람이나 교회의 증거 때문이 아니요, 성경의 저자가 진리 자체이신 하나님이시요, 성령으로 감동되어 있기 때문이다. 그러므로 성경에 있는 모든 말씀이 하나님의 말씀으로서, 성경의 어느 한 말씀에 불순종하거나 불신하는 것은 곧 하나님을 불신하고 불순종하는 것이라는 의미이다. 순복음 신학이란 성령의 감동하심으로 기록된 하나님 계시의 말씀을 온전히 믿고 받아들이는 것을 가리킨다. 성경은 그 자체가 진리이기 때문에 사람을 거듭나게 하고 변화시키는 권위가 있고, 신앙과 생활의 규칙과 규범으로서 권위가 있다(벧전 1:23; 히 4:12).

2) 성경의 명확성

성경에 있는 모든 것들은 그 자체가 한결같이 명백하거나 모든 사람에게 한결같이 분명하게 받아들여지는 것은 아니다. 하지만 일반적으로 성경의 대부분이 이해하기 어렵다고 생각하는 것은 잘못이다. 성경은 일반 신자들이 이해할 수 있도록 기록되었음을 자주 강조한다. 성경은 심지어 우둔한 자까지도 바로 이해케 하여 지혜롭게 만든다고 했다. "여호와의 증거는 확실하여 우둔한 자로 지혜롭게 하며"(시 19:7)라는 말씀이 있다. 또한, "주의 말씀을 열므로 우둔한 자에게 비취어 깨닫게 하나이다"(시 119:130)라는 말씀도 있는데, 여기서 우둔한 자란 단순히 지적 능력이 부족한 자가 아니라 분별력이 없고, 실수하기 쉬우며, 잘못된 길로 인도되기 쉬운 자를 가리킨다. 하나님의 말씀은 매우 이해하기 쉽고 분명하므로 이런 사람까지도 지혜롭게 만들 수 있다. 그러므로 성경의 명확성은 성경의 가르침이 하나님의 도우심을 구하며 순종하기를 원하는 모든 사람들에 의해 이해될 수 있도록 성경이 기록되었다는 의미이다.

그러나 성경을 읽는 자가 성령의 도움을 받지 못하여 믿음이 없거나 마음이 굳어져 있으면 읽어도 깨닫지 못한다(눅 24:25). 이는 성령님이 성경에 빛을 비추어 성경으로 밝히 말씀하게 하시고, 성경이 살아 있고 운동력이 있게 하여 우리 마음의 눈을 열어 주시기 때문이다(시 119:105; 엡 1:17-18). 그렇기 때문에, 우리는 항상 성령 안에서 살고 매 순간 마다 성령님의 도움을 간구하여야 한다.

3) 성경의 필요성

　성경이 없어도 사람들은 하나님과 그가 보내신 자 예수 그리스도를 제대로 알고 구원에 이르는 지식을 가질 수 있는가? 법 없어도 양심만으로 살 수 있어 보이는 사람이 성경 없이도 구원받는다고 볼 수 있는가? 그럴 수 없다. 성경 없이는 어떤 사람이라도 하나님과 그가 보내신 자 예수 그리스도를 알 수 없으며, 구원에 이르는 지식을 얻을 수가 없다. 이는 본성의 빛과 창조와 섭리에 나타난 모든 것들은 하나님과 그 뜻을 아는 지식을 주는데 있어서 부족하여 구원에 이르는 지혜를 줄 수가 없기 때문이다. 오직 성령의 감동으로 쓰여진 성경만이 우리로 하여금 예수 그리스도로 말미암아 구원을 얻게 하신다. 사도 요한은 다음과 같이 성경의 필요성을 강조한다: "오직 이것을 기록함은 너희로 예수께서 하나님의 아들 그리스도이심을 믿게 하려 함이요, 또 너희로 믿고 그 이름을 힘입어 생명을 얻게 하려 함이라"(요 20:31).

4) 성경의 충분성

　성경의 충분성이란 하나님께서 구원의 각 단계마다 그의 백성들이 소유하도록 하신 모든 말씀이 성경에 기록되어 있음을 의미한다. 따라서 현재 구원과 하나님을 온전히 믿고 순종하도록 하는데 필요한 모든 말씀이 성경에 있다는 것이다. 이는 곧 우리를 향한 하나님의 뜻을 오직 성경에서만 찾아야 하며, 하나님께서 성경을 통해 말씀하신 것이 우리를 위해서 충분하다는 것이다. 순복음 신학은 성경을 통해서 보여주신 하나님의 뜻이 우리의 영혼이 잘되고, 범사가 잘되며, 강건하여지는 것이라 믿는다(요삼 1:2). 성경에 말씀되어진 대로만 믿고 순종하면 우리의 영혼과 범사의 잘됨과 강건한 축복을 넉넉히 얻으며, 온전하게 성숙하여 하나님의 뜻에 순종할 수 있게 되는 것이다. 그러므로 구원과 신앙생활을 위해서 성경 밖으로 넘어가 하나님의 뜻을 구하려 할 필요가 없으며(고전 4:6), 새로운 계시를 얻으려 할 필요도 없는 것이다. 우리의 구원과 신앙과 생활을 위해서는 오직 성경만으로(sola scriptura) 충분하다.

2. 순복음 신학의 신론

신학(theologia)은 삼위일체 하나님에 관한 것을 설명하고 가르치는 학문을 의미하기 때문에, 신학에서 가장 중요한 것은 하나님에 대한 바른 인식이다. 우리가 믿는 하나님은 일반 종교에서 말하는 "궁극적 실재", "초경험적 실재" 혹은 "두려움의 대상"을 의미하는 것이 아니다. 우리의 하나님은 삼위일체 하나님이시다. 그러므로 신학은 하나님을 삼위일체로 이해하는 것에서 출발한다.

그러면, 삼위일체이신 하나님이란 어떠하신 하나님을 의미하는 것일까? 정통신학은 삼위일체를 다음과 같이 설명한다: "하나님은 성부와 성자와 성령의 세 위격체로 존재하시지만 그 본질과 실체에 있어서는 하나의 신적 본질로 존재하시는 한 하나님이시다." 사실 삼위일체 하나님을 논리적으로 설명하거나 이해하기는 보통 어려운 일이 아니다. 초대교회는 삼위일체 하나님을 성도들에게 쉽게 이해시키기 위하여 하나님의 구원사역을 중심으로 삼위일체 하나님을 설명하였다. 그 대표적인 예가 사도신경이다(사도신경은 성부와 성자와 성령의 사역을 구원 역사적으로 서술하고 있다). 하지만 신학이 발전되면서 구원의 하나님은 철학적이고 형이상학적인 하나님으로 대치되었고, 성도들은 자연히 성경에 계시되신 구원의 하나님으로부터 점점 멀어지기 시작하였다. 그래서 오늘날에도 삼위일체라는 말을 꺼내면 먼저 성도들은 "어렵다", "이해하기 힘들다"라고 생각하면서 삼위일체에 대한 거부감을 먼저 나타내는 것이 현실이다. 하지만 삼위일체 하나님에 대한 올바른 신앙을 갖지 않고 좋은 성도가 될 수는 없다. 우리는 어떻게 하든 삼위일체 하나님에 대한 올바른 지식을 가지고 있어야 한다. 이런 관점에서 순복음 신학은 현대교회와 성도들에게 성경적인 하나님 이해의 길을 제시한다.

삼위일체를 접근하는 순복음의 신학적인 설명들은 구원사적이요, 실천적이며, 성경적이라는 특징을 가지고 있다. 순복음 신학의 핵심은 요한삼서 1장 2절을 바탕으로 탄생한 삼중축복의 신앙이다. 순복음의 삼중축복 신앙이 여의도순복음교회와 한국교회의 부흥에 큰 기여를 하였다는 것에 의문을 제기하는 사람은 아마도 찾아보기 힘들 것이다. 하지만 삼중축복의 신학적 근거가 삼위일체 교리라고 생각하는 사람은 많지 않을 것이다. 순복음 신학은 삼위일체 하나님을 이해하기 위하여 철학적이고 사변적인 방법을 도입하지 않는다. 단지 성경에 계시되신 하나님과 그분의 말씀(요삼 1장 2절)을 믿고 따를 뿐이다.

1) "좋으신 하나님"(성부)

순복음 신학의 삼중축복 교리는 성부 중심적이다. 먼저 순복음 신학은 삼중축복의 교리를 "좋으신 하나님"(성부)에 기초하고 있는데, 성부 하나님이 좋으신 이유는 그가 그의 독생자 예수 그리스도를 우리에게 보내셔서 십자가에 못 박혀 돌아가게 하시고 부활하게 하심으로 죽어 마땅한 우리들을 구원하셨기 때문이다. 하나님 아버지가 좋으신 이유는 그가 그 아들을 우리에게 보내주셨기 때문이고, 아버지의 보내신 자 예수 그리스도를 통해서만이 우리는 또한 좋으신 하나님을 만날 수 있는 것이다. 그러므로 순복음의 삼중축복은 아버지 하나님과 그 아들 예수 그리스도의 삼위일체적 관계를 통해서 그 신학적 정당성을 입증하고 있다.

2) 구속자 예수 그리스도(성자)

순복음의 신학은 예수 그리스도 중심적이다. 영산 조용기 목사는 그의 저술에서 성경의 권위가 근본적으로 복음의 주체인 예수 그리스도에게 뿌리박고 있다는 것을 명백하게 보여준다. "나는 성경을 읽고 또 읽으면서 한 가지 놀라운 사실을 발견했습니다. 성경에서 강조하는 것은 체계적인 철학이나 의학 이론, 또는 종교적인 의식이 아니었습니다. 인상적으로 반복되는 한 가지 주제는 예수 그리스도였습니다." 순복음의 신학은 모든 성경의 말씀이 예수 그리스도를 증거하고 있다고 이해한다.

이러한 예수 그리스도 중심의 순복음 신학은 좋으신 하나님과 삼중축복의 사상에 강하게 나타나고 있다. 순복음의 좋으신 하나님은 홀로 존재하시는 쓸쓸한 하나님이 아니라 예수 그리스도의 아버지이시다. 순복음 신학은 삼중축복 속에 내재되어 있는 신학적 명제 "좋으신 하나님"을 예수 그리스도의 십자가를 통해서 설명한다. 하나님은 좋으신 하나님이시기 때문에 단지 예수 그리스도를 통해서 우리의 영혼만 구원하시는 것이 아니라, 그의 아들 예수 그리스도를 통해서 우리의 영혼이 잘됨 같이 범사가 잘되며 강건한 축복을 허락하시는 것이다. 그러므로 순복음의 삼중축복은 좋으신 하나님 아버지와 그 아들 예수 그리스도의 삼위일체적 관계를 통해서 본 삼위일체적 신학이라 할 수 있다.

3) 보혜사 성령

순복음의 삼중축복에 있어서 성령의 사역은 무엇보다도 중요하게 다루어진다. 성경에서 말하는 삼중축복으로 들어가기 위해서는 좋으신 하나님(성부)를 만나야 하는데, 좋으신 하나님은 오직 그 아들 예수 그리스도를 통해서만 만날 수 있는 것이다. 하지만 우리가 예수 그리스도를 자의적으로 믿을 수 있는가? 대답은 "아니오"이다. 성령은 예수를 드러내고 증거하며, 예수께서 행하신 모든 것을 생각나게 하시고 가르치시며 우리를 삼중축복의 진리 가운데로 인도하신다. 성령의 사역을 통해서 그리스도인들은 온전히 예수께로 인도되고, 예수 그리스도를 통해서 좋으신 하나님을 만나게 되는 것이다. 그러므로 우리는 순복음의 삼중축복의 교리에서 좋으신 하나님(성부)과 우리의 죄를 짊어지시고 대속하신 아들 예수 그리스도 그리고 현재 우리를 예수 그리스도와 아버지께로 인도하시는 성령의 삼위일체적 사역을 찾아볼 수 있다.

3. 순복음 신학의 인간론

인간은 누구나 자신의 내면 깊은 곳에서 "나는 누구인가?"라는 질문을 한다. 이 질문에 대하여 학자들은 인간을 자신이 추구하는 바의 완성을 위해 이 세상 너머의 그 무언가에 의존하고 있는 존재로 결론을 짓는다. 성경은 하나님이 온 우주의 창조주이심을 선포하며 인간이 하나님의 형상을 따라 피조된 피조물임을 선포한다(창 1:1, 26-27). 필자는 이 글을 통하여 성경에 나타난 하나님의 형상으로 창조된 인간이 무엇을 뜻하는지 고찰해 보고자 한다. 그리고 하나님의 형상 파괴, 즉 죄에 대하여 논하고, 마지막으로 그리스도를 통한 하나님의 형상 회복이 무엇을 의미하는지 밝히고자 한다.

성경의 가르침에 따르면, 인간은 하나님의 영광스런 형상으로 피조된 인격체요, 영/혼/육의 통일체요, 공동체적 존재이다.

첫째, 하나님의 형상인 인간은 하나님이 영화와 존귀로 관을 씌워 만드신 영광스런 피조물이요(시 8:4), 지성과 감정과 의지를 갖춘 인격체이다. 하나님은 인간을 흙으로 만드시고(시 103:14) 그 코에 호흡을 불어넣으셨다(창 2:7). 하나님이 흙으로 만드신 인간은 하나님이 직접 빚어 코에 호흡을 불어넣으신 까닭에 의존적 존재이다. 인간은 하나님을 의지하지 않고서 하나님 없이 살수 없다. 시편 기자가 고백한 대로, "내가 주의 신을 떠나 어디로 가며 주의 앞에서 어디로 피하리이까?" (시 139:7). 하나님의 은혜와 도우심이 없으면 사람은 사람다울 수가 없고 삶도 무의미하다. 그래서 어거스틴은 고백하기를 "우리의 마음이 하나님 안에서 안식을 얻어야만 평안을 누릴 수 있다"고 했다.

둘째, 하나님의 형상인 인간은 영육통일체의 전인적 존재이다. 하나님의 형상으로 창조된 인간은 영과 혼과 육으로 구성되어 있으며(살전 5:23; 히 4:12) 영육통일체이기 때문에, 영혼만이 소중하고 육체는 덜 소중할 수는 없다. 전통적 신학은 육체와 영혼이 분리되어 존재하는 것으로 주장한다(이분설). 이분설을 주장하는 학자들은 육체를 영혼의 감옥으로 생각하면서, 정신적이거나 영적인 것은 고상하고 선한 반면에 육적인 것은 저급하고 악하며 육체를 죄의 통로라고 주장한다. 하지만 성경이 가르치는 바에 따르면, 인간은 비물질적인 영혼과 물질적인 육체로 구성되어 있으나, 영혼과 육체가 분리될 수 있는 형태로 몸을 구성하고 있는 것이 아니라, 비록 죄의 삯인 죽음으로 인하여 일시적으로 분리되는 기간이 있지만, 심판 날에 육체가 부활하여 신령한 몸을 입는 데서 알 수 있듯이, 영/혼과 육체는 유기적으로 통일되어 사람을 이루고 있다.

그래서 성경적 가르침은 영적인 축복뿐만 아니라 육체적인 축복을 배제하지 않는다. 우리의 구원은 영적인 영역뿐만이 아니라 육체적이고 범사의 영역에까지 확대 되어야 한다. 순복음 신학은 성경을 따라서 인간의 영혼과 범사 그리고 육의 전인적인 구원을 말하고 있다(요한 3서 2절).

셋째, 성부와 성자와 성령의 삼위일체 하나님은 서로 사귐과 섬김을 나누는 사랑의 위격 공동체이시기 때문에, 하나님의 형상으로 창조된 인간도 서로 간에 섬김과 사귐의 사랑을 나누며 살아야 하는 공동체적 존재이다. 삼위일체 하나님은 인간을 자기의 형상으로 창조하실 때 남자와 여자로 만드셨다: "하나님이 자기 형상 곧 하나님의 형상대로 사람을 창조하시되 남자와 여자를 창조하시고"라는 창세기 본문(1:27)은 인간이 다른 사람들과의 공동체를 형성하며 살아가도록 창조되었음을 의미한다. 즉, 우리는 "공동체적 존재"가 될 때 비로소 인간의 참된 정체성을 발견할 수 있다.

하지만 하나님의 형상으로 창조된 인간은 하나님께서 "동산 각종 나무의 실과는 네가 임의로 먹되 선악을 알게 하는 나무의 실과는 먹지 말라 네가 먹는 날에는 정녕 죽으리라"(창 2:16-17)는 하나님의 말씀을 불순종함으로 죄를 범한 것이다. 아담의 범죄로 말미암아 그 죄는 온 인류에 유전되었고(신학적 용어로 원죄라고 함), 하나님과 인간의 인격적 관계는 파괴되었으며, 모든 인간은 타락된 존재로 이성과 양심이 어두워져 하나님을 찾지도 아니하고(롬 3:11), 마음에 하나님 두기를 싫어하며(롬 1:28), 그 생각이 허망해져 하나님께 영광을 돌리지 아니하고, 감사하지도 아니하며(롬 1:21), 하나님을 사랑하기보다는 자기 자신과 쾌락과 돈을 더 사랑하게 되었다(딤후 3:1-4). 이러한 타락의 결과로 인간은 하나님과 원수가 되었으며(출 23:22; 사 63:10), 죄책감에 괴로움을 당하고, 하나님의 형벌 가운데 육체적인 죽음(롬 5:12; 히 9:27)과 영적인 죽음을 맞보게 되었다. 다시 말해서, 인간은 죄로 말미암아 영혼이 하나님의 심판을 받았고, 범사가 저주 안에 있으며, 육체가 병들어 죽게 된 것이다.

하지만 하나님께서는 아담을 통해 전가된 인간의 죄를 대속하시기 위해서 그 아들 예수 그리스도를 우리에게 보내주셨는데(마 1:21; 요 3:16), 이것이 바로 타락한 인간에 대한 하나님의 복된 소식이며 하나님의 절대적 은혜이다. 예수 그리스도는 완전한 하나님의 형상이셨으며(골 1:15), 그 안에 죄도 없으시고 흠도 없으셨지만(히 4:15; 벧전 1:19; 요일 3:5), 온 인류의 죄를 짊어지시고 십자가에서 죽으시고 사흘 만에 부활하셨다. 이제 우리는 그리스도로 말미암아 하나님 앞에서 죄사함을 얻고, 그리스도 안에서 온전한 하나님의 형상을 회복한 것이다(롬 8:29). 예수 그리스도로 말미암아 회복된 하나님의 형상인 인간은 "영혼이 잘됨같이 범사에 잘되고 강건한" 삼중축복을 누릴 수 있는 새로운 피조물로 변화된 것이다(고후 5:17). 할렐루야!

4. 순복음 신학의 기독론

순복음 신학의 기독론은 사도신경에서 진술되었고, 니케아와 콘스탄티노플 신조(주후 381년)에서 다듬어졌으며, 칼케돈 신조(주후 451년)에서 완성된 정통적인 기독론을 믿고 고백한다. 칼케돈 신조에서 완성된 기독론은 "신성과 인성이 완전하여 성부와 동일본질(homoousios)이시며 참 하나님이시고, 성령으로 잉태되사 모든 면에서 우리와 같은 이성적 영혼과 육체를 가지셨지만 죄는 없으신 참 인간이신 한 분 예수 그리스도를 믿고 고백한다." 칼케돈 신조서에서 고백된 기독론은 이성적 영혼과 육체를 가지시고 우리와 같이 완전한 인간(눅 2:7, 40, 52; 요 19:28; 마 4:2, 11)이신 바로 그 예수 그리스도가 영원 전부터 존재하셨던 하나님(요 1:1, 10:30, 20:28; 롬 9:5; 빌 2:6; 골 2:9)이심을 고백하는 전통적인 교리이다.

하지만 칼케돈 기독론은 그 신앙의 뿌리를 사도 베드로의 신앙고백 "주는 그리스도시요 살아계신 하나님의 아들이시니이다"(마 16:16)에 두고 있다. 베드로가 고백한 신앙고백은 첫째로 나사렛 예수가 그리스도 곧 메시야로서 온전한 인간이 되셔서 성령으로 세례를 받고 우리의 죄를 대속하시는 분이라는 고백이며, 둘째로 비록 그리스도이신 예수께서 우리의 죄를 대속하시고 고난 받으시고 죽으시지만, 그 분은 하나님의 아들로서 죽음과 사망의 권세를 이기시고 부활하신다는 고백이다. 예수께서는 베드로의 신앙고백을 다음과 같이 설명하셨다: "이때로부터 예수 그리스도께서 자기가 예루살렘에 올라가 장로들과 대제사장들과 서기관들에게 많은 고난을 받고 죽임을 당하고 제 삼일에 살아나야 할 것을 제자들에게 비로소 가르치시니"(마 16:21). 예수 그리스도는 타락한 인간의 죄를 대속하시기 위하여 구약에 예언된 메시야로 오셨고(사 53장), 우리의 죄와 허물을 위하여 고난당하시고 십자가에서 죽으셨다. 하지만, 그 분은 하나님의 아들로서 죽음을 이기시고 사흘 만에 부활하시므로 우리의 부활의 주가 되셨다. 할렐루야!

순복음 신학은 성경을 따라서 예수 그리스도에 대한 신앙을 다음과 같이 고백한다. 첫째, 나사렛 예수는 우리의 죄를 대속하시는 그리스도 곧 메시야이시다. 여기서 중요한 것은 메시야이신 예수는 완전한 인간이시라는 사실이다. 성경은 예수의 탄생, 삶, 죽음에 이르기까지 그가 인간의 육체적 특성을 가지셨다는 사실을 보여준다. 예수님은 지혜와 키가 자라는 유소년기를 거쳤다(눅 2:52). 그는 배고픔(마 4:2), 목마름(요 4:7; 19:28), 피곤함(요 4:6) 등을 보통 사람들처럼 느끼셨고, 육체적 고통을 당하면 아파하셨다(요 19:34). 그는 사랑을 느낄 줄 알았고(요 11:3), 기쁨도 알았으며(요 15:11; 17:13), 슬퍼 괴로워하기도 하고(마 26:37), 때로는 울기도 하셨다(요 11:35). 그러므로 이사야 선지자는 장차 오실 메시야에 대하여 다음과 같이 예언하고 있다: "그는 멸시를 받아서 사람에게 싫어 버린바 되었으며 간고를 많이 겪었으며 질고를 아는 자라… 그는 실로 우리의 질고를 지고 우리의 슬픔을 당하였"(사 53:3-4)다고 하였다.

사실 신약성경의 사도들에 의하여 이사야 52:13-53:12은 고난 받는 메시야론의 근거본문으로 해석되었고, 나사렛 예수의 죽음을 대속적 죽음이라고 해석한다. 메시야이신 나사렛 예수께서는 인간이 지은 죄의 형벌을 위하여 자신을 희생제물(고후 5:21; 히 10:12)로 드림으로써, 죄와 형벌이 자신에게 전가되게 하시고, 죄인들을 위한 의로움의 근거가 되셨다: 즉 우리는 "그리스도 예수 안에 있는 구속으로 말미암아 하나님의 은혜로 값없이 의롭다하심을 얻은 자"가 되었다(롬 3:24). 또한, 그리스도 예수의 속죄(atonement)는 하나님의 진노를 가라앉게 하시는 화해제물(propitiation)로 하나님과 인간의 온전한 화해를 이루셨고(요일 2:2; 4:10), 우리의 저주와 형벌을 대신하여 십자가에서 희생제물이 되셨다: "이와 같이 그리스도도 많은 사람의 죄를 담당하시려고 단번에 드리신바 되셨고 구원에 이르게 하기 위하여 죄와 상관없이 자기를 바라는 자들에게 두 번째 나타나시리라"(히 9:28).

둘째, 나사렛 예수는 그리스도 즉 메시야로서 우리의 죄를 대속하기 위하여 고난 받고 십자가에서 죽으셨지만, 그는 하나님의 아들로서 죽음을 이기시고 부활하셨다. 시편 2편에서 "너는 내 아들이다"라고 선언하신 하나님께서 부활을 통해 나사렛 예수를 능력의 아들로 보좌 우편에 앉게 하셨다. 여기서 중요한 것은 하나님의 아들이신 예수 그리스도의 부활은 그가 본래 하나님이심을 증명하고 있다는 것이다. 요한은 그의 복음서를 기록함에 있어서, 예수의 족보를 소개하는 대신에 그가 태초에 하나님과 함께 계신 말씀이요, 그 말씀이 곧 하나님이심을 선언했고(요 1:1), 그가 창조주이시요(요 1:3), 생명자체이시며(요 1:4), 생명을 주러 오신 분(요 10:10)이라고 했다. 또한 바울은 고백하기를 "그는 근본 하나님의 본체"(빌 2:6)이시고, "만물 위에 계셔 세세에 찬양을 받으실 하나님"(롬 9:5), "그는 보이지 아니하시는 하나님의 형상이요"(골 1:15), 그리고 "그 안에는 신성의 모든 충만이 육체로 거하시고"(골 2:9)라고 했다.

그러므로 영원한 하나님의 아들이시며 그리스도(메시야)이신 나사렛 예수는 죽음을 이기시고 부활하실 수 있었고, 그의 부활을 통해서 우리도 그의 부활에 참여하여 하나님의 아들이 되도록 하셨다. 예수님의 부활이 우리 부활의 첫 열매인 이유는 바로 여기에 있다: "그러나 이제 그리스도께서 죽은 자 가운데서 다시 살아 잠자는 자들의 첫 열매가 되셨도다"(고전 15:20). 예수님이 부활하심으로 우리는 죄와 사망의 권세를 이길 수 있고(고전 5:56; 롬 8:35), 새 생명을 얻어 누리게 되며(롬 4:25), 예수가 부활의 첫 열매이기에 우리 자신의 육체의 부활을 확신케 된다: "나는 부활이요 생명이니 나를 믿는 자는 죽어도 살겠고 무릇 살아서 나를 믿는 자는 영원히 죽지 아니하리니 이것을 네가 믿느냐"(요 11:25-26). 아멘! 주여 내가 믿나이다.

5. 순복음 신학의 성령론

많은 신학자들이 한때 성령에 대하여 "잊혀진 인격"이라는 말을 공공연히 사용하였다는 사실은 성령의 인격과 사역에 대한 무관심과 무지가 어느 정도였는지를 그대로 보여주고 있다. 성부와 성자와 동등한 삼위일체 하나님의 한 인격체이심에도 불구하고 성령의 인격은 상대적으로 소외되었고 외면당해 왔다. 하지만 20세기 초에 나타난 오순절 운동과 삼위일체 교리의 부활은 그동안 잊혀져 왔던 성령의 인격에 대한 신학적 관심을 이끌어 내었다.

　순복음 신학의 성령론은 정통교리를 따라서 삼위일체의 한 인격으로서 성령의 인격성을 강조한다. 성부와 성자께서 온전한 인격체이심과 같이 성령께서도 온전한 인격체이시다. 또한 순복음 신학의 성령론은 온전한 인격체신 성령과의 인격적인 교제가 필요하며, 성도들은 성령과의 인격적인 교제를 통해 개인의 신앙생활과 복음 사역을 능력 있게 수행할 수 있다는 것을 강조한다. 다시 말해서, 순복음의 신학의 성령론은 삼위일체 하나님의 한 인격이신 성령의 인격성을 강조하며, 성령과의 인격적인 교제를 통하여 성령의 능력 안에서 하나님의 임재를 경험하며 그리스도가 우리 안에 살아 계심을 믿고 하나님을 예배하며 그에게 영광을 돌리고 날마다 그리스도의 복음을 증거 하는 능력의 삶을 의미한다.

1) 인격적 존재로서의 성령

　성부 하나님께서 한 인격체이시요, 성자 예수 그리스도께서 한 인격체이신 것처럼 동일한 의미에서 성령께서도 한 인격체라는 사실은 성경의 근본적 계시이다. 또한 성경은 성부와 성자께서 예배와 존경, 사랑과 순종을 사람들에게서 받으셔야 할 하나님이심과 같이 성령께서도 동일한 본질적 신성을 지니신 하나님이심을 나타내고 있다. 그 밖에 다른 방법으로 성령을 생각하는 것은 성령께 대한 모독과 불신앙의 죄이다.

　성경은 성령에 대한 호칭을 인칭대명사로 사용하고 있다. 요한복음 16장 7-8절에서 예수는 장차 성령이 임할 것과 성령의 사역을 제자들에게 설명하면서 성령을 "보혜사"와 "그"로 호칭하였고, "내가 그를 너희에게 보내리니 그가 와서 죄에 대하여 의에 대하여 심판에 대하여 세상을 책망하실 것"이라고 묘사하고 있다. 이처럼 성경은 성령이 예수 그리스도와 동일한 인격적 존재라는 것과 성령의 사역을 인칭 대명사로 묘사함으로서 성령께서 인격적 존재임을 분명히 밝히고 있다.

또한, 성령의 인격성은 성경에 나타난 삼위일체 하나님의 인격적 관계성 안에서 증명될 수 있다. 성부와 성자와 성령의 삼위일체 하나님은 본질적으로 한 하나님이시지만, 인격적으로 성부와 성자와 성령의 "인격 공동체"를 형성하시며 각 인격은 각각의 독특하게 구별되는 정체성을 유지하면서도, 어느 한 인격도 다른 두 인격들과는 분리되어서 존재하실 수 없다. 한 본질이시며, 세 분의 위격체로 존재하시는 삼위일체 하나님은 영원부터 인격적으로 서로 사랑하시고 섬기시며 교제하시는 분이시다. 이렇게 역동적인 상호공유의 관계 가운데 존재하시는 내재적 삼위일체 하나님은 창조와 구원의 역사 속, 즉 경륜적 삼위일체의 관계 속에서도 각 인격의 공동체적 본질을 계시하신다. 성령은 오직 예수 그리스도 안에서 그리고 그분을 통해서 온전한 인격체로 계시되시고, 예수 그리스도는 성령과의 인격적인 관계 가운데서 우리 가운데 계신다.

2) 인격적 존재이신 성령과의 교제

성령의 인격성은 우리로 하여금 성령에 대한 올바른 이해를 제공하는 중요한 신학적 개념이다. 인격적 존재란 결코 경험의 대상으로만 취급되는 대상이 아니라 함께 교제해야 함을 의미한다. 성령이 인격적 존재라는 의미는 성령께서 하나님의 백성들과 함께 교제하기를 원한다는 것을 뜻하며, 우리가 성령과 항상 교통을 하여야 한다는 것을 의미한다. 그러므로 우리는 "성령님! 인정합니다. 환영합니다. 모셔들이고 의지합니다"라는 고백을 항상 하여야 한다. 이것은 성령이 인격적 존재임을 고백하는 믿음의 증거인 것이다. 그렇다면 성령과의 교제는 무엇을 의미하는가?

첫째, 성령과의 교제는 펠로우십(fellowship)으로 친목을 의미한다.

성령은 인격적인 하나님이시기 때문에 친목이 있어야 한다. 성령이 임재해 있는데 성령과 아무 대화도 없고, 친목도 없고, 교통도 없으면 우리는 성령과 아무런 관계가 없게 된다.

둘째, 성령과의 교제는 성령과의 동역(partnership)을 의미한다. 성령은 하나님의 나라를 전파하기 위하여 성도와 동역하신다. 성령께서 이 땅에 보내심을 받은 목적은 주 예수 그리스도의 복음을 증거하시기 위해서인데 성령께서는 예수 그리스도의 복음을 증거하시기 위하여 성도와 동역을 하시기 원하신다. "내가 아버지께로 너희에게 보낼 보혜사 곧 아버지께로서 나오시는 진리의 성령이 오실 때에 그가 나를 증거하실 것이요 너희도 처음부터 나와 함께 있었으므로 증거하느니라"(요 15: 26, 27). 예수의 이 말씀은 복음 전파사역이 성령과 성도들의 공동의 과제요 사역임을 강조하고 있는 것이다. 오늘날 복음 전파사역이 효과적이지 못한 이유는 교회가 성령을 전적으로 의지하지 않기 때문이다.

셋째, 성령과의 교제는 일치(unity)라는 의미가 있다. 서방의 대표적인 교부 어거스틴에 의하면 성령은 성부와 성자의 하나되심과 인격적인 관계를 형성하는 사랑의 띠이시다. 마찬가지로 성령은 예수 그리스도의 사랑의 띠로 성도를 하나가 되게 한다. 성령의 역사가 가정이나 구역 도는 교회에서 일어나면 서로 화합하고 사랑하는 일치의 운동이 나타난다.

인격적 존재이신 성령은 인격체인 성도와 교통하며, 교회에 말씀을 주고(계 2:7), 성도를 인도하고, 보호하며(시 121:1-8; 롬 8:14), 위로하고(행 9:31), 예수를 증거케하며(요 15:26; 롬 8:16), 때로는 성도를 위하여 말할 수 없는 탄식으로 기도하고(롬 8:26), 중보사역(히 7:25)을 통해 하나님과 화목케 한다(갈 4:6). 이와 같이, 성령의 인격성을 인정하는 모든 성도들은 성령과의 인격적인 교제를 통하여 하나님 나라를 확장해 나아가야 할 것이다.

6. 순복음 신학의 구원론 I

순복음 신학의 구원론은 영혼구원만을 주장하는 단편적인 신학과는 달리 "전인구원의 신학"을 강조하고 있다. 하나님은 좋으신 하나님이시기 때문에 자신의 독생자이신 예수 그리스도를 아끼지 아니하시고 우리에게 보내 주셨다. 그리고 아들 예수 그리스도는 아버지의 뜻에 따라 우리의 죄와 허물 때문에 고난 받고 십자가에 달려 돌아가시고 죽은 자 가운데서 부활하심으로 우리의 전인적 구원을 이루셨다. 또한, 좋으신 하나님 아버지는 보혜사 성령을 우리에게 보내 주사 우리로 예수 그리스도를 믿고 구원에 이르게 하심과 동시에, 우리의 "영혼이 잘되고 범사가 잘되며 강건하게 되는 것"을 원하신다.

이와 같이, 순복음의 전인구원의 신학은 영지주의적 이원론에 영향을 받은 전통신학의 구원론의 한계를 극복하고, 올바른 성경신학적 구원론을 정립하는데 큰 기여를 하고 있다. 더욱이 중요한 것은 순복음 신학의 "삼중축복" 혹은 "전인구원의 신학"은 그 신학적 기초를 정통적인 삼위일체 교리에 두고 있다는 것이다. 순복음 신학의 구원론은 좋으신 하나님 아버지의 사랑과 예수 그리스도의 대속의 은혜 그리고 성령의 강권적 역사를 믿고 고백함으로 탄생되어진 것이다.

이제 우리는 삼위일체 교리가 순복음 신학의 핵심 주제인 전인구원의 교리 속에 어떻게 내재되어 있는지 살펴보고자 한다.

순복음 신학의 삼중축복의 교리에서 우리는 좋으신 하나님(성부)과 우리의 죄를 짊어지시고 대속하신 아들 예수 그리스도 그리고 현재 우리를 예수 그리스도와 아버지께로 인도하시는 성령의 삼위일체적 사역을 찾아볼 수 있다. 좋으신 하나님을 아는 지식은 선포된 삼중축복의 복음 안에 나타내어지는 데, 이 삼중축복의 복음은 삼위일체 하나님의 사역으로서의 전인적 구속 사역에 관한 것이다.

순복음 신학은 복음 안에서 인간의 구원을 향한 좋으신 하나님(성부)의 뜻이 좋은 것으로 주시는 하늘에 계신 아버지로 선포 되어 진다:

"너희 중에 누가 아들이 떡을 달라 하면 돌을 주며 생선을 달라 하면 뱀을 줄 사람이 있겠느냐 너희가 악한 자라도 좋은 것으로 자식에게 줄 줄 알거든 하물며 하늘에 계신 너희 아버지께서 구하는 자에게 좋은 것으로 주시지 않겠느냐"(마태복음 7:10). 신적 활동의 기원으로서 성부 하나님의 좋으신 뜻은 전인적(혹은 삼중적) 구속의 시작이다. 그러나 이는 그리스도 예수 안에서 나타내어진다. 성부의 선택은 그리스도 안에 있는 복음 안에 나타내어지며, 나타난 뜻의 기원이 된다. 영원하고 불변하고 절대적인 성부의 숨은 뜻은 시간과 공간의 역사성의 한계 속에서 그의 아들 예수 그리스도를 통하여 나타난다.

인간은 복음의 약속이 주어짐을 통해서 예수 그리스도에게로 나아가며, 그럼으로 성부에게로 나아갈 수 있다. 그러나 타락한 인간은 그 스스로는 복음의 약속을 믿음으로 받아들임으로 그리스도에게로 나아갈 수 없다. 인간이 믿음으로 그리스도에게 나아갈 수 있는 것은 오로지 성령께서 그들의 마음을 열어 그리스도 안에 있는 복음의 약속을 깨닫게 하시고 그리스도에게로 나아오도록 이끌어 주셔야만 가능하다. 성령으로 아니하고는 아무도 예수 그리스도에게로 나아올 수 없고, 예수 그리스도에게로 나아오지 아니하고는 아무도 성부에게로 나아갈 수 없는 것이다.

이와 같이 순복음 신학의 구원론의 핵심 개념인 "삼중축복의 신학"은 삼위일체적 신학인 것이다. 삼위일체 하나님께서 우리의 구원과 관련하여 어떻게 인간과 관계를 맺으시는가 하는 것은 순복음 신학의 대표적 목회자 영산 조용기 목사의 목회철학 전반에 걸쳐 면면히 흐르는 실제적 관심이었다. 영산 조용기 목사는 다음과 같이 말하고 있다: "지금 회고해 보면 폐병 3기로 죽음의 문턱에서 절대절망의 늪으로 빠져 들어갈 때 구원을 베풀어 주셨던 예수님은 제 인생의 전부요, 예수 그리스도의 십자가는 제 설교의 핵심이었습니다. 그리고 항상 제 곁에서 능력으로 채우시고 인도하시는 보혜사 성령께서 설교의 동반자가 되어 주셨습니다. 또한 절대 주권자이신 창조주 하나님께서는 저의 인생에 있어서 좋으신 아버지였습니다. 저는 이러한 삼위일체 하나님에 대한 깨달음과 체험에서 비롯된 말씀을 전했습니다." 순복음 신학의 구원론은 하나님이 삼위일체이심을 깨달은 순간부터 시작되었다고 말할 수 있다.

타락한 인간이 좋으신 하나님(성부)에게로 나올 수 있는 것은 오로지 보이지 아니하는 성부 하나님의 보이는 형상이신 성자 그리스도를 통해서 이며, 또한 타락한 인간은 성령에 의해서만 그리스도에게로 이끌려 나오게 된다. 이러한 면에서 순복음 신학의 구원론은 삼위일체 하나님의 사역의 결과이다.

7. 순복음 신학의 구원론 II

순복음 신학의 구원론은 영혼구원만을 주장하는 단편적인 신학과는 달리 영혼이 잘되고 범사가 형통하며 강건함을 추구하는 "삼중축복의 신학," 혹은 "전인구원의 신학"이다. 그리고 이러한 전인구원의 순복음 신학은 그 신학적 기초를 성경과 정통적인 삼위일체 교리에 두고 있다. 하나님은 좋으신 하나님이시기 때문에 자신의 독생자이신 예수 그리스도를 아끼지 아니하시고 우리에게 보내 주셨다. 하나님 아버지의 뜻에 따라 이 땅에 오신 예수 그리스도는 우리들에게 구세주(savior)가 되실 뿐만 아니라, 우리의 주님(Lord)이 되신다. 그 분은 사망권세를 깨뜨리시고 부활 승천하셔서 우리의 구원을 이루셨고, 하늘과 땅의 모든 권세를 받으사(마28:18) 하늘 보좌에 앉으심으로 오늘도 만왕의 왕, 만유의 주로서 우주 만물을 통치하고 계신다. 다시 말해서, 그 분은 교회를 다스리시는 분이실 뿐만 아니라, 온 세상을 그 분의 뜻대로 다스리시는 만유의 왕이신 것이다. 그렇다면, 그 분의 주되심은(Lordship) 교회 안에서만이 아니라, 교회 밖의 세상에서의 모든 삶의 영역들 속에서도 드러나야 한다. 또한, 온 세상의 주가 되시는 좋으신 하나님 아버지와 아들 예수 그리스도는 보혜사 성령을 우리에게 보내 주시고(요 14:16) 우리로 성령으로 말미암아 예수 그리스도를 믿고 전인적 구원에 이르게 하심과 동시에, 성령의 권능을 통하여 우리의 "영혼이 잘되고 범사가 잘되며 강건하게 되는" 축복을 허락하신다.

이와 같이 정통적인 삼위일체 교리 위에 탄생한 순복음 신학의 삼중축복의 교리는 가장 성경적인 교리이기도 하다. 성경에서 제시되는 구원의 의미는 하나님 나라에 들어가는 것으로도 설명되기도 하는데(막 10:24-26), 그렇다면 구원이란 하나님 나라만큼이나 우주적이며 포괄적인 의미를 지니고 있다.

또한, 마태복음 19:28("세상이 새롭게 되어")이나 고린도후서 5:17("그런즉 누구든지 그리스도 안에 있으면 새로운 피조물이라 이전 것은 지나갔으니 보라 새것이 되었도다")의 말씀들 속에서 제시되는 구원의 개념을 통하여, 한 개인의 영혼 구원의 문제는 좀 더 폭넓은 차원에서 이해될 수 있다. 그 구절들 속에서 구원이란 우주적으로 새롭게 하시는 그리스도의 종말론적 구원역사에 동참하는 것으로 제시되고 있다. 그것은 신자의 영혼만을 지옥 불에서 끄집어내는 사건만은 결코 아니다. 물론, 그것이 중요한 측면임에 틀림없지만, 그와 함께 신자의 육신도 새로워질 것, 그리고 더 나아가 온 우주와 사회와 만물이 모두 죄와 고통과 모든 저주로부터 해방되고, 새로워지는 것까지도 바라보는 사건인 것이다(롬8:19-23).

삼중축복과 전인구원의 관점에서 볼 때, 우리의 복음전도의 목표와 비전은 죄인의 영혼을 구원하는 사역의 우선성과 중요성을 잃어서는 않 되지만, 거기에서만 머물지 않고 그 영혼구원의 사명과 더불어 하나님의 관심과 사랑의 대상이 되는 인간의 육신과 사회적 차원, 그리고 온 우주만물들까지도 회복하며 새롭게 하는 사명에까지 확장되어야 할 것이다.

이러한 전인적 구원관은 영지주의적 이원론에 의해 그 의미가 상당히 왜곡된 것이 사실이다. 그리스도인들이 가지고 있는 이원론적 사고와 병폐에 대해서는 많은 신학자들이 그 문제의 심각성을 지적하고 있다. 이원론적 사고는 영과 육을 서로 대립되는 원리로 이해한다. 영적인 일과 육적인 일이 따로 있으며, 육적인 일은 영적인 일에 비해 열등하거나 적은 가치만을 가진다. 영적인 일은 거룩하지만 육적인 일은 세속의 일일뿐이다. 교회 일은 거룩한 일이지만 직장에서의 일은 그러하지 못하다. 이러한 이원론적 사고는 우리 그리스도인으로 하여금 교회 바깥의 세상(범사의 형통)을 등한시하게 하며 육적인 일(강건함)에 대한 편향된 시각을 갖게 한다.

이원론적인 구원관은 육신을 정죄하고 물질을 악하다고 보는 편향된 견해를 가지고 있다. 이 땅의 삶보다는 내세를 지향하며, 범사의 형통과 육체의 강건함 보다는 영혼의 구원만을 추구하는 삶이다. 이런 이원론적인 구원관은 일면 타당성을 갖는다. 우리는 이 땅에서의 삶을 상대화하며 소위 종말론적인 삶을 살아야 한다. 문제는 이 세상은 불타 없어져 버릴 세상이기에 이 세상에 대해서는 무관심하고 하나님의 창조 세계에 대한 진지한 관심이 없는 일면성이 문제가 될 것이다. 육신적인 일은 무가치하다는 생각으로 이 땅에서의 전인적 구원의 삶을 포기하는 것은 정당하지 않다. 이런 생각들을 통해 예배와 생활의 괴리가 오고, 신앙과 삶의 분리가 오게 된다.

오늘날 종교개혁자들의 가르침을 따르는 우리들이 오직 믿음으로 주어지는 구원에 대한 강조 때문에, 그 믿음은 또한 온전한 삶 보다 전인적인 삶으로 연결되어야 한다는 부분을 간과하여 이해하기 쉽다. 그러나 성경에서 우리를 의롭다고 칭하게 하는 (도구적)수단인 믿음이 참 믿음이라면, 그 믿음은 반드시 우리를 온전한 삶으로 나아가게 하여 "우리의 영혼이 잘됨과 같이 범사에 잘되고 강건케하는" 전인적 구원관으로 인도하는 믿음인 것이다. 그러므로 순복음 신학이 추구하는 삼중 축복의 신학은 가장 성경적인 구원의 개념을 가지고 있다.

8. 순복음 신학과 성령세례

　순복음 신학은 그 신학적 기초를 성경과 정통적인 삼위일체 교리에 두고 있으며, 영혼구원만을 주장하는 단편적인 신학과는 달리 영혼이 잘되고 범사가 형통하며 강건함을 추구하는 "삼중축복의 신학," 혹은 "전인구원의 신학"이다. 이러한 전인구원의 순복음 신학의 가장 뚜렷한 특성중의 하나는 중생(born again)과 성령세례(the baptism of the Holy Spirit)의 구별성을 강조한다는 점이다. 성령세례는 중생 후에 경험하는 신적 임재의 체험으로서 방언을 말하는 것이 성령세례를 받은 외적 증거로 나타난다. 또한, 성령세례는 우리를 그리스도와 한 몸을 이루게 함으로써 보다 능력 있게 복음을 증거 할 수 있도록 하는 사건이다. 이러한 관점에서 순복음 신학은 20세기 초에 일어난 오순절주의에 그 중요한 신학적 기초를 두고 있다.

　순복음 신학에 대한 올바른 이해는 성령세례의 의미를 분명히 이해할 때 가능하다. 중생이 새 생명을 얻어 변화된 신분의 단계라고 한다면, 성령세례는 하나님의 사역을 위해 중생한 자들이 하나님의 권능을 받는 체험이다. 그리스도께서는 승천하시기 전 제자들에게 사명을 감당하기 위하여 능력을 입히울 때까지 기다리라고 하심으로써 성령세례는 능력을 얻어 복음증거에 연결되는 것임을 알 수 있다. 즉, 성령세례는 그 기본적인 중생의 역사에 한 걸음 더 전진하여 일어나는 하나님 은혜의 두 번째 역사이다. 우리는 성령세례를 통하여 그리스도와의 온전한 연합을 가질 수 있으며 능력 체험을 통한 하나님 나라의 확장을 이룩할 수 있다.

　순복음 신학이 강조하는 성령세례는 단지 하나의 이론이 아니라 신자들이 꼭 받아야할 예수 그리스도의 지상명령이다. 예수께서 승천하시기 전에 성령에 대해 제자들에게 하신 말씀이 사도행전 1:4-5과 1:7-8에 나타나 있다. "성령으로 세례를 받으리라"(행 1:4-5), 그리고 "성령이 권능으로 너희에게 임하시면"(행 1:7-8)이다. 예수께서는 제자들에게 성령으로 세례를 받을 때까지 예루살렘을 떠나지 말고 기다리라는 말씀을 하셨다. 이는 곧 예수님 자신이 하나님 나라를 선포하시기 전에 "능력 받기를 위한" 성령세례(예수님은 그의 인성으로 우리를 위해서 성령을 받으셨다)을 기다리신 것과 같은 것이다. 예수님은 그의 공생애를 시작하시기 전에 성령으로 세례 받으셨을 뿐만 아니라(눅 3:22), 자신이 성령세례를 베푸시는 분이 되셨다(막 1:8). 성령세례를 받으신 후 예수님은 "성령의 충만함을 입어"(눅 4:1) 광야로 시험받으러 가셨고, "성령의 권능"(눅 4:14)으로 갈릴리에서 사역을 시작하셨다(눅 4:18), 그리고 이적과 권능을 행하시며(마 12:25-27), 병을 고치시며 귀신을 축출하셨다. 성령에 의한 예수의 탄생은 그리스도인의 중생과 병행적 관계를 갖고 있으며, 예수의 세례 때 비둘기 같이 임하신 성령은 예수께서 공생애를 시작하시기 전 능력 주시기 위해 임하시는 영으로 중생한 그리스도인에게 "증거(선교) 혹은 봉사를 위한 능력 부여"와 연관된다.

예수께서 말씀하신 것과 같이 성령은 오순절 날에 예수의 제자들에게 강림하시어 제자들에게 권능을 주시고, 예루살렘과 온 유대와 사마리아와 땅 끝까지 이르러 그리스도의 증인이 되도록(행 1:8) 여러 가지 모양으로 그들에게 능력을 주셨다. 예를 들어, 제자들이 복음을 전할 때 큰 권능으로 담대하게 하나님의 말씀을 전파할 수 있도록 충만하게 역사 하셨고(행 4:8, 31, 6:10; 살전 1:5; 벧전 1:12), 그 복음이 하나님의 말씀인 것을 증거 하시기 위하여 제자들에게 기사와 이적을 행할 수 있는 능력을 주시기도 하였던 것이다(행 6:8). 초대교회의 부흥은 성령께서 제자들에게 강림하여 권능을 주셨기 때문에 가능하였다. 오늘날 교회의 영적 회복과 부흥은 초대교회처럼 성령세례를 체험하는 길 외에 다른 길은 없다고 본다.

하지만, 오순절 날 성령은 제자들이 아무 것도 하지 않은 상태에서 강림하신 것이 아니라 함께 모여 합심하여 기도한 결과였다고 증거하고 있다. 사도행전 1:12-14은 "제자들이 감람원이라 하는 산에서 내려와

저희가 유하는 다락에 올라가… 여자들과 예수의 모친 마리아와 예수의 아우들로 더불어 마음을 같이하여 전혀 기도에 힘쓰니라"는 장면을 우리에게 보여준다. 곧이어 나오는 사도행전 2:1의 "저희가 다같이 한 곳에 모였다"는 것은 그들이 함께 기도하고 있었다는 것을 암시하고 있는 것이다. 오순절 날 성령은 주님의 명령을 따라서 함께 모여 기도에 힘쓰는 사람들에게 강림하셨다. 우리는 함께 모여 기도하며, 말씀을 듣는 곳에 성령이 강림하는 사건을 여러 번 발견한다. 사도행전 4:24-31은 "저희가 듣고 일심으로 하나님께 소리 높여 기도를 한 후에 모인 곳이 진동하더니 무리가 다 성령이 충만하여 담대히 하나님의 말씀을 전하였다"고 가르친다.

오늘날 한국교회는 70-90년대의 풍성한 은혜의 시대를 보내고 교회의 존립 기반이 흔들리고 있으며, 최근 주 5일 근무제의 실시를 앞두고 분명한 대안을 찾지 못하고 있다. 이러한 위기를 극복하기 위한 유일한 대안은 초대교회 같이 함께 모여서 성령세례를 받기 위해 전심으로 기도하고, 성령세례를 받고 능력을 받아서 성령에 의해 온전히 자신이 쓰임 받을 때 가능하다. 하나님의 나라는 인간의 능력이나 힘으로가 아니라 성령의 능력을 통해서 임하고 확장되고 완성된다.

9. 순복음 신학의 교회론

교회란 과연 무엇인가?에 대한 질문은 현대 신학에서 중요한 논의의 대상이 되어왔다. 필자는 교회를 정의하고자 할 때 현대 신학에서 사용되는 교회의 기능에 대한 문제보다 교회의 본질적인 면을 강조하기 위해서 역동적 공동체 개념으로서 교회를 정의하고자 한다. 교회의 시작은 사도행전 2장의 성령강림 사건부터 시작된다. 오순절 날 성령께서 강림하심으로 제자들은 성령의 충만을 받아 설교하기 시작하였고, 믿는 자들에게 세례를 주었다(마 28:16-20; 행 2:4). 그리고 성령을 통하여 하나의 신앙공동체로서 교회가 본격적으로 탄생하였다(행 2:42-47).

오순절 날 성령의 강림으로 성도들은 한 성령으로 세례를 받아 하나의 교제 공동체가 되었다. 성도들은 성령 안에서 서로에 대한 참여와 서로에 대한 존중으로 각자의 소유와 존재의 모든 것을 공유한다. 그러나 성령의 강림을 통하여 탄생한 성도들 간의 공동체적 교제는 이차적인 것이다. 성령은 일차적으로 우리로 하여금 성부와 성자와의 교제로 인도하시는 것이다. 성도들이 하나님과 사귐이 있으면 거짓이 없고 빛 가운데 행하게 된다(요 1:6-7). 그러므로 성도들은 일차적으로 성령 안에서 삼위일체 하나님의 생명에 참여하게 되고, 동시에 성도 서로간의 사귐과 참여가 있게 된다. 따라서 사랑의 공동체가 되기 위하여 부름 받은 교회는 평범한 실재가 아니다. 우리가 서로 나누는 이 사귐은 성령의 매개를 통하여 성부와 성자 사이의 신적인 교통 가운데 참여하는 것이다.

여기서 우리는 중요한 것을 배우게 되는데 성령의 강림으로 탄생한 교회는 삼위일체 하나님과의 교제 속에서 공동체를 형성하는데 그것은 곧 영원하신 삼위일체 하나님의 공동체성과 관계를 가지고 있다. 교회의 모든 공동체적 요소는 이미 영원하신 삼위일체 하나님의 존재로부터 출발한다. 현대 신학자들은 동방의 갑파도키아 교부들이 발전시킨 상호공유적(perichoretic) 관계로서 위격의 개념(the concept of person)을 받아들여, 그것을 현대적 개념으로 재해석하면서 영원하신 삼위일체 하나님은 역동적인 "존재 공동체"라고 말한다. 한 본질이시며, 세 분의 위격체로 존재하시는 삼위일체 하나님은 영원부터 역동적으로 서로 사랑하시고 섬기시며 교제하시는 분이시다. 이렇게 역동적인 상호공유 가운데 존재하시는 영원하신 삼위일체 하나님은 창조와 구원의 역사 속에서도 자신의 공동체적 본질을 계시하신다.

이러한 존재 공동체로서의 삼위일체 하나님에 대한 이해는 교회가 무엇인가에 대한 본질적 질문에 대한 명쾌한 해답을 제시하고 있다. 즉, 존재 공동체로서의 삼위일체 하나님에 대한 이해는 우리에게 참된 공동체의 모형으로서의 교회를 정의하고 있다. 첫째, 삼위일체 하나님이 서로를 사랑하심으로 존재 공동체를 이루고 계시다면 교회는 사랑을 실천할 때에야 비로소 진정한 교회가 될 수 있는 것이다. 우리는 사랑의 공동체, 즉 성령을 통해서 사랑으로 함께 연합된 백성이 되어야 한다. 이 같은 사랑의 행위는 이웃과 세상을 향한 우리의 섬김을 통해서 밖으로 드러난다. 둘째, 삼위 하나님은 각각 자신만을 위하여 존재하시는 것이 아니라 타자를 위해 섬기고 헌신하는 모습을 보여 준다. 성부는 성자를 사랑하시고 성자는 성부의 뜻에 따라 우리 죄의 대속물로 자신을 드리셨다. 성령께서도 이 땅에 자신의 명예를 위해 오신 것이 아니라 성부와 성자의 이름을 높이기 위해서 오신 것이다. 이러한 성부와 성자와 성령의 온전한 삼위일체적 섬김의 관계는 교회 공동체적 영성의 표본이 되어 교회의 공동체 속에 투영된다. 삼위일체 하나님 자신이 상호공유와 섬김의 존재 공동체라면, 삼위일체 하나님의 형상(image)인 교회도 이를 따라 온전한 섬김의 공동체가 되어야 할 것이다. 교회는 삼위일체 하나님과 같이 서로를 세워주며, 봉사와 섬김의 삶 속에서 진정한 존재의 의미를 발견해야 한다. 마지막으로 삼위일체 하나님은 모든 인류가 구원 받기를 바라고 계신다: "이 천국 복음이 모든 민족에게 증거되기 위하여 온 세상에 전파되리니 그제야 끝이 오리라"(마 24:14). 따라서 삼위일체 하나님의 형상을 따라 세워진 교회는 바깥사람들에 대하여 관심을 가져야 한다. 교회가 세상 속에서 삼위일체 하나님의 참된 공동체로서 현존하는 일은 복음전도 사명을 감당하는 것이다.

10. 순복음 신학의 종말론

순복음 신학의 중심 개념은 "오중복음과 삼중축복"이다. 그리고 오중복음의 다섯 번째 복음은 예수 그리스도의 재림에 관한 복음이다. 이와 같이 순복음 신학의 종말론은 그리스도의 재림에 그 중점을 두고 있다. 신약성경은 그리스도의 재림에 대하여 318번이나 언급하고 있는데, 매 25절에 한 번씩 언급하고 있는 셈이다. 이는 그리스도의 재림에 대하여 성경이 얼마나 중요성하게 다루고 있는지를 잘 나타내고 있는 것이다.

구약성경은 그리스도의 이중재림, 즉 초림과 재림을 분명히 구별하지 않고 있으나, 재림을 말한다고 해석되는 구절이 없는 것은 아니다. 욥기 19:25에 "내가 알기에는 나의 구속자가 살아 계시니 후에 그가 땅 위에 서실 것이라. 나의 이 가죽 이것이 썩은 후에 내가 육체 밖에서 하나님을 보리라." 그리고 다니엘서 7장 13-14절에 "내가 또 밤 이상 중에 보았는데 인자 같은 이가 하늘 구름을 타고 와서 옛적부터 항상 계신 자에게 나아와 그 앞에 인도되매 그에게 권세와 영광과 나라를 주고…" 신약성경은 주님의 초림이 있은 후 재림이 있을 것을 분명히 가르치고 있다. 예수님 자신은 재림에 대하여 친히 여러 차례에 걸쳐 말씀하셨다(마 24:30; 25:19; 26:64; 요 14:3). 특별히 요한복음 14장 2-3절에 주님의 재림을 분명히 밝히고 있다: "내가 너희를 위하여 처소를 예비하러 가노니, 가서 너희를 위하여 처소를 예비하면 내가 다시 와서 너희를 내게로 영접하여 나 있는 곳에 너희도 있게 하리라."

순복음 신학의 종말론은 예수 그리스도의 재림을 공중재림과 지상재림으로 구분한다. 공중재림은 그리스도께서 은밀히 그의 백성들을 데려가기 위하여 공중으로 오시며, 지상재림은 7년 대환난 뒤 심판주로 오시는 것이다. 공중재림에 대한 가장 명백한 성경적 진술은 데살로니가전서 4장 16-17절에서 찾아 볼 수 있다: "주께서 호령과 천사장의 소리와 하나님의 나팔로 친히 하늘로 좇아 강림하시리니 그리스도 안에서 죽은 자들이 먼저 일어나고 그 후에 우리 살아남은 자도 저희와 함께 구름 속으로 끌어 올려 공중에서 주를 영접하게 하시리니 그리하여 우리가 항상 주와 함께 있으리라."이와 같이, 그리스도는 자기 백성을 자신에게로 영접하기 위해서 공중으로 재림하실 것이다. 그런데 주님이 재림하실 떼에 그리스도인들은 육신적으로 죽어 무덤에 있는 사람과 살아있는 사람 두 가지 형태로 존재하기 때문에 주님이 공중재림 하실 때 무덤에 있는 자들이 먼저 일어나고, 그 후에 살아 있는 그리스도인들도

신령한 몸(고전 15:40)으로 변화되어 그리스도에게로 올려갈 것이다.

그러면 주님의 재림은 언제 이루어질 것인가? 재림에 대한 사실은 성경에서 매우 강하고 명백하게 주장되고 있지만, 재림의 정확한 때는 말하고 있지 않다. 많은 사람들은 그리스도의 재림이 언제 있을지 몹시 궁금해 하며 호기심을 갖는다. 그래서 재림의 정확한 날짜를 계산해 보려는 시도가 있었지만, 물론 그때마다 실패로 끝을 맺곤 하였다. 실제로 성경은 예수님이 재림하실 정확한 때를 우리가 모르며 또한 확인할 수도 없다는 사실을 분명히 말씀하고 있다:"그러나 그날과 그 때는 아무도 모르나니 하늘의 천사들도 아들도 모르고 오직 아버지만 아시느니라."(마 24:36) 그러므로 성경을 근거로 해서 우리가 알 수 있는 것은 오직 세상 마지막 때에 그리스도가 이 세상에 다시 오신다는 그 사실 뿐이다.

주님의 제자들은 "주의 임하심과 세상 끝에는 무슨 징조가 있사오리까"(마 24:3)하고 주님께 물었다. 제자들은 여기서 그리스도의 재림과 징조를 연결시켰으며, 주님 자신도 설교 중에서 재림의 징조를 다음과 같이 말씀하셨다. 첫째, 성경은 주님의 재림 전에 천국 복음이 온 세계에 전파되어야 한다는 사실을 지적하고 있다(마 24: 14). 둘째, 성경은 재림 전에 이스라엘의 회심이 있을 것을 말하고 있다. 그래서 로마서 11장 11-32절은 이스라엘의 많은 수가 세상 끝 날에 주님께 돌아오리라는 것을 가리키고 있다. 셋째, 성경은 불법의 사람인 적그리스도가 나타날 때까지는 그리스도께서 오시지 않을 것이라고 말한다: "누가 아무렇게나 하여도 너희가 미혹하지 말라 먼저 배도하는 일이 있고 저 불법의 사람 곧 멸망의 아들이 나타나기 전에는 이르지 아니하리니"(살후 2:3). 마지막으로 성경은 그리스도의 재림에 앞서 몇 가지 표적들이 있겠다고 하였는데, 그것은 각처에서의 전쟁과 기근과 지진이다. 그리고 예수님은 자신의 재림이 가까웠다는 것을 나타낼 징조들을 말씀하시고, "항상 기도하며 깨어 있으라"(눅 21:36)고 하셨다. 재림의 임박성은 우리가 항상 기도하며 깨어 있어야 한다는 것을 의미한다. 그러므로 오직 마지막 때에 깨어 기도하고 있는 자들만이 다음과 같은 믿음의 고백을 할 수 있을 것이다. "아멘 주 예수여 오시옵소서"(계 22:20).

제 12 장
순복음 신학의 미래

　순복음 교회는 지난 50년간 한국교회에서 성령운동을 주도하였고, "오중복음과 삼중축복"의 전인적 구원의 복음을 가지고 수많은 사람들을 그리스도에게로 인도하였다. 순복음 신학은 서구신학을 그대로 답습하는데 만족하기 보다는, 오히려 한국의 문화와 상황 속에서 성경을 통해 그것을 재해석하여 우리의 신학으로 정착시킨 독창적이고 성경적 신학이다.
　순복음 교단은 지난해 희년을 맞이하였다. 희년을 맞이한 우리는 지난 반세기 동안 한국교회에 지대한 영향을 미친 "오중복음과 삼중축복"의 신앙을 신학적으로 정립할 필요성을 인식한다. 순복음 신학의 미래는 "오중복음과 삼중축복"의 전인구원의 신앙을 신학적으로 정립하는 것에 달려있다.
　순복음 신학의 핵심은 요한삼서 2절을 바탕으로 탄생한 "영혼이 잘되고 범사가 잘되며 강건케되는" 삼중축복의 신앙이다. 순복음의 삼중축복 신앙이 여의도순복음교회와 한국교회의 부흥에 큰 기여를 하였다는 것에 의문을 제기하는 사람은 아마도 찾아보기 힘들 것이다. 한국교회의 부흥에 큰 기여를 한 삼중축복의 교리는 다음과 같은 5대교리의 신학적 틀을 갖고 있다.
　삼중축복의 **1대 교리**는 인간의 "삼중타락"을 강조한다. 전인류는 아담의 범죄로 인하여 전적으로 타락하였고, 인간의 타락은 인간의 영혼뿐만 아니라 인간의 모든 영역까지 병들게 하였다. 그래서 전인류는 영적죽음의 상태에 처하게 되었고, 환경적 저주(창 3:17-18)와 육체적 죽음(창 3:19)의 삼중타락 안에 있게 되었다.

삼중축복의 **2대교리**는 "좋으신 하나님"에 대한 교리이다. 아담의 범죄로 말미암아 영적죽음, 환경적 저주, 육체적 죽음의 삼중타락 안에 있는 전인류는 좋으신 하나님의 은혜와 사랑 없이는 절대로 삼중타락의 굴레에서 벗어날 수 없다. 하나님은 좋으신 하나님이시기 때문에 그 아들 예수 그리스도를 우리의 대속물로 내놓으심으로 죽어야 마땅하고 저주받아야 마땅한 우리를 삼중타락의 저주에서 구원시키셨다. 좋으신 하나님은 홀로 존재하시는 쓸쓸한 하나님이 아니라 예수 그리스도의 아버지이시다. 성부 하나님이 좋으신 이유는 그가 그의 독생자 예수 그리스도를 우리에게 보내셔서 십자가에 못 박혀 돌아가게 하시고 부활하게 하심으로 삼중타락으로 죽어 마땅한 우리들을 구원하셨기 때문이다.

삼중축복의 **3대교리**는 예수 그리스도의 삼중적 대속의 교리이다. 예수 그리스도는 십자가에서 우리의 죄를 대속하심으로 우리의 영혼을 구원하셨고(사 53:5), 환경적 저주를 제거하셨고(갈 3:13), 육체적 질병을 대속하셨다(사 53:4). 그러므로 예수 그리스도의 십자가의 대속은 영적구속, 생활적 축복, 육체적 건강을 주시는 삼중구원이다.

삼중축복의 **4대교리**는 성령(충만)의 은혜 교리이다. 아담의 타락으로 삼중적으로 타락한 전인류는 좋으신 하나님의 절대적 사랑과 예수 그리스도의 삼중적 대속의 은혜로 삼중축복을 받으려면 먼저 새롭게 거듭나야 할 것이다(요 3:3). 인간은 삼중적으로 타락하였기 때문에 초자연적으로 생명을 주시는 성령의 능력만이 삼중적으로 타락한 인간을 예수 그리스도의 대속의 은혜와 좋으신 하나님의 사랑으로 이끌 수 있다. 성령은 예수를 드러내고 증거하며, 예수께서 행하신 모든 것을 생각나게 하시고 가르치시며 우리를 삼중축복의 진리 가운데로 인도하신다. 성령의 사역을 통해서 그리스도인들은 온전히 예수께로 인도되고, 예수 그리스도를 통해서 좋으신 하나님을 만나게 되는 것이다.

삼중축복의 **5대교리**는 삼위일체 하나님의 전인적 구속교리이다. 아담의 범죄로 말미암아 삼중 타락한 인간은 좋으신 하나님(성부)의 절대적 사랑과 십자가에서 우리의 삼중적 저주와 죄를 대속하신 아들 예수 그리스도, 그리고 우리를 예수 그리스도와 좋으신 하나님께로 인도하시는 성령의 은혜를 통하여 삼중축복의 은혜를 체험할 수 있다. 우리가 삼중축복을 받는 것은 인간의 선행에 달려있지 않고 삼위일체 하나님의 은총과 사역에 달려있다. 그러므로 삼중축복의 복음은 삼위일체 하나님의 절대적 은혜로서 전인적 구속 사역에 관한 것이다.

순복음 신학은 삼중축복 속에 내재되어 있는 신학적 명제 "좋으신 하나님"을 예수 그리스도의 십자가를 통해서 설명한다. 하나님은 좋으신 하나님이시기 때문에 단지 예수 그리스도를 통해서 우리의 영혼만 구원하시는 것이 아니라, 그의 아들 예수 그리스도를 통해서 우리의 영혼이 잘됨 같이 범사가 잘되며 강건한 축복을 허락하시는 것이다.

순복음 신학의 미래는 예수 그리스도의 삼중적 대속의 은혜와 삼중축복의 은혜를 우리에게 전달하시는 성령의 능력과 자신의 독생하신 아들 예수 그리스도를 우리의 죄를 위해서 화목제로 보내시고(요일 5:10), 성령을 보내사(요 15:26) 우리가 그에 의해 거듭나고(요 3:5) 능력을 받도록 우리를 진실로 사랑하시는 "좋으신 하나님(성부)"을 믿는 삼중축복의 신학을 정립하는 것이다.

참고문헌

1. 국내서적

김영선. 『예수와 삼위일체 하나님』 서울: 기독교문서선교회, 1996.
김상복. 『참된 영성이란 무엇인가?』 서울: 도서출판 횃불, 1993.
김성원. 『신학을 어떻게 할것인가』 서울: 대한기독교서회, 2001.
김석환. 『교부들의 삼위일체론』 서울: 기독교문서선교회, 2001.
김균진. 『헤겔철학과 현대신학』 서울: 대한기독교출판사, 2002.
김균진. 『헤겔과 바르트』 서울: 대한기독교출판사, 1992.
이종성. 『삼위일체론 서울: 대한기독교출판사, 1991.
사이몬 챤. 『영성신학』 김병오 옮김, 서울: IVP, 2002.
유해룡. 『하나님체험과 영성수련』 서울: 장로회신학대학교출판부, 1999.
신국원. 『포스트모더니즘』 서울: 한국기독학생회출판부, 1999.
류기종. 『기독교 영성』 서울: 도서출판 은성, 1997.
이영두. 『기독교 영성이해』 서울: 은성, 2000.
김영봉. 『예수의 영성』 서울: 도서출판 은성, 1997.
오성춘. 『영성과 목회』 서울: 장로회신학대학교출판부, 1989.
유해무. 『개혁교의학』 서울: 크리스챤다이제스트, 1997.
정요석&이후정. 『기독교영성의 역사』 서울 도서출판 은성, 1997.
협성신학연구소 『기독교신학과 영성』 서울: 도서출판 솔로몬, 1995.
배경식. 『경건과 신앙』 서울: 한국장로교출판사, 1998.
양인천&오성종. 『신학자가 바라본 바람직한 영성운동』 서울: 기독교영성신학
    연구소, 1999.
기독교영성신학연구소, 『기독교 영성운동:21세기를 조명한다』 서울: 영성, 1999.
정승훈. 『종교개혁과 21세기: 어거스틴과 포스트모던 사이에서』 서울: 대한기
    독교서회, 2001.
황승룡. 『성령론: 신학의 새 패러다임』 서울: 한국장로교출판사, 1999.

2. 번역서적

밀라드 J. 에릭슨.『복음주의 조직신학』신경수역, 서울: 크리스챤 다이제스트, 1995.

웨인 그루뎀.『조직신학』노진준역, 서울: 은성, 1997.성 아우구스티누스, 삼위일체론, 김종흡역. 서울: 크리스챤 다이제스트, 1993.

진 에드워드 비스.『현대사상과 문화의 이해』오수미역, 서울: 예영커뮤니케이션, 1998.

리차드 포스터.『영적성장을 위한 제자훈련』서울: 보이스사, 1997.

리차드 니버.『그리스도와 문화』김재준역, 서울: 대한기독교서회, 1998.

차영배외.『삼위일체론과 성령론』서울: 태학사, 1999.

빈슨 사이난.『20세기 성령운동의 현주소』서울: 예인, 1995.

J. 몰트만.『삼위일체와 하나님의 나라』김균진역. 서울: 대한기독교출판사, 1982.

J. 몰트만.『삼위일체와 하나님의 역사』이신건역. 서울: 대한독교서회, 1998.

J. 몰트만.『생명의 영』김균진역. 서울: 대한기독교서회, 1992.

스탠리 그랜츠&로저 올슨.『20세기 신학』신재구역, 서울: IVP, 1997.

앨리스터 맥그래스.『신학의 역사』,서울: 지와 사랑, 2001.

제럴드 브레이.『신론』김재영역. 서울: IVP, 1998.

칼 수소 프랑크『기독교 수도원의 역사』최형걸역, 서울: 은성, 1997.

3. 해외서적

Anderson, R.S., 1982, *On Being Human: Essays in Theological Anthropology*. Grand Rapids, Michigan, Wm. B. Eerdmans Publishing Company.

Athanasius, 1951, *The Letters of Saint Athanasius Concerning the Holy Spirit*, Trans. with Introduction and notes by C.R.S. Shapland. London, The Epworth Press.

Augustine, 1963, *The Trinity*. Trans. by Stephen Mckenna. Washington, The Catholic University of America Press.

Badcock, G.D., 1991, The Doctrine of the Holy Spirit in Contemporary Trinitarian Theology, unpublished Ph.D. Dissertation, Edinburgh University.

Barnes, M. R., 1993(eds.), *Arianism After Arius*. Edinburgh, T&T Clark.
Barrett, C.K., 1966, The Holy Spirit and the Gospel Tradition. 2nd ed. London, SPCK.
Barth, K., 1936 and 1975, Church Dogmatics. I/1. Edited by G. W. Bromiley and T. F. Torrance, Edinburgh, T&T Clark.
Bavinck, H.,1977, *The Doctrine of God*. Trans. by William Hendriksen. Edinburgh, The Banner of Truth Trust.
Berkhof, H., 1964, *The Doctrine of the Holy Spirit*. London, The Epworth Press.
Berkhof, L., 1937, *The History of Christian Doctrine*. Grand Rapids, Michigan, Baker Book House.
Bilaniuk, P., 1980, *Theology and Economy of the Holy Spirit*: An Eastern Approach. Dharmaran Publications.
BCC, 1991, *The Forgotten Trinity*. Edited by Alasdair I. C. Heron. London, The British Council of Churches.
Bloesch, D.G., 1985, *The Battle for the Trinity*. Ann Arbor, Michigan, Servant Publications.
Boff, L., 1988, *Trinity and Society*. Kent, Burns&Oates.
Bradshaw, T., 1988, *Trinity and Ontology*. Lewiston, New York, The Edwin Mellen Press.
Braine D., 1988, *The Reality of Time and The Existence of God*. Oxford, Clarendon Press.
Bray, G.L., 1980, The Patristic Dogma, in *One God in Trinity*. Edited by Toon, Peter and James D. Spiceland. London, Samuel Bagster and Sons Ltd, pp. 42-61.
Bray, G.L., 1993, *The Doctrine of God*. Leicester, Inter-Varsity Press.
Buber, M, 1970, *I and Thou*. Trans. By Walter Kaufmann, Edinburgh, T&T Clark.
Burgess, S., 1984, *The Spirit & the Church: Antiquity*. Peabody, MA, Hendrickson Publishers, Inc.
Burgess, S., 1989, *Eastern Christian Traditions: The Holy Spirit*. Peabody, Massachusetts, Hendrickson Publishers, Inc.

Congar, Y., 1978, *After Nine Hundred Years*. Westport, Connecticut, Greenwood Press.
Congar, Y., 1983, *I Believe in the Holy Spirit*. Trans. by David Smith. 3 vols. London, Geoffrey Chapman, and New York, The Seabury Press.
Danielou, J., 1977, *The Origins of Latin Christianity*. trans. by D. Smith and J.A. Baker, Philadelphia, The Westminster Pess.
De Margerie, B, 1982, *The Christian Trinity in History*. Vol. 1. Trans. By Edmund J. Fortman, S.J., Still River, Massachusetts, St. Bede's Publications.
Dunn, J., 1970, *Baptism in the Holy Spirit*. London, SCM Press Ltd.
Dunn, J., 1975, *Jesus and the Spirit*. London, SCM Press Ltd.
Dunn, J., 1977, *Unity and Diversity in the New Testament*. London, SCM Press Ltd.
Dusen, H.P., 1960, *Spirit, Son and Father*, London, Adam & Charles Black.
Feenstra, R.J., 1989 (eds), *Trinity, Incarnation and Atonement*. Notre Dame, (&Plantinga, Jr., C.) Indiana, University of Notre Dame Press.
Fiddes, P.S., 1988, *The Creative Suffering God*. Oxford, Clarendon Press.
Fortman, E., 1972, *The Triune God: A Historical Study of the Doctrine of the Trinity*. Philadelphia, The Westminster Press.
Frame, J.M., 1987, *The Doctrine of the Knowledge of God*. Phillipsburg, New Jersey, Presbyterian and Reformed Publishing Company.
Gelpi, D., 1984, *The Divine Mother: A Trinitarian Theology of the Holy Spirit*. Lanham, MD, University Press of America.
Grenz, S.J., 1992, *20th Century Theology: God & the World in a Transitional Age*. Carlisle, The Paternoster Press.
Grenz, S.J., 1994, *Theology for the Community of God*. Carlisle, The Paternoster Press.
Gunton, C.E., 1978, *Becoming and Being: The Doctrine of God in Charles Hartshorne and Karl Barth*. Oxford, Clarendon Press.
Gunton, C.E., 1991, *The Promise of Trinitarian Theology*. Oxford, Clarendon Press
Gunton, C.E., 1993, *The One, The Three and The Many*. Cambridge,

Cambridge University Press.
Hendry, G.S., 1956, *The Holy Spirit in Christian Theology*. Philadelphia, Westminster Press.
Heron, A.I.C., 1983, *The Holy Spirit*. London, Marshall Morgan & Scott.
Hill, E., 1985, The Mystery of the Trinity. London, Geoffrey Chapman.
Hill, O.P., W.J., 1982, *The Three-Personed God*: The Trinity As a Mystery of Salvation. Washington, DC, Catholic University of America Press.
Hodgson, L., 1944, *The Doctrine of the Trinity*. New York, Charles Scribner's & Sons.
Kasper, W., 1984, *The God of Jesus Christ*. Trans. by Matthew O'Connell. London, SCM Press Ltd.
LaCugna, C.M., 1991, *God for Us*. Sanfrancisco, HarperSanFrancisco Publishers.
Lampe, G.W.H., 1977, *God as Spirit*. Oxford, Clarendon Press.
Lohse, B., 1980, *A Short History of Christian Doctrine*. Philadelphia, Fortress Press.
Lossky, V., 1957, *The Mystical Theology of the Eastern Church*. Trans. by members of the Fellowship of St. Alban and St. Sergius. Cambridge, James Clarke & Co. Ltd.
McGrath, A.E., 1993(ed.), *Modern Christian Thought*. Oxford, Blackwell Publishers.
McGrath, A.E., 1994 *Christian Theology*. Oxford, Blackwell Publishers.
Macleod, D., 1987, *Shared Life: The Trinity and the fellowship of God's People*. London, Scripture Union.
Macquarrie, J., 1990, *Jesus Christ in Modern Thought*. London, SCM Press and Philadelphia, Trinity Press International.
Macmurray, J., 1961, *Persons in Relation*. Atlantic Highlands, N.J., Humanities Press, 1979.
Meyendorff, J., 1982, *The Byzantine Legacy in the Orthodox Church*. New York, St. Vladimir's Seminary Press.
Moltmann, J., 1975, The Trinitarian History of God, *Theology* 78, pp. 173-83.
Moltmann, J., 1981, *The Trinity and the Kingdom of God*. London, SCM

Press.
Moltmann, J., 1991, *History and the Triune God*. London, SCM Press Ltd.
Moltmann, J., 1992, *The Spirit of Life: A Universal Affirmation*. Trans. by Margaret Kohl, London, SCM Press.
Newlands, G., 1994, *God in Christian Perspective*. Edinburgh, T&T Clark.
Newman, P.W., 1987, *A Spirit Christology*. Lanham, New York, London, University Press of America.
Prestige, G.L., 1952, *God in Patristic Thought*. London, SPCK.
Rahner, K., 1970, *The Trinity*. Trans. by Joseph Donceel. London, Burns & Oates.
Rosato, P.J., 1981, *The Spirit As Lord*. Edinburgh, T&T Clark.
Schwobel, C., 1991(eds.) *Persons, Divine and Human*. Edinburgh, T&T Clark.
Schwobel, C., 1995(ed.), *Trinitarian Theology Theology*. Edinburgh, T&T Clark.
Shin, M.C., 1993, "The *Filioque Controversy in Recent Trinitarian Theology*." Unpublished M. Th dissertation, Aberdeen University.
Smail, T.A., 1975, *Reflected Glory*, London, Hodder & Stoughton.
Smail, T.A., 1980, *The Forgotten Father*. London, Hodder&Stoughton.
Staniloae, D., 1980, *Theology and the Church*. Crestwood, N.Y., St. Vladimir's Seminary Press.
Torrance, T.F., 1994, *Trinitarian Perspectives*. Edinburgh, T&T Clark.
Torrance, T.F., 1996, *The Christian Doctrine of God*. Edinburgh, T&T Clark.
Turner, M., 1996, *Power from on High*. Sheffield, Sheffield Academic Press.
Vanhoozer, K.J., 1997, *The Trinity in a Pluralistic Age*. Grand Rapids, Michigan, Cambridge, Wm. B. Eerdmans Publishing Company.
Vischer, L., 1981(ed.), *Spirit of God, Spirit of Christ*: Ecumenical Reflections on the filioque Controversy. Geneva, World Council of Churches.
Weinandy, T.G., 1995, *The Father's Spirit of Sonship*. Edinburgh, T&T Clark.
Welch, C., 1953, *The Trinity in Contemporary Theology*. New York, Charles Scribner's Sons.

Zizioulas, J.D., 1985, *Being as Communion*. New York, St. Vladimir's Seminary Press.

4. 기타

Backus, I., 1981, "Influence of Some Patristic Notions of 'Substantia' and 'essentia' on the Trinitarian Theology of Brenz and Bucer," *Theologische Zeitschrift* 37:2, pp. 65-70.

Bobrinskoy, B., 1981, "*The Filioque Yesterday and Today*," in Spirit of God, Spirit of Christ. Edited by L. Vischer, Geneva, World Council of Churches and London, SPCK, pp. 133-48.

Bobrinskoy, B., 1984, "The Indwelling of the Spirit in Christ: Pneumatic Christology in the Cappadocian Fathers," *St. Vladimir Theological Quarterly* 28, pp. 49-65.

Bracken, J.A., 1984, "Subsistent Relation: Mediating Concept for a New Synthesis?" *Journal of Religion* 64, pp. 188-204.

Bray, G.L., 1983, "*The Filioque Clause in History and Theology*," Tyndale Bulletin 34, pp. 91-144.

Breck, J., 1990, "The Lord is the Spirit: An Essay in Christological Pneumatology," *The Ecumenical Review* 42, pp. 114-21.

Carr, W., 1975, "Towards a Contemporary Theology of the Holy Spirit," *Scottish Journal of Theology* 28:6, pp. 501-16.

Clark, N.S., 1982, "Spirit Christology in the Light of Eucharistic Theology," *The Heythrop Journal* 23, pp. 270-84.

Coffey, D.M., 1990, "The Holy Spirit as the Mutual Love of the Father and the Son," *Theological Studies* 51, pp. 193-229.

Dunn, J., 1972-3, "Rediscovering the Spirit," *Expository Times* 84, pp. 7-12.

Gresham, Jr, J.L., 1993, "The Social Model of the Trinity and Its Critics," *Scottish Journal of Theology* 46, pp. 325-344.

Gunton, C.E., 1990, "Augustine, the Trinity and the Theological Crisis of the West," *Scottish Journal of Theology* 43, pp. 33-58.

Haight, R., 1992, "The Case of Spirit Christology," *Theological Studies* 53, pp. 257-87.

Hendry, G.S., 1956, "From the Father and the Son: The Filioque after Nine Hundred Years," *Theology Today* 11, pp. 449-59.

Heron, A.I.C., 1971, "Who Proceedeth from the Father and the Son: The Problem of the Filioque," *Scottish Journal of Theology* 24, pp. 149-66.

Heron, A.I.C., 1980, "The Filioque Clause," in *One God in Trinity*. Toon, Peter and James D. Spiceland, eds. London, Samuel Bagster and Sons Ltd, pp. 62-77.

Hick, J., 1988, "An Inspiration Christology for a Religiously Plural World," in *Encountering Jesus*: A Debate on Christology. Edited by S.T. Davis, Atlanta, John Knox, 5-38.

Hunter, H., 1983, "Spirit Christology: Dilemma and Promise(1)," *The Heythrop Journal* 24, pp. 127-40.

Hunter, H., 1983, "Spirit Christology: Dilemma and Promise(2), "*The Heythrop Journal* 24, pp. 266-77.

LaCugna, C.M., 1985, "Re-conceiving the Trinity as Mystery of Salvation," Scottish Journal of Theology 38, pp. 1-23.

Lampe, G.W.H., 1972, "The Holy Spirit and the Person of Christ," *Christ Faith and History*. Edited by S. W. Sykes and J. P. Clayton. Cambridge, Cambridge University Press.

Lossky, V., 1948, "The Procession of the Holy Spirit in the Orthodox Triadology," trans. by Edward Every. *The Eastern Churches Quarterly* 2, pp. 31-53.

Macmurray, J., 1991, "Persons in Relation, in Persons," *Divine and Human*. Edinburgh, T&T Clark, pp. 120-37.

Molnar, P., 1996, "Toward a Contemporary Doctrine of the Immanent Trinity: Karl Barth and the Present Discussion," *Scottish Journal of Theology* 49, 311-57.

Moltmann, J., 1981, "Theological Proposals Towards the Resolution of the *Filioque Controversy*," in Spirit of God, Spirit of Christ. Edited by Lukas Vischer, Geneva, World Council of Churches and London,

SPCK, pp. 164-173.

Moltmann, J., 1984, "The Fellowship of the Holy Spirit: Trinitarian Pneumatology," *Scottish Journal of Theology* 37, pp. 287-300.

Plantinga, Jr., C., 1988, "The Threeness/Oneness Problem of the Trinity," *Calvin Theological Journal* 23, pp. 37-53.

Rosato, P.J., 1977, "Spirit-Christology: Ambiguity and Promise," *Theological Studies* 38, pp. 423-49.

Staniloae, D., 1981, "The Procession of the Holy Spirit from the Father and his relation to the Son, as the basis of our Deification and Adoption," in *Spirit of God, Spirit of Christ*. Edited by L. Vischer, Geneva, World Council of churches and London, SPCK.

Thompson, J., 1980, "The Holy Spirit and the Trinity in Ecumenical Perspective," *Irish Theological Quarterly* 47, pp. 272-85.

Zizioulas, J.D., 1975, "Human Capacity and Human incapacity: A Theological Exploration of Personhood," *Scottish Journal of Theology* 28, pp. 401-48.

신교수의 신학이야기

인쇄 2003년 12월 10일
발행 2003년 12월 20일

지은이 / 신 문 철

펴낸곳/ 도서출판 엠-애드
펴낸이 / 이 승 한

등록번호 / 제2-2554
주소 / 100-273 서울 중구 필동 3가 10-1
전화 / 02)2278-8063/4
팩스 / 02)2275-8064
e-mail / madd1@hanmail.net

정가: 12,000원

ISBN 89-88277-25-2

잘못된 책은 바꾸어 드립니다.
무단 전제와 무단복제를 금합니다.
인지는 저자와의 협의에 따라 생략함.